Original illisible

NF Z 43-120-10

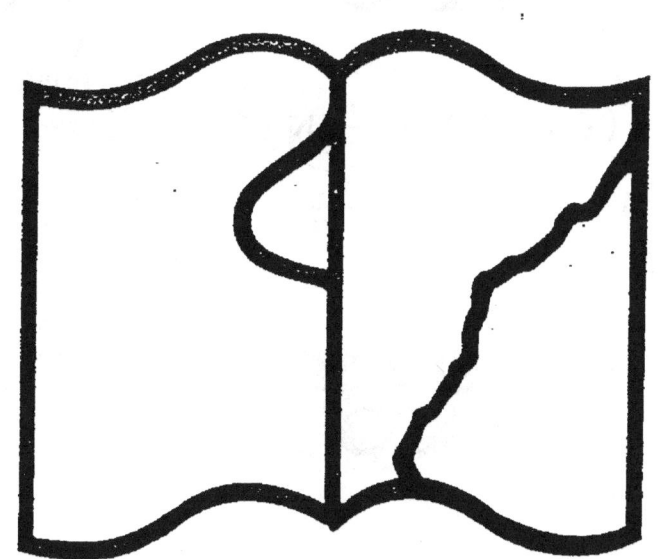

Texte détérioré — reliure défectueuse

NF Z 43-120-11

"VALABLE POUR TOUT OU PARTIE
DU DOCUMENT REPRODUIT".

60 Centimes le Volume illustré

Les Grands Explorateurs

PAUL D'IVOI

La Mission Marchand

(CONGO — NIL)

PARIS
FAYARD FRÈRES, ÉDITEURS
78, BOULEVARD SAINT-MICHEL, 78

La Mission Marchand

(CONGO-NIL)

LE COMMANDANT MARCHAND

Les Grands Explorateurs

PAUL D'IVOI

La Mission Marchand

(CONGO — NIL)

PARIS

FAYARD FRÈRES, ÉDITEURS

78, BOULEVARD SAINT-MICHEL, 78

A M. LE COLONEL BINGER

Dédier à un héros de l'exploration africaine, ce livre qui relate l'histoire d'un autre héros du Continent noir, c'est, me semble-t-il, réunir deux frères d'armes dans une même pensée.

Et c'est ce que je fais avec le respect profond, avec l'immense tendresse que je ressens pour tous ceux qui sont allés là-bas, faucheurs de France, faire la moisson d'honneur.

PAUL D'IVOI.

28 mai 1899

AVANT-PROPOS

Dans ces vingt dernières années, les Européens se sont partagé l'Afrique.

Deux peuples surtout ont réussi à se faire la part large : l'Anglais et le Français.

Le premier occupa le Sud de l'Afrique, du Cap de Bonne-Espérance aux grands Lacs; puis il s'implanta au Nord-Est du Continent noir, occupant *effectivement* l'Egypte et *nominalement* la Nubie.

La France, elle, appuyée au Nord sur sa vieille colonie algérienne; à l'Ouest, sur ses établissements du Sénégal et du golfe de Guinée, étendit son influence sur la plus grande partie du bassin du Niger, conquit la côte d'Ivoire, le Dahomey, le Congo, tandis qu'à l'extrémité opposée de la terre africaine, elle plantait son drapeau à Obock, Djibouti et Tadjourah.

Tout naturellement la Grande-Bretagne devait être tentée de réunir l'Egypte au Cap, et la France de joindre le Soudan et le Gabon au territoire d'Obock.

De là, deux mouvements d'expansion, *perpendiculaires l'un à l'autre* et appelés fatalement à se contrecarrer.

Si les soldats et fonctionnaires de la République soudaient l'Ouest africain à l'Hinterland d'Obock, les Saxons se trouvaient coupés du Cap; si, au contraire, les sujets de S. M. la Reine Victoria pouvaient faire leur trouée, l'importance de nos établissements de Tadjourah était considérablèment diminuée, et la liberté de l'Abyssinie, *notre alliée naturelle*, était compromise.

Voilà pourquoi l'on organisa la mission Congo-Nil. La route de pénétration des Anglais vers le Sud ne pouvait être, de par la configuration du pays, que le lit du fleuve autrefois rougi par Moïse. Donc une mission, partie du Congo et venant occuper une agglomération quelconque sur les berges nilotiques, assurait le succès de la France dans cette course aux territoires.

Par malheur, la chose une fois décidée en principe, on hésita beaucoup.

Le commandement fut d'abord donné, puis retiré au lieutenant-colonel Monteil, lequel, pour se venger — se venger ainsi qu'il convient à un officier de grand mérite et de grand cœur — exécuta cette marche de 4.000 kilomètres, admirée par tous, qui le conduisit, de l'Atlantique au lac Tchad et du lac Tchad à la Méditerranée.

Enfin, au début de l'année 1896, le commandant Marchand (1) fut désigné pour former et diriger la mission.

Nous n'avons point l'intention de suivre pas à pas l'héroïque explorateur. Nous voulons seulement utiliser nos correspondances particulières, pour relater, d'après les acteurs mêmes du drame, les principales étapes d'une expédition qu'en des temps moins prosaïques, les poètes eussent chantée.

28 mai 1899.

PAUL D'IVOI.

---

1. Marchand était seulement capitaine à cette époque; il n'obtint le quatrième galon qu'à son arrivée à Fachoda.

Toutefois, dans le récit, nous l'appellerons commandant, parce que tel est le *titre* donné aux chefs de mission, quel que soit leur *grade*.

La Mission Marchand

(CONGO-NIL)

AVERTISSEMENT

Un mot de préambule s'impose. La traversée de l'Afrique par la colonne Marchand a duré trois années.

Elle a eu ses péripéties romanesques que nous raconterons sans rien exagérer, sans rien atténuer. Les épisodes qui vont suivre sont, nous le garantissons, strictement conformes à la vérité.

C'est du reste dans des rapports anglais que nous avons puisé. Les termes des conversations ne sont pas textuels, cela est certain, mais les idées ont réellement été exprimées dans les circonstances que nous rapportons.

CHAPITRE PREMIER

A LÉOPOLDVILLE

— Ainsi, Jane, vous êtes certaine que ces Français veulent atteindre le Nil.
— Oui, mon cher père, *ils veulent ainsi*.
— Vous tenez vos renseignements de source certaine?
— Absolument certaine.
— Puis-je vous *demander votre source?*
— Non, mon père ; il n'est pas convenable qu'une jeune

personne confie certaines choses à ses parents. Tout ce qu'il est juste et décent de vous dire, c'est que vous pouvez tenir pour absolument véridiques mes affirmations.

Ces répliques s'échangeaient, le 8 novembre 1896, entre mister Bright, *agent libre* anglais et sa fille, miss Jane, gracieuse personne qui, lorsque la bizarrerie de son caractère le permettait, résidait auprès de ce personnage à Léopoldville, *alias* Stanleypool, capitale de l'immense territoire connu sous les noms de Congo belge ou d'Etat indépendant du Congo.

Un mot d'explication est ici nécessaire.

L'Angleterre, indépendamment de ses agents consulaires officiels, entretient à l'étranger des *agents libres*.

Ceux-ci, n'ayant aucune attache gouvernementale, peuvent être désavoués quand les circonstances l'exigent.

De là, pour eux, une liberté de mouvements absolue.

Ils peuvent tout dire, tout faire, tout oser, sans engager la responsabilité métropolitaine, et ils usent de cette faculté, avec un sans-gêne, avantageux pour Albion, mais extrêmement préjudiciable aux intérêts des nations *amies*, que leur mauvaise étoile place sur le chemin du peuple mercantile par excellence.

Mister Bright et la jolie Jane étaient debout sur le débarcadère en pilotis, établi sur la rive gauche du Congo.

En cet endroit le fleuve s'élargit en un lac circulaire.

Au loin, en face d'eux, ils apercevaient les quelques maisons et cabanes dont l'ensemble forme la station française de Brazzaville.

Les comptoirs de la maison Daumos, entourés de plantations de goyaviers, d'avocatiers ou arbres à beurre, dont les fruits violets contiennent une pulpe grasse assez semblable au beurre d'Isigny, s'alignaient avec leur wharf de bois, au bord même du fleuve.

Les Anglais braquaient leurs lorgnettes sur ce point, au voisinage duquel des noirs de la race Obamba, les plus beaux de formes et de visage de tout le Congo français, travaillaient à l'édification d'un vaste hangar.

— Voilà bien les trois vapeurs, grommelait Bright avec des grimaces mécontentes : *le Faidherbe, le Duc-d'Uzès, la Ville-de-Bruges*....

— Et les trois chalands en aluminium, continua sa fille,

— Ainsi que les deux chalands en acier et la flottille de pirogues. Il n'y a pas à en douter. L'expédition qui a motivé de tels préparatifs doit être longue et lointaine.

— Le Nil, mon cher père, je vous l'ai affirmé.

— Je vous crois, Jane, je vous crois. Je sais par expérience combien votre tête est solide. Et ces gens doivent remonter le Congo, l'Oubanghi?

— Oui.

— Et après?

— J'ai cru comprendre qu'une fois arrivés à la limite des eaux navigables ils se dirigeraient vers le Nord jusqu'à Dem-Ziber, puis infléchiraient leur marche vers l'Est en contournant les marécages du Bahr-el-Ghazal par les provinces méridionales du Kordofau, en vue d'atteindre le Nil à hauteur de la bourgade de Fachoda.

Bright leva les bras au ciel.

— C'est une tentative insensée. Il y a quatre-vingt-dix-neuf chances sur cent pour échouer.....

— C'est aussi mon avis, dit tranquillement la blonde miss.

— Alors, il vous semble, comme à moi, que ces Français sont fous.

Jane secoua la tête :

— Permettez. Ici, mon avis diffère du vôtre.

— Quoi! vraiment?... avec quatre-vingt-dix-neuf chances d'insuccès...

— De votre aveu même, mon père, il en reste une de réussite. Ils la tentent, audacieux sans doute, mais non fous.

— Vous les défendez à présent?

— Pas le moins du monde.

Et avec un sourire ironique :

— Je vous apporte les renseignements les plus précis; je vous donne le moyen de contrarier tous leurs projets, et vous appelez cela les défendre... Vraiment, mon père, vous êtes plus royaliste que la reine et plus anglais qu'il ne convient... même à un agent libre de l'Angleterre.

Mister Bright ne répondit pas.

Tandis qu'il discutait avec sa fille, plusieurs personnes étaient arrivées sur le quai.

Elles regardaient aussi.

C'étaient des colons, des soldats belges, en vestons et

d'jaloué (longs jupons qui remplacent le pantalon) blancs, n'ayant d'attribut militaire que le solaco (casque de toile) orné d'un liseré noir, jaune et rouge, couleurs nationales belges.

Puis quelques Pahouins Sotos de la rive gauche, au torse nu, les hanches serrées par le caleçon large descendant à mi-cuisse.

Tous ces gens avaient des oreilles auxquelles il était inutile de confier ses sentiments secrets.

Aussi, M. Bright appliqua ses jumelles sur ses yeux et se remit à observer ce qui se passait de l'autre côté du fleuve.

Son attention d'ailleurs était justifiée.

Depuis la veille, la mission Marchand était concentrée à Brazzaville.

Ce n'avait pas été sans peine, et l'odyssée de la petite troupe avait été marqué par les pires tribulations.

Ayant quitté la France au mois de juin 1896, le commandant avait débarqué, le 23 juillet, à Loango.

Bientôt ses compagnons l'y avaient rejoint.

C'étaient les capitaines Baratier, Germain, Mangin ; les lieutenants Largeau et Gouly, le lieutenant de vaisseau Morin, l'enseigne Dyé, l'interprète Landeroin, le médecin de marine Emily et douze sous-officiers, parmi lesquels l'adjudant de Prat et le sergent Dat.

Une compagnie de tirailleurs sénégalais-soudanais, recrutée à Dakar, formait le gros de la mission.

A peine débarqué, le commandant se trouva aux prises avec de terribles difficultés.

Toute la région comprise entre Loango et Brazzaville (500 kilomètres) était en pleine insurrection.

Les tribus Boubous, Orougous, Inengas et Ivilis s'étaient soulevées, à la voix d'un chef, du nom de Mabiala Niganga.

Sans tarder cependant, on recruta des porteurs, le véhicule humain étant encore le seul moyen de transport dans cette région, dite civilisée, par comparaison avec les territoires que devaient traverser les explorateurs.

Mais les noirs infidèles abandonnèrent les cinq cents premières charges dans la forêt de Mayolabé.

Cette expérience démontrait l'impossibilité de gagner Brazzaville, *point origine* de la mission.

Marchand alors s'adressa au gouverneur, M. de Brazza

Avant de s'engager dans les solitudes africaines, il fallait déblayer la route.

Le pionnier de la civilisation était contraint de commencer son voyage par une expédition militaire.

Il n'hésita pas.

M. de Brazza proclama l'état de siège, remit à l'officier le commandement des troupes du Congo, et la guerre commença contre les rebelles.

Guerre terrible dans la brousse, inconnue à quelques kilomètres de la route suivie par les caravanes.

Guerre où chaque touffe d'arbres, chaque ravin cachent une embûche.

Guerre où l'intelligence, avec une poignée d'hommes, doit avoir raison de tout un peuple auquel appartient l'avantage énorme de la connaissance du terrain.

Et comme si ces obstacles, capables de décourager les plus vaillants ne suffisaient pas, la terrible fièvre des bois, la fièvre hématurique bilieuse s'abat sur le chef aimé, en qui tous ont mis leur confiance.

Ecrasé par la douleur, pâli, les yeux caves, trop faible pour marcher, le commandant conserve toute son énergie morale.

Dans un palanquin grossier, des noirs le portent; et, dominant la maladie, il se montre partout, il prévoit tout, entraînant ses soldats, repoussant l'ennemi.

Mais ses forces s'épuisent.

Le 30 septembre, il arrive mourant à Loudima.

Est-ce que l'expédition, qui sera une gloire pour la France, va échouer ?

Est-ce qu'à Loudima, on dressera, sous les grands arbres, la petite croix de bois qui, dans les solitudes du Continent-noir, dit au passant :

— Salue, un Français est mort ici !

Non, l'ange du dévouement est à Loudima.

C'est une sœur de charité, une de ces humbles et courageuses femmes qui vont là-bas, insoucieuses du climat torride, des dangers sans nombre, pour combattre la mort, pour la vaincre souvent, et, si cela est impossible, pour dire au moribond la suprême parole d'espoir.

Elle s'installe au chevet du malade, exécutant les prescriptions du médecin comme un soldat exécute sa consigne.

Seulement elle prend son mot d'ordre au ciel, et quand le fiévreux a bu la potion calmante, elle prie.

Et l'officier sent ses forces renaître.

La fièvre s'enfuit.

En avant !

Que l'on ne perde pas une heure, pas une minute.

La France attend que ses fils marchent, qu'ils marchent sans trêve, pour aller là-bas, sur la rive du Nil où retentit naguère le tumulte des armées des Pharaons, planter un rectangle d'étoffe tricolore qui représente son honneur.

Les rebelles ont profité de l'inaction forcée des troupes françaises pour se reformer.

Dans les fourrés qui avoisinent les rivières Nigré et Zefou, où les caoutchoucs sauvages, les bananiers, les dikas, les manguiers entrelacent leurs branches, entre lesquelles serpentent la vigne sauvage, le raphia ou liane à vin, l'owalo, ronce produisant de l'huile, l'ézigo, le m'pano, plantes tinctoriales, et l'acoumé, lierre dont la sève desséchée est utilisée comme cire ; dans ces fourrés, les rebelles se sont fortifiés.

Retranchements inutiles !

Marchand les presse, les harcèle et finit par obliger leur chef, Mabiala Niganga, à se réfugier dans la caverne d'Oulouma avec quelques centaines de fidèles.

La position est formidable. L'entrée étroite du souterrain est obstruée par des quartiers de rocs.

Il y a sans doute d'autres ouvertures, puisque les assiégés réussissent à se ravitailler, mais elles sont inconnues des Européens.

Après la lutte en rase campagne, est-ce la guerre de siège qui va se dérouler ?

Ah ! que non pas. Le commandant a hâte d'atteindre Brazzaville, hâte de plonger dans l'inconnu au fond duquel se dessine, en lettres de feu, ce mot : Fachoda.

Coûte que coûte, il faut forcer l'entrée des cavernes.

Un sergent se dévoue. La nuit il se glisse près de l'orifice et place des boudins de dynamite dont il enflamme la fusée.

Par un hasard providentiel, ce brave échappe aux flèches, projectiles de l'ennemi.

Une explosion se produit, transformant le passage en cratère.

C'est une gerbe de flammes, une mitraille de roches pulvérisées.

Mais à peine la fumée bleuâtre de l'explosif s'est-elle dissipée que nos soldats, européens et noirs, bondissent en avant.

Ils s'engouffrent dans les cavernes comme un tourbillon.

Rien ne leur résiste.

L'ennemi, surpris par cette attaque soudaine, est décimé.

Des prisonniers nombreux restent entre les mains des vainqueurs, et parmi eux, le chef Mabiala Niganga est mortellement blessé.

Désormais la révolte est décapitée.

Des colonnes volantes sont lancées dans toutes les directions. Les villages se soumettent ou sont détruits.

Terrifiés, comprenant enfin que ni forêts, ni rivières, ni fièvres, ne peuvent arrêter les Français, les indigènes se soumettent.

Et, réaction comique, ces nègres qui, la veille, combattaient pour la liberté, sollicitent la domesticité. Ils demandent à être engagés comme porteurs.

C'est le salut.

Le premier acte du drame tire à sa fin (1).

Grâce à la bonne volonté des populations, toutes les charges sont amenées à Brazzaville, où, le 8 novembre, quatre mois après l'arrivée de Marchand à Loango, la mission se trouve enfin réunie.

L'énergie, déployée par le commandant Marchand dans cette passe difficile, était bien pour inquiéter les agents anglais qui, du quai de Léopoldville, observaient avec une rage continue.

— Que dois-je faire à votre avis, Jane, demanda enfin Mister Bright, qui sollicitait volontiers les conseils de sa capricieuse fille ?

— La question est mal posée, mon père.

— Vous trouvez ?

---

1. La campagne avait duré trois mois. En marches et contremarches, les troupes avaient parcouru près de 1.500 kilomètres, et cela était un simple petit supplément à l'effrayant voyage qu'allait entreprendre la mission. Car l'itinéraire Congo-Nil, commençait seulement à Brazzaville. *Quinze cents kilomètres par-dessus le marché*, dans des forêts épaisses, des vallées fortifiées par un ennemi cent fois en nombre..., après cela, on pouvait tout espérer du chef et des soldats.

— Sans doute. Apprenez-moi tout d'abord vers quel but vous tendez ?

— Oh ! c'est clair. Des Français veulent arriver au Nil, cela est contraire aux intérêts britanniques...

— Donc un Anglais a le devoir...

— Naturellement.

Il y eut un silence ; les causeurs réfléchissaient.

Puis la charmante blonde se rapprocha de son interlocuteur :

— Il faut d'abord télégraphier à l'Amirauté.

— Bien, je *ferai ainsi*.

— Elle pourra ainsi agir de son côté.

— Votre remarque est *droite*.

— Pour nous, mon cher père...

— Pour nous, dites-vous ?

— Nous demanderons un fort crédit sur la Banque de Léopoldville, car, avec de l'argent, on fait tout ce que l'on veut.

Et tous deux, avec cette allure automatique, particulière à leur race, se rendirent au bureau du télégraphe.

Ils expédièrent une longue dépêche, incompréhensible pour les profanes, car les mots avaient une signification particulière, convenue à l'avance avec leurs correspondants.

Le soir même, un petit noir, télégraphiste de ce pays de bois d'ébène, (Uniforme : tout nu, avec une casquette blanche sans visière et à liseré bleu) leur apportait en réponse le télégramme que voici :

« Compris. Crédit illimité. Ordres nécessaires expédiés
« Suivre, si possible opération. Envoyer nouvelles fré-
« quentes. Gros intérêts en jeu. »

La signature était :

« Clarence de Ladbroke — Grove — Road — London. »

Ces détails, rigoureusement authentiques (1) étaient indispensables pour montrer les dessous politico-diplomatiques, par suite desquels les obstacles se multiplièrent sur la route ; la mission, rendant son succès si improbable, qu'à la nouvelle de son arrivée à Fashoda, un homme d'Etat anglais s'écria :

— Ce Marchand est un Titan ; il escaladerait le ciel s'il lui en prenait fantaisie.

1. De même que dans le cours de ce récit, le dialogue n'est pas strictement textuel, mais les idées exprimées et les faits sont d'une absolue exactitude.

CHAPITRE II

COMME QUOI IL N'EST PAS TOUJOURS COMMODE DE MONTER UNE CHALOUPE

La presse, la photographie, la gravure ont popularisé les traits du chef de la mission Congo-Nil.

De taille moyenne, le visage doux, l'air timide presque, cet air de ceux que la nature a créés pour le mépris de l'argent, et qui n'aspirent qu'à un luxe, le plus coûteux de tous, car le milliard n'en permet pas l'achat, le luxe de l'honneur.

Au repos, il tient volontiers les paupières baissées, laissant à d'autres le souci de briller par d'abondantes paroles.

Mais qu'il se présente une chose utile à dire, les volets de ses yeux francs glissent, laissant passer un éclair, un potentiel intense d'énergie. Alors les bavards se taisent avec une sorte de confusion.

Ils ont reconnu le chef, comme on dit dans l'armée; le chef qui enlève ses subordonnés, par les seules forces de l'attraction et de l'exemple, vers les cimes du dévouement.

Or, le 12 décembre, le commandant, retenu depuis trente-quatre jours à Brazzaville, était assis sur un siège grossièrement façonné avec des tiges de rotang.

Ses yeux se fixaient sur le fleuve, et au delà, sur l'agglomération de Léopoldville, entourée d'immenses champs de manioc, dont la fécule est connue chez nous sous le nom de *tapioca*.

Il était soucieux et grave.

En face de lui se tenait le capitaine Mangin, dont le visage, exprimait également l'ennui.

— Alors capitaine, fit tout à coup Marchand après un silence prolongé, nos derniers convois ne peuvent arriver?

— Non, mon commandant.

— Les porteurs, engagés un jour, se dérobent le lendemain ?

— Exactement. On croirait qu'une influence néfaste s'amuse à défaire tout ce que nous faisons.

Les traits du commandant se contractèrent légèrement.

— Je me doute de la nature de cette influence, murmura-t-il.

Et regardant son interlocuteur bien en face :

— Mangin, mon ami, avez-vous fait fouiller les villages des environs ?

— Non, commandant.

— Eh bien, il faut charger de ce soin et sans retard quelques-unes de nos escouades.

Il se tut un moment encore, puis avec un sourire :

— C'est une bonne précaution, nous la prendrons constamment désormais.

Le capitaine parut surpris.

— Je m'explique, mon ami. Les indigènes n'attachent pas une valeur monnayée aux pièces d'or.

— En effet. Ils en usent surtout comme parure.

— Justement. Eh bien, je pense qu'autour de nous en ce moment, et plus tard le long de notre route, la grande mode pour les coquettes africaines est, ou sera, de porter en colliers, gorgerins, bracelets, pendants de nez ou d'oreilles, des disques d'or à l'effigie de Saint-Georges, du roi des Belges ou de l'Etat Indépendant.

Mangin fit un brusque mouvement.

— Vous comprenez, capitaine ?

— Parfaitement, répondit le jeune officier.

— Il importe donc de constater la chose. Le nombre des parures dorées nous fera connaître l'étiage exact des inquiétudes anglaises au sujet de notre mission. Il y aura également d'autres signes : je vous les indique sommairement. Vous rencontrerez des cotonnades suspectes, des spiritueux qui nous avertiront que nos chances de réussite augmentent. Enfin, quand vous serez abordé par des chefs noirs armés d'excellents fusils; réjouissez-vous. Ils s'en serviront contre nous, naturellement; mais cela voudra dire que décidément on nous juge capables de toucher le but (1).

Le commandant expliquait cela paisiblement, sans colère

---

1. Sic.

apparente contre les procédés employés par l'Angleterre.

Il est vrai que l'irritation n'eût servi de rien.

Les subsides britanniques ne sont pas distribués par les agents officiels, ce sont les *agents libres* et aussi, hélas ! les missionnaires anglicans qui se chargent de ces libéralités.

De telle façon que le gouvernement peut toujours répondre :

— Je n'y suis pour rien, ce sont là manœuvres de particuliers. Je les réprouve sans pouvoir les empêcher, car nous sommes un peuple libre, et chez les peuples libres, l'individu a tous les droits.

Il est bon d'ajouter que, si un citoyen de ce libre royaume s'avisait d'un acte profitable à la France, il serait pendu haut et court ; ce qui démontre bien que la liberté, en dépit des dires des philosophes, ne saurait être absolue, sous peine de dégénérer en licence.

— Je pars de suite, reprit le capitaine Mangin. Je conduirai l'une des reconnaissances.

— C'est cela. Avertissez les « cadres ».

— Parfaitement.

— Pas de brutalités. Aucune mesure vexatoire. Il s'agit simplement de nous renseigner.

— C'est entendu, mon commandant.

— Surtout pas d'imprudence, regardez sans en avoir l'air. Evitez que les indigènes devinent le but réel de nos mouvements.

Le capitaine inclina la tête, salua militairement et s'éloigna.

Ses collègues Baratier et Germain étaient occupés à surveiller : l'un, le chantier où gisaient les embarcations démontées ; l'autre, le hangar où s'amoncelaient vivres et munitions à mesure qu'arrivait un convoi.

Il appela donc de Prat, Dat, trois autres sous-officiers et leur communiqua les instructions du commandant.

Peu après, six petites fractions de la compagnie de tirailleurs prirent les armes, et chacune, suivant le gradé qui l'avait rassemblée, traversa l'étroite zone cultivée, ceinture verdoyante de Brazzaville, puis s'enfonça dans la brousse.

Toutes les reconnaissances rentraient le soir même.

Nulle part, elles n'avaient rencontré de résistance.

Par contre, elles avaient pu constater la justesse des prévisions du chef de la mission.

Partout les jeunes filles, les femmes aux nez épatés, aux lèvres épaisses, aux cheveux crépus, étaient parées des « grigris jaunes » (selon leur propre expression) que les Anglais pratiques appellent : livres sterling ou guinées.

Cela parut amuser énormément le commandant Marchand.

Et ici se place un incident joyeux, qui prouve qu'en véritable héros de France l'officier sait user à l'occasion des moyens (1) spirituels que l'on croirait réservés au seul vaudeville.

Le lendemain, 13 décembre, un sergent de race ouolof, faisant partie de la compagnie de tirailleurs, eut une longue conversation avec le commandant.

Il le quitta, le visage convulsé par un rire joyeux, qui découvrait ses dents blanches.

Puis il gagna la berge du fleuve.

Des piroguières okambas, qui avaient amené des volailles et des légumes au camp, étaient étendues sur le sable près de leurs embarcations.

Elles jacassaient, point désagréables à voir, avec leurs faces rieuses, étalant en plein soleil leurs jambes et leurs corps nus. Leur parure rudimentaire : des colliers, des bracelets de poignets et de chevilles, et un jupon de cotonnade descendant de la taille aux genoux, permettait d'admirer la vigueur sculpturale de ces commères noires.

Le sergent, Mohamet-Abar de son nom, en découvrit une qui, au contact des blancs, avait appris une sorte de « sabir » intelligible.

Et la conversation s'engagea.

Bientôt, le sous-officier parla beuverie et eau-de-vie, sujet de dialogue qui intéresse prodigieusement les populations nègres, sans distinction de sexe.

Il se plaignit de ses chefs, lesquels interdisaient les spiritueux aux soldats attachés à l'expédition.

Bref, il termina en exprimant le regret de ne pouvoir franchir le fleuve pour gagner Léopoldville, où il lui aurait été loisible de se gargariser d'un verre de rhum.

---

1. Cet épisode réjouissant est authentique.

La comédie interprétée par le brave Ouolof eut un plein succès.

La batelière lui offrit de passer sur la rive belge, avec l'espoir de pouvoir, elle aussi, « si carré su verre d'eau-de-vie ».

Mohamed-Abar se fit prier.

Il avait parlé inconsidérément. Que diraient ses chefs s'ils apprenaient son escapade?

Pour finir, il se rendit aux raisons de la pirogayeuse, sauta dans l'esquif et débarqua bientôt sur le quai de Léopoldville.

Dix minutes après, toute la ville savait la présence du tirailleur.

Point n'est besoin d'affirmer que mister Bright et miss Jane furent avertis des premiers.

Tous deux se rendirent aussitôt sur le quai.

Mohamed-Abar y était toujours, apparemment fort ennuyé par la curiosité indiscrète des habitants de la cité.

L'agent anglais s'approcha de lui, et, employant le français, non sans certaines syllabes gutturales qui trahissaient sa nationalité.

— Bonjour, brave soldat, dit-il.

Le Ouolof le toisa et, dans son patois naïf :

— Bonjour, toi, pékin. Toi, bonne tête tout plein. Toi dire où Mohamed trouver eau-de-vie?

A cette question, le visage de Bright s'épanouit ; d'un buveur, on tire toujours peu ou prou de renseignements.

— Tu veux de l'eau-de-vie?

— Oui, toi dire où?

— Chez moi.

— Toi mercanti alors?

— Non, mais ami des soldats français. Si tu veux m'accompagner, je t'offrirai du cognac et remplirai ta gourde.

Le nègre le considéra un instant d'un air soupçonneux.

— Cognac, ça cher. Toi vouloir beaucoup d'argent.

— Rien du tout. Je te l'offrirai en présent.

— En présent. Toi dire moi pas payer rien.

— C'est cela même.

Du coup, Mohamed lui ouvrit les bras.

— Oh! toi, bon mercanti, viens faire embrasser avec moi.

Et, bon gré, mal gré, il frotta sa face noire sur les joues rosées de l'agent britannique.

Après quoi, tous deux escortés par miss Jane, que cette

accolade imprévue avait beaucoup divertie, se dirigèrent vers la maison de Bright.

L'Anglais tint parole.

Ce fut du véritable cognac qu'il versa à son hôte, dans la gourde duquel, suprême libéralité, il vida le contenu de la bouteille jusqu'à la dernière goutte.

Le sergent sénégalais sembla pénétré de reconnaissance. Il baragouinait d'un ton attendri.

— Oh! toi, bon pékin, aussi bon que cognac. Moi soldat, moi pas si riche. Si toi venir à Brazzaville, moi régaler toi aussi. Toi venir, dis, avec la fille blonde, qui rire de tout ce que Mohamed parler.

La jolie miss fit un signe imperceptible à son père et se rapprochant :

— Est-ce qu'une dame pourrait visiter votre camp?

— Si, si, s'empressa de répliquer le noir, toi pouvoir si toi accompagné avec moi.

Elle minauda :

— Si papa y consentait, nous pourrions peut-être... je n'ai jamais vu un camp, cela m'amuserait.

— Oh! lui consentir tout suite.

En parlant ainsi le Sénégalais se retournait vers Bright.

— Est-ce pas? Toi, consentir... toi venir avec Mohamed.

L'agent, sans défiance, finit par répondre :

— Oui.

Ce qui provoqua chez Jane une véritable explosion de joie.

On discuta longtemps.

Enfin, il fut convenu que Mohamed-Abar déjeunerait avec ses nouveaux amis et que, le repas achevé, tous traverseraient le fleuve et parcourraient le campement de la mission.

Le *breakfast* fut exquis.

Le sous-officier était l'objet des soins les plus attentifs.

Bright s'occupant de remplir son assiette, Jane d'éviter le vide à son verre, il mangea et but comme savent le faire les noirs quand on leur assure franche lippée.

Mais quelles que copieuses que fussent ses libations, il ne perdit pas de vue le but de son voyage. Pas un mot, pas un geste, n'indiqua à ses amphitryons qu'il avait une arrière-pensée.

En sortant de table, tout le monde était d'humeur joyeuse.

Les Anglais pensaient avoir capté la confiance du tirailleur, et celui-ci était bien certain de les avoir amenés où il le désirait.

On descendit vers le Congo en échangeant des propos affectueux.

Le canot de l'agent libre était amarré à quai.

Le dais rayé de bleu et de blanc fut déroulé, afin de protéger le joli minois de miss Jane contre les caresses brutales du soleil, et la traversée commença.

Curieusement, les Anglais considéraient la petite agglomération de Brazzaville avec ses quatre ou cinq maisons européennes, un peu à l'écart des cases indigènes.

Ils regardaient, en touristes, la construction de ces cases dont le support central est un arbre ébauché, autour duquel se dressent les murs et le toit conique. Bien simples ces habitations. Une seule ouverture, la porte. Deux chambres séparées par une cloison de nattes : la première commune, où l'on reçoit l'étranger, la seconde réservée à la famille, sanctuaire du sommeil, des fétiches domestiques et des coffres contenant la fortune de la maison.

L'embarcation atteignit ainsi la rive française et vint prendre place au milieu des nombreuses pirogues des pourvoyeurs rangées en ligne, la proue sur le sable.

Personne ne sembla faire attention aux nouveaux venus.

Ce qui amena Bright à communiquer à sa fille cette réflexion pleine d'humour :

— Etonnants ces Français. Ils ne se gardent pas plus en pays étranger que chez eux.

Et cette réponse malicieuse de la gentille blonde :

— Que voulez-vous, mon père. *Le mouton qui doit être mangé n'a jamais eu de griffes.*

Le proverbe anglais parvint aux longues oreilles de Mohamed-Abar.

Il se détourna pour cacher son large rire silencieux.

Et la promenade commença à travers les paillottes du campement.

Jane semble enchantée.

Tout lui est sujet à étonnement. Les armes en faisceaux, les ustensiles de campement, l'arrêtent, l'intéressent.

Il faut que tout lui soit expliqué.

Avec une ingénuité feinte, elle affirme vouloir conserver le souvenir de sa visite... aux braves soldats français.

Elle tire de son *réticule*, car elle a un réticule, tout comme si elle se promenait à Londres, au lieu d'être en pleine

CAPITAINE BARATIER.

Afrique; elle en tire disons-nous, un mignon petit carnet. De son porte-mine d'or elle trace des lignes d'une écriture un peu anguleuse. Elle dessine même quelques silhouettes de tirailleurs.

Tout doucement, sans en avoir l'air, elle entraîne le sous-officier Mohamed vers le hangar qui abrite les charges.

Là, elle s'extasie.

— Que de rations, que de munitions; jamais la petite troupe du commandant Marchand ne consommera tout.

LES RAPIDES DE L'OUBANGHI A L'ÉPOQUE DES HAUTES EAUX

Avec une complaisance qui ne se dément pas, le Soudanais répond à ses questions, il pousse l'amabilité jusqu'à interroger ses camarades, voire même les gradés du « cadre européen », quand il ne sait pas.

Et Jane note : tant de rations, tant de cartouches, tant de ceci, tant de cela.

De temps à autre, elle adresse à son père un regard triomphant.

Elle semble lui dire :

— Admirez, voyez comme je comprends bien un service d'espionnage.

Lui, la considère d'un air tendre, ému.

Il se confesse que vraiment il possède une fille exceptionnelle.

Une fille qui fera sa gloire, lorsqu'il transmettra à l'Amirauté les notes si précises, si complètes, que la folle confiance des Français lui permet d'amasser.

L'inventaire du hangar est terminé.

Là, tout près, s'étend le chantier que remplissent les bateaux démontables ; on n'a pas encore eu le loisir de les assembler.

Jane a un cri de surprise, un joli cri de jeune fille, tel un gazouillement d'oiseau.

— Qu'est-ce donc que tous ces morceaux de métal? On dirait de l'acier, de l'aluminium. C'est sans doute pour faire des présents, pour vous concilier les bonnes grâces des chefs dont vous traverserez les territoires?

Et comme Mohamed-Abar fait entendre un gros rire sonore :

— J'ai dit une folie, j'imagine, continue-t-elle gentiment; je vois que vous riez de moi. Ce n'est pas bien, mon ami noir; je ne suis pas un militaire, moi, et je ne saurais être tenue de connaître tous vos engins de guerre.

Mais l'Africain paraît confus de s'être laissé aller à l'hilarité.

Il s'excuse, et, de plus en plus complaisant, il explique encore :

— Ce sont là les bateaux démontables de la mission.

— Des bateaux, ces choses-là, se récrie l'Anglaise ?

— Mais oui.

— Je ne croirai jamais cela.

Pour la persuader, Mohamed-Abar est obligé de la guider à travers le chantier.

Il lui détaille les opérations de montage et d'ajustage, des différentes pièces des coques, des machines, du pont, des embarcations.

Cela intéresse bien vivement Jane, car elle ne se lasse pas d'interroger.

Et comme le Soudanais ne se lasse pas de répondre, elle apprend le tonnage, le gabarit de chaque bateau, son tirant d'eau, la force des machines.

Et les pages du carnet se couvrent de notes; le porte-mine court fiévreusement sur le papier.

La visite est terminée.

Les Anglais savent tout; ils ont tout vu, tout sans exception.

Maintenant ils vont regagner leur canot.

Ils peuvent retourner à Léopoldville, leur moisson est complète. Le gouvernement britannique connaîtra les forces dont dispose la mission, tout aussi bien que le commandant qui l'a organisée.

Pas de danger qu'ils se trompent, que les chiffres se brouillent dans leur tête, qu'ils omettent un détail essentiel.

Le carnet est là pour assurer leur mémoire.

Malgré eux, leurs traits expriment le triomphe, et c'est avec une ironie transparente qu'ils disent à leur guide combien ils regrettent de le quitter.

Ils espèrent bien le revoir.

Et Mohamed, qui est un grand « blagueur », comme tous les Ouolofs, leur répond en clignant des yeux le plus comiquement du monde.

— Moi voir toi tous les jours, fille blonde. Toi jolie; moi triste si pas voir et rire avec toi.

Ce dont Jane s'amuse, s'amuse comme une enfant.

Comme les hommes sont bêtes... tous, tous sans exception... la couleur n'y fait rien. Blancs, rouges, jaunes ou noirs, ils sont hypnotisés par deux yeux de femme et ne soupçonnent pas les complications du cerveau qu'abritent le front poli et la chevelure soyeuse.

Avant la séparation, Mohamed veut absolument conduire les Anglais à la cantine.

Car la mission a une cantine, une grande tente de toile, au milieu de laquelle trône Bouba, la vieille Congolaise, qui rit toujours en montrant ses gencives dont les dents sont absentes; Bouba qui dit à chaque consommateur:

— Bouba, plus dents. Li dents parties, grand voyage. Li dents à ti partir bien plus tôt avant mi miennes reveni.

Elle est coquette néanmoins, la vieille Bouba. Elle a une chemise de soie, jadis verte, qui décollète ses épaules noires, un jupon écossais, et de larges babouches rouges cachent ses pieds nus.

A force de patience, elle a réussi a donner à sa toison crépue, l'apparence d'un chignon, dont l'extrême pointe est cachée sous son chapeau rose.

Bouba s'empresse autour de Jane.

— Quoi ti boi, petit cœur, dit-elle. Soif, bé sur, li souleil routit.

Et ne recevant pas de réponse, elle continue:

— Ti boi *Itoutou*, ti vouloi.

Mais l'itoutou, boisson fermentée extraite des fruits de l'arbre Djoriga (*Aubrya Gobonensis*) ne parait pas tenter Jane.

La jeune fille hésite; alors Bouba lui montre un petit fût sur lequel est écrit: Porto.

Cela fait partie des provisions de la mission.

— Porto, bonno eau di raisin... li fara ta joue rose, ti joulie tout plein.

Alors Jane se décide.

Le porto jouit d'une estime particulière en Angleterre.

Et puis c'est si drôle de se faire offrir du porto, dans une cantine, par un soldat noir.

Quelle aventure, pleine de couleur (sans calembour) à consigner dans sa prochaine lettre à ses amies d'Angleterre, à ses anciennes condisciples de l'institution Phileabog, de Chatham.

Bright, très égayé aussi, s'absorbe dans la confection d'un cognac coktail.

Certainement pour le coktail, le whiskey est préférable à l'eau-de-vie française, mais quand on n'a sous la main que cette dernière, il faut savoir s'en contenter.

A la guerre comme à la guerre. *In the war as in the war.*

Soudain, un sergent entre sous la tente.

Celui-ci est un blanc.

Il s'approche des Anglais, et avec politesse:

— Pardon de vous troubler, Monsieur, Mademoiselle, mais monsieur le médecin-major Emily a entendu dire que vous habitiez Léopoldville.

— C'est exact, répond Bright.

— Alors, seriez-vous assez aimables pour me suivre auprès de lui. Il désirerait vivement converser avec vous.

— Converser de quoi, grommelle l'Anglais?

Mais Jane l'interrompt vivement :

— Nous ferons avec grand plaisir la connaissance du docteur. Nous comprenons parfaitement son désir. Après quelques mois de brousse, on est heureux de trouver des personnes avec lesquelles on puisse causer.

Bright opine de la tête.

Et le père et la fille se séparent de Mohamed-Abar en l'instant à revenir goûter leur cognac à Léopoldville.

Précédés par le sergent qui est venu les chercher, ils se dirigent vers le village de Brazzaville.

A la porte de l'une des maisons, le sous-officier s'arrête.

Il heurte.

Presque aussitôt on ouvre.

— Les personnes que le major a demandées.

C'est un caporal infirmier qui reçoit les visiteurs.

Il les fait entrer, les conduit dans une petite pièce, sombre parce que toutes les ouvertures sont fermées par des contrevents de bois.

Evidemment le docteur craint la chaleur; il se barricade contre elle.

Deux minutes se passent. Un homme au visage souriant pénètre dans la salle.

Il salue avec la plus parfaite aisance:

— Mademoiselle, Monsieur, excusez l'indiscrétion d'un homme privé depuis plusieurs semaines de la vue de personnages avec lesquels il lui soit loisible d'échanger quelques pièces.

Cela est dit si naturellement que les Anglais répondent par un sourire agréable.

Le docteur leur tend les mains, ils y placent les leurs.

Mais alors la scène change.

Les traits du médecin se rembrunissent soudain:

Il murmure entre ses dents:

— Oh! oh! qu'est cela?

Il a saisi les poignets de l'agent, de sa fille.

Il leur tâte le pouls.

— Ah ça ! que signifie cette plaisanterie, gronde Bright

M. Emily secoue la tête.

— Vous riez, malheureux, alors que le cas est aussi grave

— De quoi parlez-vous ?

— De votre santé.

— De ma santé, jamais elle n'a été aussi bonne.

— Erreur profonde.

— Erreur ?

— Complète. Vous êtes malade à ce point, cher monsieur, et vous aussi, ma gracieuse demoiselle, que, si vous ne vous conformiez pas absolument à mes prescriptions, je ne donnerais pas un penny de votre vie.

Le père et la fille se regardent.

La même pensée est dans leurs yeux.

— Cet homme est fou, positivement fou.

Mais M. Emily reprend :

— Avant tout, il faut vous persuader. Vous êtes atteint de la fièvre jaune.

— Nous !

C'est un cri de terreur qui s'échappe de leurs lèvres au nom de la terrible maladie.

Le docteur les rassure bien vite :

— Ne vous effrayez pas, je vous assure que vous ne courez aucun danger si vous restez dans cette chambre. Un mois, six semaines suffiront pour vous tirer d'affaire.

— Un mois, six semaines, s'exclament les Anglais.

— Au moins, reprend d'un ton paterne, le docteur redevenu souriant.

Et très sérieusement :

— Mais ne perdons pas notre temps en vaines récriminations.

— Pourtant.

— Il faut avant tout vous séparer des objets qui vous ont communiqué cette vilaine fièvre.

— Des objets qui... ?

Bright, Jane regardent autour d'eux avec épouvante.

Ils tiennent leurs mains en l'air, loin de leurs vêtements, comme s'ils craignaient de toucher l'étoffe.

Ils ont peur, une peur atroce.

La jolie blonde a laissé tomber son réticule.

M. Emily s'en saisit, l'ouvre, en tire le carnet de l'Anglaise.

Et le tenant du bout des doigts.

— Voici le coupable, dit-il.

Alors Jane comprend.

Elle se précipite en avant, veut reprendre le carnet.

Doucement le docteur la repousse.

— Ne jouez pas avec la mort, malheureuse enfant, reprend-il d'un ton moitié grave, moitié badin. Ce calepin contient des notes qui vous convaincraient d'espionnage, vous et monsieur votre père, si elles n'étaient l'œuvre du délire qui précède toujours la fièvre jaune.

Et avec une nuance de sévérité :

— Restez ici ; vous ne manquerez de rien. Dans un mois, vous en sortirez complètement guérie, je l'espère.

Jane est atterrée.

Sans voix, sans un geste, elle a courbé la tête.

Son triomphe s'est transformé en défaite.

Ce sont les Français qui l'ont jouée.

Ils ont, dans son carnet, des preuves suffisantes pour l'emprisonner, la condamner comme espionne, sans que le gouvernement anglais soit en droit d'intervenir.

Elle tremble, elle enrage.

Mais toute résistance est inutile. Il lui faut se soumettre.

La petite comédie bouffe, organisée par le commandant, était arrivée à sa dernière scène.

A dater de ce jour, le campement français compta deux hôtes de plus.

Les attentions les plus délicates entourèrent les prisonniers.

Et comme un bienfait n'est jamais perdu, la mission trouva désormais les porteurs, les ouvriers dont elle avait besoin.

Tous les obstacles disparurent.

Malgré les pluies diluviennes, les effroyables orages journaliers, la température étouffante (moyenne 37° centigrades à l'ombre) qui, pendant la saison des pluies (octobre à mai), causent à l'Européen une transpiration constante, un ralentissement de la circulation sanguine, un invincible alourdissement du cerveau; malgré tout, les bateaux se montèrent, et, le 13 janvier 1897, le capitaine Mangin quitta Brazzaville avec trois vapeurs qui emportaient ses tirailleurs, des porteurs et onze mille charges.

Le 24 du même mois, le steamer *La Ville-de-Bruges* suivait avec onze cents charges et toutes les embarcations.

Enfin le 1ᵉʳ mars, le commandant partait à son tour.

Il avait pris passage sur un bateau à marche rapide, et il put ainsi rejoindre ceux qu'il avait envoyés en avant, un peu au-dessus du confluent de l'Oubanghi et du Congo.

Quelques jours avant son départ, le docteur Emily, qui venait, chaque matin, visiter les prisonniers anglais, les avait déclarés guéris.

Lui-même les avait accompagnés jusqu'au bord du fleuve, les avait installés dans une pirogue préparée pour les recevoir.

Mais, avant de donner aux rameurs l'ordre de se mettre en marche, il s'était penché vers Jane et lui avait murmuré à l'oreille :

— Je suis heureux d'avoir sauvé une aussi ravissante personne. Mais ne dédaignez pas de prendre beaucoup de précautions, car dans ces terribles fièvres, ce qu'il faut craindre surtout ce sont les rechutes.

Sur un geste de lui, les pagayeurs imprimèrent à l'esquif une impulsion rapide.

M. Emily salua de la main, cria encore :
— Gare aux rechutes.

Et revint paisiblement rejoindre le commandant Marchand avec lequel il devait s'embarquer.

Nous verrons bientôt si miss Jane et mister Bright tinrent compte de sa recommandation.

III

LES RAPIDES DE L'OUBANGHI.

L'Oubanghi, principal affluent de la rive droite du Congo, indique, sur une distance d'environ 1.000 kilomètres, la ligne séparative des possessions françaises et belges.

Sa direction générale, en le prenant à partir de son confluent, est d'abord franchement du Sud au Nord, jusqu'à la station de Bangui. En ce point, la rivière s'infléchit brusquement à l'Est.

Jusque-là, la mission ne rencontra pas de difficultés.

La rivière était large, les eaux hautes et la flottille filait rapiment.

Elle franchit ainsi les postes ou les villages de Youmbé, Libembé, Gobé et Béki.

On remarquera que la consonnance *bé* se retrouve dans tous ces noms.

Et l'on ne s'en étonnera pas en apprenant que cette syllabe signifie dans la langue du pays : agglomération ou endroit habité. Bangui, qui semble faire exception à la règle, n'est qu'une contraction des deux mots Bé Angui.

A Bangui, une halte s'imposait.

En amont de cette localité, en effet, commencent les rapides de la rivière.

C'est une série de passages resserrés, entrecoupés de chutes, qui dressent un obstacle insurmontable entre les biefs inférieur et supérieur du cours d'eau.

Obstacle qui ne surprit pas le commandant Marchand, car il était connu, prévu et étudié depuis longtemps.

Il savait qu'à Bangui, il faudrait transporter les embarcations par terre jusqu'au delà des rapides.

C'était une perte de temps considérable, il est vrai, car les vapeurs et chalands devaient être démontés, tirés à terre, et plus tard remontés ; mais, en somme, ce travail s'exécuterait dans de bonnes conditions et à proximité d'un centre populeux, qui fournirait, en hommes et en matériaux, tout ce qui serait nécessaire pour le transport de la flottille.

Enfin on était dans la saison sèche, presque aussi chaude que celle de l'hivernage, mais qui paraît beaucoup plus fraîche, parce que l'humidité a disparu et que par suite la tension électrique est moindre.

Il est à remarquer, en effet, que les Européens supportent parfaitement la chaleur sèche.

L'anémie et la fièvre ne les atteignent réellement que durant la saison humide et orageuse appelée hivernage.

Tout se passa d'abord comme l'avait prévu le commandant.

Tandis que le gros de l'expédition procédait au démontage des embarcations, une section reconnaissait la route de terre.

La route.... un sentier à peine indiqué, côtoyant la rivière à travers la forêt tropicale, inextricable, que désormais les explorateurs devaient rencontrer partout jusqu'aux environs de Tambourah.

Ces éclaireurs se firent pionniers.

Ils abattaient les buissons, les arbres même qui eussent pu arrêter la marche des porteurs.

Bref, après huit journées d'attente, ils rejoignirent leurs compagnons campés autour de Bangui et annoncèrent que le passage était libre.

Le commandant décida que l'on se mettrait en route dès le lendemain.

Il veilla lui-même à ce que tout fût prêt et, le soir, il s'assura que les tirailleurs et les porteurs s'endormaient de bonne heure.

Les noirs sont, en effet, de grands enfants ; il faut les surveiller sans cesse, sous peine de les voir se livrer aux danses et aux libations exagérées, la veille d'une marche fatigante.

On devine le résultat d'une pareille préparation.

Les hommes sont sans vigueur à l'heure précise où ils en auraient le plus grand besoin.

La nuit s'écoula sans incident.

Au jour, le clairon réveilla les dormeurs.

Ce fut aussitôt, dans le campement, une agitation de fourmilière.

Rien n'était pittoresque comme le départ de la colonne formée comme celle de la mission.

Les porteurs Beduyrios se rassemblaient autour de leurs charges et chantaient une mélopée barbare où ils célébraient le soleil.

Auprès d'eux, les Fayoudas soufflent dans des cornes de buffle dont ils tirent des sons lamentables.

Les Beggars dansent une sorte de pas sacré, avec accompagnement de cris aigus.

Plus loin les tirailleurs musulmans, tournés vers l'Est, accomplissent les génuflexions et prières prescrites par le Coran.

Tandis que les catholiques, à demi instruits par nos missionnaires, psalmodient en commun un *Pater Noster* étrange, peuplé de variantes dans le genre de celle-ci :

— Toi bon Dieu, le père des noirs.

Car dans leur conception naïve de la religion, les Africains expliquent ainsi la Trinité :

Le Père est l'ancêtre des blancs.

Le Fils est celui des noirs.

Quant au Saint-Esprit, il s'occupe spécialement des métis.

Après les diverses cérémonies que nous dépeignons succinctement, tous les nègres, musulmans, chrétiens ou autres, éprouvent le besoin de « calmer la jalousie de leurs anciens fétiches ».

Tous prennent les amulettes, grigris et autres pendeloques, qui brimballent sur leur poitrine, soutenus par une ficelle.

Ils les regardent avec force grimaces, les approchent de leurs lèvres, leur parlent à voix basse, les portent à leurs oreilles, semblant écouter une réponse imaginaire des mystérieux talismans, vendus fort cher dans les tribus par les sorciers ou les griots troubadours.

Cette dernière opération achevée, les tirailleurs s'alignent devant les faisceaux, les porteurs assujettissent leurs charges sur leurs épaules.

On peut partir.

Un clairon donne un « coup de langue ».

— En avant... marche, commandent les officiers.

Les sergents répètent :

— En avant... marche !

Et la colonne s'ébranle.

Un dernier regard à Bangui, puis, ainsi qu'un long serpent, la file d'hommes s'enfonce dans la forêt.

Il fait sombre ici.

La voûte épaisse de feuillage ne laisse passer qu'une lumière vague.

On avance dans une buée grisâtre.

Le grand silence du bois impressionne les noirs. Eux aussi se taisent, l'esprit hanté par les histoires d'esprits malfaisants, au visage de gorille, aux ailes de chauve-souris, dont les grands enfants s'effraient mutuellement, pendant les jours d'hivernage.

Parfois un froissement se fait entendre sur les flancs de la colonne.

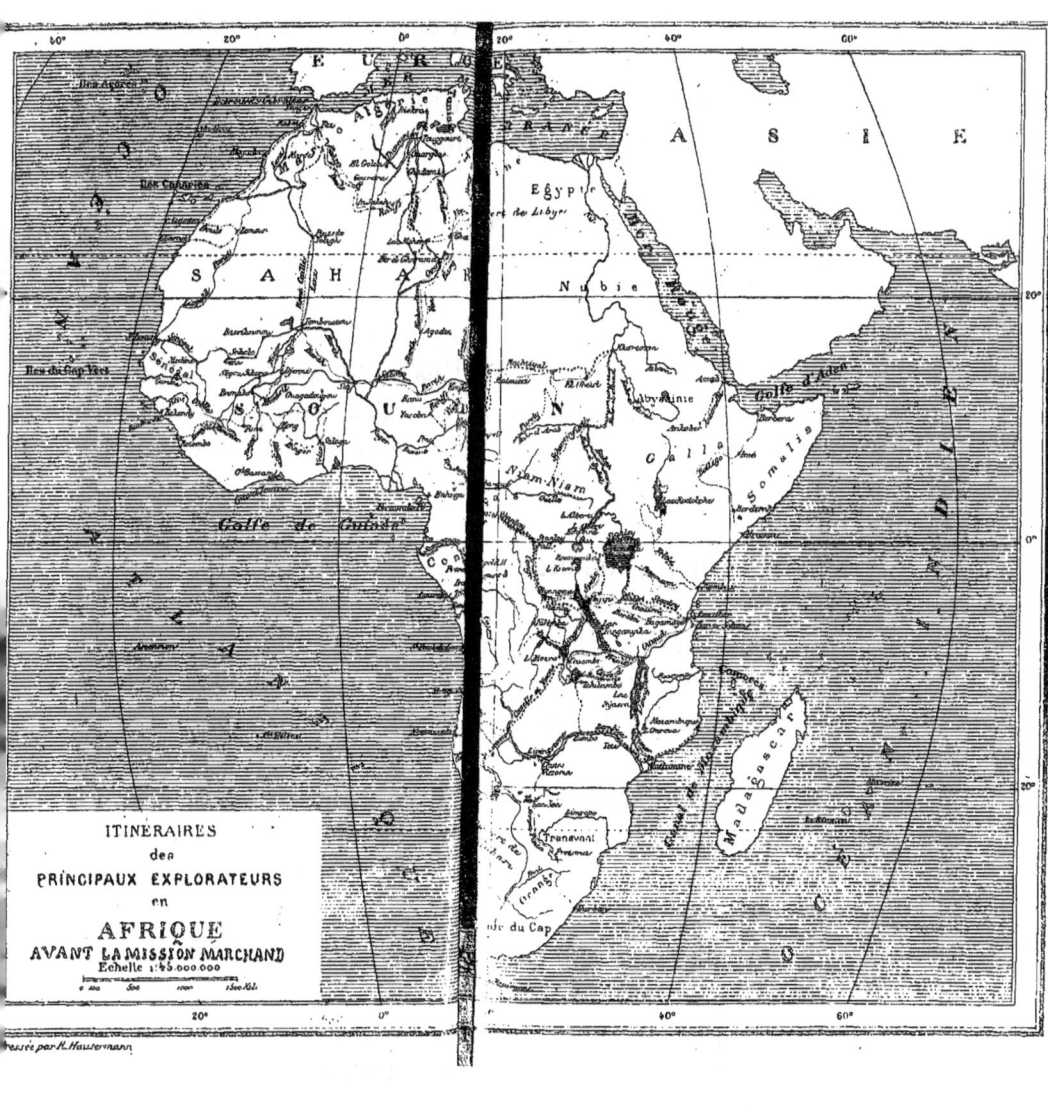

C'est un animal, un reptile qui s'enfuit.

Ou bien un claquement sec de mandibules, un cri rauque descendent des branches.

Un oiseau invisible au milieu des feuillées, des lianes, proteste à sa façon contre les intrus qui troublent sa quiétude.

On avance toujours.

Le commandant Marchand, parti des derniers, cause avec les capitaines Mangin et Baratier.

— Eh bien, dit Mangin, depuis Brazzaville, plus d'ennuis. Je commence à croire que nos bons amis, les Anglais, ont renoncé à s'occuper de nous.

Mais le chef de la mission sourit d'un air de doute :

— Vous auriez tort de vous y fier.

— Pourtant !

— Jusqu'ici la navigation du Congo et de l'Oubanghi était facile ; les populations chez lesquelles nous avons établi des fortins ne sont pas aisées à soulever. Maintenant les véritables obstacles vont se dresser devant nous. C'est là que nous verrons la main britannique s'étendre vers nous, pour augmenter nos embarras.

— Le croyez-vous vraiment ?

— Absolument.

Les réponses si nettes du commandant semblent impressionner son interlocuteur. Il baisse la tête, paraît réfléchir.

— Et vous, Baratier, demande Marchand, n'êtes-vous pas de mon avis ?

— Si, si, mon commandant, vous n'en doutez pas. Je suis déjà un vieil Africain et, plus d'une fois, j'ai eu affaire avec la nation... amie.

Mangin se rapproche :

— Me permettez-vous une question, commandant ?

— Naturellement, mon cher ami.

— Moi aussi, j'ai eu à subir les petites vexations que nos adversaires ne nous ménagent pas ; mais toujours j'ai été tracassé à proximité de la côte. Là, en effet, ces bons Saxons s'appuient sur leurs navires, leurs comptoirs... Il me semble pourtant que, dans l'intérieur, leur puissance doit être beaucoup moins grande.

— Erreur !

— Je hasarde une réflexion, sans le moindre entêtement

d'ailleurs. Comment peuvent-ils, à la distance où nous sommes, par exemple, agir efficacement?

Le commandant regarde Baratier ; le jeune capitaine hoche la tête en homme qui, dès longtemps, connaît la réponse à la question posée.

— Expliquez-lui cela, Baratier, reprend le chef de la mission.

— Bien volontiers.

Mangin se rapproche :

— Je vous écoute.

Et Baratier parle :

— Mon cher collègue, vous avez déjà vu à l'œuvre les agents libres de l'Angleterre.

— Oui, et en dernier lieu, à Brazzaville. J'ai ri aux larmes de l'aventure des « malades malgré eux ».

— Eh bien, ces gens, qui sont rarement aussi amusants, ont imaginé une chose géniale.

— Vous m'étonnez.

— Ecoutez et vous partagerez mon opinion.

Lentement, comme pour faire pénétrer mieux ses paroles dans l'esprit de son auditeur :

— Ces agents ont remarqué que les populations noires ont un respect inné, instinctif de l'uniforme.

— Parbleu ! moi aussi je l'ai remarqué. Quand j'allais « palabrer » dans une tribu, j'arborais la grande tenue, avec des galons d'or sur toutes les coutures.

— Après la cérémonie, vous vous déshabilliez et tout était dit.

— Dame !

— Voilà où les agents libres sont plus malins que nous.

Et, avec un froncement de sourcils :

— Ils ont inventé un uniforme qu'ils font porter aux noirs.

Mangin éclata de rire :

— Ça, je demande à voir.

— Vous verrez, mon cher collègue, soyez-en sûr, et vous regretterez de voir.

Puis, après une pause :

— L'uniforme est simple. Un baudrier rouge avec des étoiles dorées. Nos gens vont dans les villages, sous couleur de commerce. Ils s'enquièrent, ils s'informent, apprennent ainsi que tel ou tel habitant jouit d'une influence incontestée, soit parce qu'il est un guerrier renommé, soit simplement parce que ses poings sont solides.

— Allez toujours, je vous suis.

— Ils se rendent chez ce personnage, le complimentent, lui déclarent que l'Angleterre chérit les valeureux guerriers ou les lutteurs robustes, exaltent sa vanité en lui affirmant qu'il aurait droit à tous les honneurs. Bref, ils lui confèrent le baudrier rouge avec le titre de « champion de l'ordre » dans le district, et le droit de percevoir une dîme sur ses concitoyens.

Mangin haussa les épaules.

— C'est absurde.

— Pas du tout. Les Anglais ont étudié le noir. L'homme choisi, ayant un signe distinctif, devient aussitôt l'idole d'une partie de la tribu. Enchanté de la façon dont ses mérites ont été proclamés, ravi de pouvoir vivre dans la paresse, grâce à l'impôt dont il frappe ses compagnons, le champion devient un ferme allié de l'Angleterre. Au bout de peu de temps, il est doublé d'un missionnaire qui travaille ardemment à augmenter son pouvoir... et la farce est jouée. Qu'une mission comme la nôtre passe à proximité du village, vite l'agent anglais court à la case du champion. « Ce sont des ennemis, dit-il, ils songent à te déposer et à nommer un champion dans leurs intérêts. » Une telle éventualité serait la ruine pour le bon nègre ; aussi il n'en demande pas davantage, il soulève ses partisans et alors, plus de vivres, des flèches ou des coups de fusil qui partent des broussailles ; nos traînards sont assommés.

— Mais, gronda le capitaine Mangin, on marche sur le village, on le détruit...

— Vengeance platonique.

— Comment cela.

— Les indigènes l'évacuent à l'approche des soldats. Ils le reconstruisent en quinze jours, et le champion, continuant à régner, reste le fidèle ami de l'Angleterre. Pour la mission, elle continue sa route et les mêmes faits se reproduisent dans la tribu voisine. Au bout de trois ou quatre expériences semblables, on s'aperçoit que l'on a perdu du monde sans avantage appréciable. On se décide à marcher vite, à se bien garder, à maintenir une discipline sévère, sans répondre aux attaques des noirs.

— Et ils en concluent que nous avons peur d'eux.

— Précisément ; mais, entre deux maux, il faut choisir le moindre. Il vaut mieux qu'ils chantent notre fuite que notre trépas.

Les officiers restèrent silencieux après ces dernières paroles.

La gravité des responsabilités qui leur incombaient dans ces régions lointaines, sourdement ameutées par les agents britanniques, pesait sur eux.

Leurs regards se portèrent sur la colonne.

C'était d'eux seuls, de leur vigilance, de leur énergie que dépendait la vie de tous les hommes qui les accompagnaient.

C'était d'eux seuls que la France attendait le succès.

Et soudain Mangin s'arrêta.

— A propos, pourquoi la France ne crée-t-elle pas des champions comme l'Angleterre ?

Ce fut le commandant qui répliqua :

— Parce qu'elle n'a pas d'agents libres.

— On en envoie...

Le chef secoua la tête :

— Non, mon cher capitaine. Ils doivent venir librement, en colons, et, dans notre pays, le colon manque.

Et avec un soupir :

— Les uns accusent le Gouvernement de ne pas encourager la colonisation. Les autres s'en prennent au caractère national qu'ils disent casanier. Certains prétendent que la tendresse égoïste des mères, plus disposée à former des jeunes gens efféminés que des hommes, est seule coupable.

— Et vous, mon commandant, quel est votre avis?

— Oh! moi... Je crois que tous ont un peu raison. Ce qui nous a rendus casaniers, en France, c'est surtout la prospérité. Pourquoi s'exiler, pourquoi courir les risques des entreprises en pays neufs, quand notre patrie nous assure tout ce que nous pouvons désirer. Aujourd'hui cela commence à changer. Notre dette publique énorme, nos dépenses militaires irréductibles, car elles sont la condition *sine qua non* de l'existence de la France, l'encombrement de toutes les carrières libérales, dû à l'extension incessante de l'instruction ; toutes ces raisons font que les regards de la jeunesse se tournent vers ces possessions françaises que nous autres, soldats, avons conquises pour lui permettre d'en exploiter les richesses. Toute une génération de coloniaux grandit. Dans vingt ans, on verra, en Afrique surtout, qui est en quelque sorte un prolongement du sol de la mère patrie, on verra, dis-je, des Français s'installer, s'enrichir, faire souche de colons, assurer la conquête pacifique.

Et, avec mélancolie, le commandant ajouta :

— A ce moment, il n'y aura plus de gens, comme il s'en trouve aujourd'hui, pour nous faire un crime de risquer notre existence, afin d'assurer à la France la richesse dans l'avenir.

Marchand s'interrompit.

Un brusque arrêt venait de se produire dans la colonne.

— Qu'y a-t-il donc, interrogea-t-il ?

Presque au même instant, le sergent Dat, qui commandait l'avant-garde, accourut tout essoufflé.

— Commandant, cria-t-il du plus loin qu'il pensa pouvoir se faire entendre, le sentier est barré.

— Barré ?

Il se rapprocha, arriva devant le commandant, et, prenant la position règlementaire :

— On a établi en travers du sentier, déblayé ces jours derniers par nos éclaireurs, des abatis d'arbres. C'est une véritable barricade, épaisse d'au moins trois ou quatre cents mètres.

Le commandant haussa les épaules :

— En quarante-huit heures, le passage sera rétabli. Que l'on campe ici. Les porteurs seront employés comme ouvriers. Que l'on fauche tous les buissons dans un rayon de cinq cents mètres, afin que, la nuit, nos projecteurs électriques éclairent le terrain dénudé et s'opposent à toute surprise.

Puis, se tournant vers les officiers :

— Pour vous, messieurs, des reconnaissances dans toutes les directions. En avant des abatis surtout. Il s'agit de savoir si d'autres obstacles n'ont pas été créés, entre ce point et celui où nous pourrons reprendre la navigation.

Les capitaines Mangin et Baratier s'éloignèrent en courant, suivis par le sergent Dat qui communiqua aux divers gradés les instructions du commandant.

Une demi-heure plus tard, le campement était établi.

Des escouades de porteurs, armés de haches ou de sabres d'abatis, fauchaient les buissons à droite et à gauche du campement. Des arbustes coupés, d'autres formaient des fagots qu'ils allaient précipiter dans la rivière.

Marchand s'était porté en avant, pour se rendre compte de l'importance de l'obstacle placé sur sa route par des mains inconnues.

C'étaient des abatis conçus évidemment à la manière européenne.

En effet, si l'on veut rendre une route encaissée impraticable à l'artillerie et à la cavalerie, on abat des arbres en travers, et, pour leur donner plus de cohésion, on les relie par un lacis de fil de fer.

Ici on avait procédé de même.

Seulement, le fil de fer faisant défaut dans les forêts africaines, on y avait substitué des liens de joncs.

Il n'y avait donc pas de doute.

La série des tracasseries anglaises commençait.

Sous ce climat torride, tout retard d'une colonne, tout surcroît de fatigue imposé à ceux qui en font partie, sont batailles gagnées par l'ennemi.

Ce qui arrête une troupe bien armée et approvisionnée, ce n'est pas la résistance des indigènes, c'est la lassitude.

La lassitude, mère de l'anémie, mère de la fièvre, qui terrassent les plus forts, qui déciment les corps les plus entraînés et les mieux conduits.

Mais, en confiant la mission Congo-Nil au commandant Marchand, le gouvernement français avait été bien inspiré.

C'était un routier d'Afrique.

Il prévoyait tout et ne se laissait surprendre par aucun incident.

On avait barré la route pour causer aux hommes une fatigue plus grande.

Cette fatigue deviendrait un repos, de par la volonté du chef.

La coupe des buissons terminée, les porteurs furent divisés en quatre portions. Chacune travailla une heure aux abatis.

De cette façon, les noirs se reposaient trois heures sur quatre.

Puis le commandant décida, qu'à partir de ce moment, on préparerait soir et matin du thé additionné d'une faible proportion de quinine.

La boisson tonique acquiert ainsi des propriétés fébrifuges.

On peut affirmer que si le commandant Marchand a ramené

sa mission presque au complet, cette sage précaution y a puissamment contribué.

A la nuit on avait déblayé environ cent vingt mètres d'abatis

Les reconnaissances était rentrées une à une.

Le rapport de leurs chefs pouvait se résumer ainsi.

« Rien vu. Pas un indigène aux alentours, dans un rayon de trois kilomètres.

Les éclaireurs envoyés en avant des abatis avaient progressé jusqu'au delà des rapides.

Ils n'avaient rien remarqué d'anormal.

Les abatis franchis, la route était libre.

Cependant une inquiétude tenait encore le commandant.

Bien qu'à si peu de distance de Bangui une attaque de vive force ne parût pas à craindre, elle était cependant possible.

Aussi les lampes électriques à réflecteurs furent-elles installées de loin en loin autour du campement.

Elles inondèrent le sous-bois de nappes de lumière blanche, tout en maintenant le camp dans l'ombre.

De cette façon, si l'ennemi se montrait, on le verrait nettement, tandis que lui-même ne pourrait apercevoir ses adversaires.

Et ces précautions tactiques prises, les sentinelles placées, tout le monde s'endormit.

Au milieu du camp plongé dans le sommeil, un homme veillait.

Il s'était assis devant sa tente et ses yeux sondaient incessamment les profondeurs mystérieuses de la forêt. Il était là, prêt à bondir à la moindre alerte, à défendre ceux qui marchaient sous ses ordres.

Le repos qu'il avait ménagé à ses soldats, le chef ne se l'accordait pas.

Cependant rien ne troubla la mission. La nuit s'écoula paisible, la clarté du jour reparut.

Alors les travaux furent repris.

A quatre heures du soir, les derniers abatis cédaient à l'effort des ouvriers noirs et, sans perdre un instant, la colonne se remettait en marche.

A sept heures, elle débouchait sur une plage de sable doré.

L'Oubanghi formait en ce point une anse assez profonde, dont la rive dénudée était entourée, en arc de cercle, par la lisière de la forêt.

Au loin, en aval, se faisait entendre un sourd mugissement. C'était le bruit des eaux tumultueuses des rapides que l'on venait de contourner.

Le point était propice à l'établissement du camp.

La zone découverte, existant aux abords de la petite baie, rendait la surveillance facile. Une surprise n'était pas à redouter.

De plus, le terrain, plat et dur, se prêtait merveilleusement aux opérations de remontage des embarcations de la flottille.

Toutefois, Marchand ne négligea aucune précaution : Lampes électriques, postes de garde furent installés comme la nuit précédente.

Seulement, cette fois, le chef pensa pouvoir dormir.

Or, vers minuit, une alerte se produisit. Un coup de feu éclata dans le silence.

Au même instant, le commandant bondissait hors de sa tente, et sa voix claire, exempte de toute émotion, lançait cet ordre.

— Aux faisceaux... Par escouades à vos postes de combat.

Le mouvement s'opéra sans désordre.

Les tirailleurs sénégalais sont de merveilleux soldats. Ils ont l'intuition de la guerre et, après quelques mois de service, aucune surprise ne les prend au dépourvu.

Agenouillés derrière le rempart formé par les bagages de la colonne, le doigt sur la détente de leurs armes, ils attendaient.

Mais rien ne parut. C'était une fausse alerte.

Un factionnaire, surpris par l'approche d'un crocodile qui avait rampé jusqu'à lui, avait fait usage de son fusil pour éloigner cet incommode voisin.

A cette nouvelle, chacun retourna se coucher, et la nuit s'acheva sans autre incident.

Huit jours plus tard, toute la flottille était à l'eau.

L'embarquement s'opéra sans encombre et la navigation fut reprise.

Rien ne s'opposa au passage de l'expédition.

A deux ou trois reprises, alors que l'on franchissait des canaux resserrés entre des îles boisées, quelques flèches, quelques coups de feu partirent de la rive belge, à l'adresse des voyageurs.

Le tirailleur Houza fut légèrement blessé au bras.

Deux ou trois pirogues furent trouées par les projectiles, heureusement au-dessus de la ligne de flottaison.

Ce fut tout.

La mauvaise humeur des ennemis de la France se trahissait par ces procédés peu courtois, mais, en somme, la mission n'en souffrait guère.

On atteignit Mayaka.

Là, le commandant congédia ses porteurs et pagayeurs, qui, d'après les conventions de leur engagement, ne devaient pas dépasser cette localité.

Il les remplaça pas des équipes fraîches que l'administrateur Bobichon avait recrutées pour lui dans les régions du Kazango et de Bourma.

L'entrevue du commandant et de l'administrateur fut des plus cordiales.

La mission allait gagner le confluent de l'Oubanghi et de la rivière M'Bomou.

Elle remonterait ce dernier cours d'eau jusqu'au village de Rafaï.

De là elle se dirigerait vers Dem-Ziber, en traversant la vaste plaine qui s'étend entre les rivières Chinke et Dinda.

Puis, poussant droit vers le Nord, elle contournerait les marécages du Bahr-el-Ghazal, réputés infranchissables, longerait la frontière méridionale du Kordofan, les rives vaseuses du lac No et atteindrait le Nil.

Pour ces hardis pionniers de France, il semblait que la partie fût gagnée.

Déjà, ils avaient parcouru près de la moitié du chemin.

La réussite qui avait accompagné jusque-là leur entreprise leur donnait confiance en l'avenir.

Bref, l'expédition quitta Mayaka dans les plus heureuses dispositions.

La flottille abandonna son mouillage.

Sur la rive, l'administrateur et ses compagnons agitaient leur mouchoir.

A bord des embarcations, les voyageurs répondaient à cet adieu amical.

Et sur une case du village, dressé au haut d'un mât, un pavillon tricolore flottant au vent semblait, lui aussi, saluer ceux qui partaient.

Dans les pirogues, les pagayeurs, à la peau luisante, chantaient une chanson lente, qui rythmait leurs mouvements.

Les bateaux glissaient rapidement sur les eaux. Ils s'éloignaient, se rapetissaient. Bientôt M. Bobichon les perdit de vue.

Maintenant, les explorateurs allaient entrer en plein inconnu.

CHAPITRE IV

LES ŒUFS DE PAQUES DU COMMANDANT MARCHAND

Ce n'était pas sans raison que le commandant avait attribué aux intrigues anglaises, et les abatis jetés devant sa colonne expéditionnaire le long des rapides de l'Oubanghi, et les diverses attaques dont la mission avait été l'objet.

Et ces intrigues étaient menées précisément par ceux, qu'à Brazzaville, il avait épargnés.

Il s'était contenté d'une simple plaisanterie, alors que les circonstances l'eussent autorisé à traduire mister Bright et sa fille devant un tribunal.

L'Anglais eût été condamné, au minimum, à cinq ans de prison.

Il en avait été quitte pour six semaines de repos forcé.

Aussi ne pardonnait-il pas au commandant.

Plus irritée que lui encore était miss Jane.

La jolie fille avait la prétention, bien excusable chez une aussi charmante personne, de faire marcher tout le monde à sa guise.

Elle avait cru se moquer impunément des Français, les faire manœuvrer à sa satisfaction.

Et tout à coup, à l'instant même où son cœur se gonflait de la joie du triomphe, le docteur Emily était survenu.

ADJUDANT DE PRAT

Gentiment, gracieusement, *à la Française enfin,* il avait réduit à néant tous les projets de la jeune fille.

Il s'était véritablement bien moqué d'elle, et Jane devait s'avouer qu'en tout pays, même dans le sien propre, les rieurs seraient du côté de l'ironique médecin.

Ce lui était une blessure que la vengeance seule était capable de cicatriser.

Car les fils d'Albion, de même que tous les partisans des coups de force, pardonnent plus volontiers une bourrade qu'une pichenette.

OUVERTURE D'UNE ROUTE

La plaisanterie légère, gauloise ou athénienne, leur fait horreur.

Du drame tant que l'on voudra, mais pas de vaudeville.

Que voulez-vous? l'esprit est un produit français.

Nos voisins d'outre-Manche, jaloux de cette supériorité, l'ont attribuée aux fumées de nos vins incomparables du Médoc, de la Bourgogne, de la Loire, des côtes du Rhône.

Pour l'acquérir, ils consomment un nombre incalculable de flacons de provenance française, mais leur espoir est déçu.

L'esprit liquide ou moral est absorbé par eux sans s'assimiler.

Et ils sont bien obligés de reconnaître, de par leur consommation même, qu'ils sont seulement les clients et que nous restons les grands producteurs.

Quoi qu'il en soit, une fois rentrés à Léopoldville, mister Bright et sa fille tinrent conseil.

Qu'allaient-ils faire?

Pas un instant, ils n'eurent l'idée de se plaindre aux représentants de leur gouvernement.

Les traditions anglaises sont connues : l'agent qui est battu est blâmé; celui qui réclame est cassé.

Dès lors à quoi se résoudre?

A cette heure, la mission Marchand remontait le Congo, l'Oubanghi. Impossible de l'arrêter.

Et comme Bright se promenait avec agitation, Jane, pelotonnée dans un fauteuil et qui, depuis un moment, avait caché son charmant visage dans ses mains mignonnes, releva tout à coup la tête.

Une joie cruelle se lisait dans ses yeux.

Bright vit cela et s'arrêtant tout net:

— Jane, mon enfant, auriez-vous trouvé le moyen de punir ces misérables des inquiétudes qu'ils nous ont causées.

On le voit, le digne agent était bien dans la tradition anglaise qui veut que les Saxons hurlent à un coup d'épingle donné par un malheureux qu'ils empalent.

— Oui, mon père, murmura la jeune fille.

Puis se levant, elle vint à lui, baissa la voix :

— Votre avis est qu'il ne faut pas qu'ils atteignent les rives du Nil?

— *By god!* non, ils ne doivent pas.

— Et si l'on pouvait les engager dans le plus mauvais chemin...

Jane fit une pause et, plus bas encore ;

— ... Le chemin au bout duquel on n'arrive jamais ?

On eût dit qu'elle faisait effort pour prononcer ces paroles de sens si lugubre.

— De quel chemin parlez-vous ? questionna avidement Bright, sans remarquer l'indécision de son interlocutrice ?

Elle baissa la tête sans répondre. Evidemment un combat se livrait en elle.

— Quel chemin, répéta l'agent libre ?

Alors elle sembla se décider :

— Celui qui traverse les marais du Bahr-el-Ghazal.

A cette réplique, Bright eut l'air absolument déconfit.

Il haussa les épaules et, avec une sécheresse inaccoutumée, il prononça :

— Vous parlez *en dehors du bon sens*, Jane.

— Pourquoi cela, je vous prie, riposta la jeune fille d'un ton piqué ?

— Parce que vous oubliez les renseignements que vous-même m'avez apportés.

— Vous vous trompez, je n'oublie rien.

L'agent prit une physionomie stupéfaite.

— Voyons, revenez à vous. N'est-il pas vrai que ce Marchand, que l'enfer confonde, se propose de gagner Dem-Ziber ?

— Si, en vérité.

— Ah ! une fois là, il suivra la route qui passe au nord des marécages.

Jane rectifia :

— Pardon... il ne suivra pas... il se propose de suivre.

— Je voudrais bien savoir qui le fera changer d'avis ?

— Moi... ou plutôt vous, mon père, puisque vous avez la correspondance avec l'Amirauté.

Et, entraînant l'agent près de la fenêtre, elle lui parla bas avec volubilité.

Le visage de l'Anglais exprima successivement la surprise, le doute, puis une joie sans mélange.

En fin de compte, le père pressa sa fille dans ses bras, et tous deux pénétrèrent dans le cabinet de travail de l'agent, où ils se mirent à confectionner un nombre assez considérable de dépêches.

Quand ils eurent terminé, Bright sonna.

Un domestique grand, maigre, osseux, aux cheveux d'un blond jaune, parut au bout d'un instant :

— Joë, dit-il, je vais m'absenter avec Mademoiselle.

Le laquais inclina la tête :

— C'est bien.

— Vous resterez ici durant mon absence.

— Je resterai.

— Cela vous fera des vacances.

— Cela m'en fera.

— Cependant, je veux vous confier un travail très sérieux.

— Confiez.

Mister Bright appuya la main sur le tas de papiers, dont chacun était la minute d'un télégramme.

— Joë, voici une quarantaine de dépêches.

— Une quarantaine, si cela vous plaît.

— Elles sont datées. Je compte sur vous pour les remettre au télégraphe aux dates indiquées.

— Comptez, sir, comptez.

— Si vous vous acquittez bien de cette mission, il y aura pour vous une livre sterling par télégramme.

— Une livre, c'est bon.

— Vous avez compris ?

— Oui, j'ai...

— Alors, préparez nos bagages, avertissez nos porteurs. Ma fille et moi quitterons Léopoldville ce soir.

Le domestique salua et sortit (1).

Le soir même, Bright et Jane, en palanquins portés par des mules, entourés par une escorte peu nombreuse, sortaient de Léopoldville et, longeant le Congo, prenaient la direction du Nord.

. . . .

Huit jours plus tard, les journaux d'Europe publiaient, à grand fracas, une dépêche *de source anglaise*, ainsi conçue :

« Mahdi soulève populations Darfour et Kordofan. Guerre

---

1. Rigoureusement exact. Si John Bright et Jane ne sont pas les seuls agents qui s'acharnèrent contre la mission, ils furent du moins les plus actifs.

« sainte prêchée dans tout le Soudan égyptien. On craint
« que le soulèvement ne gagne la Nubie et les Etats voisins
« du lac Tchad. »

Les publicistes s'en donnèrent aussitôt à cœur joie. Les occasions de « tirer à la ligne » sont rares, et celle-ci était unique.

Chacun fit étalage de ses connaissances.

Celui-ci dépeignit les contrées habitées par les Derviches, avec une autorité d'autant plus grande que, ne les ayant jamais vues, il était certain de ne pas se tromper; tout au plus pouvait-il tromper les autres.

Celui-là, voulant dépasser son confrère dans le steeple-chase de l'information, publia *in extenso* l'acte de naissance du Mahdi, lequel avait vu le jour en un pays où les registres de l'état civil sont inconnus.

Un grand journal illustré publia son portrait, d'après un cliché fourni par un photographe du Caire, aimable fumiste qui avait fait poser devant son appareil un porteur d'eau nubien.

Un dernier enfin lança la nouvelle à sensation que les missions du Kordofan avaient été incendiées et tous les missionnaires mis à mort après d'atroces tortures.

Le bruit se répéta, se colporta, s'augmenta.

Chaque jour, de nouvelles dépêches, *toujours de source anglaise*, venaient ajouter à l'affolement général.

Et tous les cœurs épris de justice et de dévouement palpitèrent de reconnaissance, lorsque le gouvernement anglais déclara au monde civilisé que, chargé jusqu'à nouvel ordre du maintien de la tranquillité en Egypte, placé de ce fait à l'avant-garde de la civilisation, il se croyait le devoir de former une armée pour marcher contre les bandes du Mahdi.

Les peuples naïfs ne se doutèrent point qu'ils assistaient à une simple « parade » supérieurement jouée par le Gouvernement anglais, de concert avec ses agents africains.

L'idée de Jane, adoptée par Bright, permettait aux Anglais de concentrer une armée anglo-égyptienne et de s'avancer sur Khartoum-Ondourman et Fachoda, pour couper la route à la mission Marchand, au cas où elle réussirait à continuer sa marche vers le Nil.

Dernière facétie. L'Angleterre, tenant compte du mauvais

état des finances égyptiennes, qui mettait les descendants des Pharaons dans l'impossibilité absolue de faire les frais de la guerre *défensive* sur le point de s'engager, l'Angleterre, disons-nous, autorisa le gouvernement khédivial à chercher ses ressources dans la Caisse de la Dette, répondant d'ailleurs généreusement de l'emprunt forcé auquel elle condamnait le souverain égyptien.

En France, où l'on est un peu plus naïf qu'ailleurs, on crut aveuglément au soulèvement des Derviches (1).

On craignit pour la mission Marchand.

Evidemment, si la petite troupe s'engageait dans les plaines du Kordofan, parcourues par les tribus fanatiques en armes, elle était sûrement perdue.

Des ordres furent envoyées dans toutes les directions.

Un des messagers réussit à joindre M. Liotard, administrateur du Haut-Oubanghi.

Celui-ci était alors près de Dem-Ziber qu'il comptait pouvoir occuper, grâce aux ravitaillements amenés par la mission Marchand.

Effrayé par les renseignements qui lui étaient communiqués, il dépêcha sans retard au commandant un courrier, porteur d'une lettre ainsi conçue :

Dem-Ziber,

« Mon cher commandant,

« Vous êtes, bien entendu, le maître absolu de la conduite de votre mission.

« Aussi est-ce à titre purement amical, et afin que vous agissiez en toute connaissance de cause, que je vous fais part des événements récents qui ont eu le Kordofan pour théâtre.

« Vous trouverez ci-joint les divers documents qui me sont parvenus.

« S'il m'était permis de vous donner un conseil, je vous

1. Sur beaucoup de points, la guerre sainte fut prêchée par des marabouts qui, à leur fonction sacrée, joignaient le titre de « *Champion de l'Ordre pour l'Angleterre* ». Ce rapprochement se passe de commentaires. Avec un millier d'hommes, munis d'armes à tir rapide, on rétablit le calme au Soudan (Le combat de Fachoda où 200 Sénégalais mirent en déroute 12.000 Mahdistes le prouve.) Or, les Anglais rassemblèrent 25.000 soldats. En réalité, ils voulaient avoir la supériorité du nombre dans la vallée du Nil.

dirais qu'à votre place, je renoncerais à remonter par le Nord.

« Je m'efforcerais de profiter aussi longtemps que possible du courant de la rivière M'Bomou, d'arriver ainsi le plus près du cours du bras principal du Bahr-el-Ghazal, et de gagner le Nil par cet affluent, avec étapes à Tamboura, Yaoued, El Ghersh, etc., etc.

« Mais, je le répète, ce n'est là qu'un conseil.

« N'y voyez, je vous prie, mon cher commandant, qu'une nouvelle preuve de l'intérêt amical que je porte à votre admirable expédition.

« Et recevez les souhaits de votre dévoué. »

Ce fut le jour de Pâques de l'année 1897 que le commandant reçut cette épître affectueuse.

Il était alors au confluent du M'Bomou et de l'Oubanghi.

Il allait renvoyer la flottille en arrière, et lui-même se proposait de se diriger vers Dem-Ziber avec ses hommes.

La lettre de M. Liotard l'attrista sans l'abattre.

En hâte il fit appeler les divers officiers attachés à la mission.

Et quand ils furent tous rassemblés autour de lui, il leur lut la missive qui venait de lui être apportée.

Puis il leur donna également lecture des dépêches, articles de journaux et autres documents dont M. Liotard avait accompagné sa lettre.

Tous demeurèrent atterrés.

Alors il les regarda longuement avant de parler. Enfin il se décida. Et d'une voix calme, dans laquelle l'oreille la plus subtile n'aurait pu reconnaître aucune émotion.

— Messieurs, dit-il, pour nous rendre de l'Oubanghi au Nil, il existait deux routes, l'une par le Kordofan, l'autre par les marais du Bahr-el-Ghazal. La première, sans doute plus aisée, nous est fermée par les bandes mahdistes. Je pense donc qu'il convient de prendre la seconde.

Prendre la seconde, cela signifiait s'engager dans les marécages du Bahr-el-Ghazal, occupant un territoire vaste comme la France, dans cette immense plaine inondée, parsemée de myriades d'îlots où croissent les roseaux géants, les bambous hauts de sept et huit mètres, dans ce dédale de canaux, de lagons, de lagunes, où l'on ne trouverait aucun point de repère, car aucun Européen ne l'avait traversé.

Cela signifiait qu'à la fièvre des bois allait succéder la fièvre des marais ; que, très probablement, on allait semer de cadavres ce désert d'eau et de vase ; que, si l'on s'égarait une heure seulement en dehors du bras principal de la rivière des Gazelles, c'était la mort pour tous.

Et une erreur est facile avec un cours d'eau qui se divise en deux cents, trois cents, six cents, mille bras ; qui se mêle, se confond avec vingt autres rivières, pour s'en séparer plus loin, puis les rejoindre encore.

Toutes les probabilités étaient pour l'enlisement, la disparition de la mission.

Cependant le chef avait dit sans phrases, avec cet héroïsme tranquille du soldat de race.

— Le chemin commode nous est fermé, prenons l'autre.

Pas un n'hésita.

Tous répondirent par un murmure admiratif et, gagnés par la contagion, grisés d'une folie généreuse, ils se levèrent en criant :

— Va pour le Bahr-el-Ghazal.

Le commandant Marchand avait craint peut-être de rencontrer, non des résistances — tous ces officiers avaient un sentiment trop vif du devoir professionnel pour résister — mais tout au moins de l'hésitation.

L'enthousiasme de ses compagnons l'émut profondément.

Son visage calme se colora un peu, il y eut sur ses yeux comme une buée humide.

Il serra les mains à la ronde, avec ces seuls mots :

— Mes chers amis !

Mais le ton dont il les prononça fit courir un frisson sur l'épiderme de ceux qui l'écoutaient.

Il avait tout exprimé dans ces paroles. Tout.

Le sacrifice au pays, au drapeau ; la reconnaissance aux fidèles collaborateurs rangés à ses côtés ; la nécessité de se serrer les uns contre les autres pour passer.

Il y avait aussi comme en engagement tacite, solennel et terrible.

— Votre existence à moi ; mon existence à vous.

Les sous-officiers européens furent instruits à leur tour.

Pas plus que leurs chefs ces braves n'hésitèrent.

Avec l'insouciance française, ils narguaient le danger.

Il y a des marais réputés, sinon infranchissables, du moins très difficiles à franchir, eh bien! on ferait de son mieux.

Et un loustic ajouta même :

— Après tout, un marais, ce n'est que de l'eau... au moins ça ne nous portera pas à la tête.

Le commandant, véritablement touché, autorisa une petite débauche... au vin de quinquina.

Tous trinquèrent, officiers et sous-officiers, et le commandant, levant son verre, dit doucement :

— Messieurs, c'est aujourd'hui le jour de Pâques ; en vous confiant aveuglément à moi, vous avez donné ses *œufs de Pâques* à votre chef... Je ferai en sorte de vous les rendre à Fachoda.

Voilà comment la marche à travers un des plus dangereux pays du monde fut entreprise par la mission Marchand.

Et comme les assistants vidaient leurs verres dans un recueillement presque religieux, des indigènes apparurent.

Ils venaient vendre des pelleteries, de la gomme, de l'ivoire.

Mais ils avaient aussi une autre denrée à proposer.

C'était une fillette d'une douzaine d'années.

Et le chef de la troupe fit entendre, moitié par signes, moitié par quelques mots anglais, que l'enfant serait *excellente à manger*.

Les visiteurs étaient des Nyam-Nyams Zegris, fétichistes et anthropophages, dont la mission avait atteint le territoire.

Le commandant Marchand allait essayer de faire comprendre aux misérables noirs l'horreur que lui inspirait leur proposition.

Mais il se ravisa et appelant l'interprète Landeroin :

— Voulez-vous demander à ce nègre quel sort est réservé à cette enfant, si je refuse de l'acheter.

L'interprète adressa aussitôt la question au noir.

Celui-ci sourit.

Puis il exprima avec force gestes qu'il était pauvre, la guerre ayant ravagé le territoire de sa tribu.

S'il avait été riche, jamais il n'eût vendu la fillette.

Elle était sa parente, sa nièce, la fille de son frère tué dans une expédition récente.

Pour la mémoire de son frère, il l'eût admise à sa table, non comme invitée, mais comme rôti.

Car c'est un signe d'estime profonde chez les Zegris que de dévorer les enfants de ceux que l'on a aimés.

La misère seule obligeait le nègre à renoncer à cet aimable usage.

Que faire en pareil cas?

Bien que la mission fût dans une situation difficile, que des fatigues terribles fussent réservées à tous ceux qui en faisaient partie, ceux-ci avaient au moins quelques chances de s'en tirer sains et saufs.

Tout valait mieux d'ailleurs pour la pauvre petite qu'être embrochée et rôtie ainsi qu'un chevreau.

Bref, Marchand demanda son prix à l'indigène, le paya et le renvoya, gardant auprès de lui sa nouvelle acquisition.

La petite négresse conservait un air terrifié, à chaque mouvement de l'officier elle tremblait de la tête aux pieds. Le commandant s'en aperçut et, voulant connaître la cause de l'effroi de la pauvrette, il pria Landeroin de lui parler.

Celui-ci s'exécuta.

La négresse lui répondit d'une voix douce, craintive, avec des larmes dans les yeux.

Et cependant l'interprète éclata d'un rire sonore qui parut stupéfier son interlocutrice.

Il riait à ce point qu'il lui était impossible de prononcer une parole.

Au bout d'un moment, le commandant le pria de s'expliquer.

Au milieu d'un accès d'hilarité dont il n'était pas maître, Landeroin s'écria:

— C'est trop drôle! Savez-vous ce que me demande cette petite moricaude?

— Pas le moins du monde, vous vous en doutez bien.

— Elle m'a dit...

Et les rires redoublèrent:

— Elle m'a dit, acheva-t-il en se dominant un instant: « Quand cela le chef blanc me mangera-t-il? »

Le commandant ne rit pas, lui.

Il considéra l'enfant avec une pitié profonde et, presque sévèrement, il dit à l'interprète:

— Je vous aurais pardonné de me faire attendre votre traduction, Landeroin... Mais vous avez commis une mauvaise action en ne rassurant pas de suite cette pauvre créature qui souffre et qui tremble.

Le rire de l'interprète se figea dans sa gorge.

Il pâlit, rougit, bredouilla :

— Je n'y ai pas mis de méchanceté... La question m'a paru burlesque, et, ma foi...

— Ne vous émotionnez pas, interrompit le chef de la mission déjà redevenu paternel, je sais bien que vous êtes un bon et brave cœur, Landeroin. Aussi expliquez vite à notre petite compagne noire que les Français ne se nourrissent pas de chair humaine.

L'interprète s'exécuta avec un empressement qui montrait combien la remontrance de son supérieur lui avait été sensible.

Souriant il parla à la fillette.

Et, à mesure que les paroles parvenaient aux oreilles de l'enfant, le visage de celle-ci s'épanouissait.

Enfin elle regarda le commandant, s'approcha de lui et prononça quelques paroles incompréhensibles :

— Que dit-elle ?

— Elle dit, mon commandant, que vous êtes bon comme Rabou, le père des oiseaux et des fleurs, et qu'elle sera pour vous la gazelle privée et fidèle.

Et comme la petite parlait encore, Landeroin parut surpris :

— Quoi encore ? interrogea Marchand.

— Oh ! j'ai mal entendu. La coïncidence serait trop bizarre.

— Mais entendu quoi ?

L'interprète mit un doigt sur sa bouche, puis :

— Veuillez attendre que je l'aie fait répéter.

Il revint à l'enfant et parut la questionner.

Elle répondit sans hésiter.

Landeroin leva les bras au ciel avec un air absolument ravi.

— C'est extraordinaire.

— Mais quoi donc ? insista l'officier dont la curiosité était piquée par la singulière attitude de l'interprète, dont la placidité habituelle était proverbiale.

— C'est une véritable coïncidence.

— Mais encore.

— Ou plutôt non, mon commandant, c'est un présage, un véritable présage.

UNE HALTE

— Enfin, Landeroin, expliquez-vous ; auriez-vous l'intention de me faire mourir à petit feu ?
— Le ciel m'en préserve, commandant.
— Alors, parlez. Que vous a dit la petite ?

— Son nom tout simplement.
— Son nom ? Il est donc bien surprenant, ce nom.

LE COURS DE L'OUBANGHI

— Jugez-en, commandant...
Et, par taquinerie, Landeroin prit un temps.
— Ah ! Landeroin, nous allons nous fâcher.
— Non, mon commandant, car ce nom sonnera à vos oreilles comme une promesse.

— Insupportable bavard, vous déciderez-vous ?
— Je me décide... ce nom, c'est...
— C'est ?
— Fasch'Aouda.

Marchand demeura un instant interdit.

Puis un bon sourire distendit ses lèvres et, appuyant la main sur les cheveux laineux de sa protégée :

— Tout va bien aujourd'hui. La confiance de mes compagnons, l'espoir d'arriver à Fachoda, et, en attendant, ainsi qu'un présage comme vous le disiez, Monsieur l'interprète, Fasch'Aouda qui m'appartient...

CHAPITRE V

DE L'OUBANGHI AUX PASSES DE BAGUESSÉ

La mission était arrivée au poste avancé d'Abira au confluent de l'Oubanghi et du fleuve M'Bomou.

Malgré les fatigues endurées dans la brousse, les durs travaux de jalonnement du chemin, malgré les alertes incessantes causées par les Noirs, la santé générale était bonne.

Quant au moral il était excellent.

Tout le matériel se trouvait rassemblé à Abira, sans avaries :

Partout régnait la confiance.

Seul, le chef demeurait songeur.

C'est qu'il était seul à savoir que les efforts déployés jusqu'à ce moment pour le transport, tantôt par terre, tantôt par eau, de plus de six mille charges de vivres et d'approvisionnement de toute espèce, étaient bien peu de chose auprès des trésors d'énergie qu'il faudrait dépenser désormais.

En avant de la mission s'étendait un pays entrecoupé de marécages.

La vase, l'humidité, voilà les véritables ennemis de l'Européen en Afrique. Des nappes d'eau bourbeuse le soleil pompe des vapeurs pestilentielles. La température est étouffante ; les mouches harcèlent le voyageur, l'empêchent de prendre un instant de repos.

De plus, pour traverser les contrées où l'on allait s'engager il ne fallait compter que sur ses propres ressources.

C'était seulement au moyen des vivres de réserve entassés dans les chalands que, pendant ce voyage, dont la durée pouvait être longue, l'on devait espérer soutenir les forces des soldats et des porteurs.

Sur les rives du Haut-Oubanghi et du Bas-M'Bomou, la seule viande offerte par les populations riveraines est de la chair humaine!

Et Marchand, contraint d'adopter la route du Sud, prenait ses dispositions pour ménager l'existence de ses tirailleurs, de ses porteurs et pagayeurs.

Les officiers, avec une faible escorte et des pirogues, explorèrent le cours inférieur du M'Bomou et en relevèrent la topographie.

Tandis que cette utile besogne préparatoire s'accomplissait, Marchand ne restait pas inactif.

Il faisait rayonner autour d'Abira de fréquentes excursions qu'il guidait souvent lui-même.

Vingt jours s'écoulèrent.

Les officiers revinrent les uns après les autres, ayant relevé, en ce court espace de temps, la topographie complète du bief inférieur de la rivière M'Bomou.

Leurs constatations n'étaient pas encourageantes.

Ils avaient compté sur le cours du Bas-M'Bomou trente barrages.

Le cours capricieux de la rivière était coupé par trente cascades.

Trente échelons à gravir par toute la flottille, pour arriver enfin à un bief navigable et tranquille s'étendant à perte de vue.

Du reste, il n'y avait pas à hésiter; le M'Bomou était la seule route qu'il fût possible de suivre.

Sur les deux rives, en effet, jaillissait du terrain détrempé l'infranchissable barrière de la forêt, profonde, impénétrable, penchant, sur les eaux du fleuve, ses inextricables broussailles.

La marche à travers le fourré eût été absolument impossible.

Il fallait donc renoncer à la voie de terre.

Le commandant fractionna sa troupe en trois parties inégales.

L'une, de beaucoup la plus faible, fut placée sous les ordres du capitaine Baratier.

Celui-ci, avec ses hommes et trois pirogues, devait franchir les passages difficiles aussi rapidement que possible.

Il atteindrait les eaux libres, signalées au delà des chutes, et entreprendrait de jalonner le M'Bomou supérieur.

Il devait continuer sa route aussi longtemps que le cours d'eau serait navigable.

Alors seulement, il se rejetterait dans l'un des affluents de la rive droite et s'avancerait le plus loin qu'il le pourrait dans la direction du Bahr el-Ghazal.

Une seconde fraction, dirigée par Marchand lui-même et le capitaine Mangin, suivrait en pirogue jusqu'au point précis (Baguessé) où les rapides prenaient fin.

Enfin le troisième groupe, commandé par le capitaine Germain, le lieutenant de vaisseau Morin et le lieutenant Gouly, (ces deux derniers ne devaient jamais revoir leur patrie), fut chargé de faire franchir les barrages à la flottille.

C'est cette dernière troupe que nous allons suivre.

Pendant quelques jours, la navigation fut aisée.

On franchit assez rapidement les premiers barrages.

Les rives du fleuve, formées de terrain solide, permettaient de hisser à terre les chalands, vapeurs et pirogues.

Sur le sol résistant, dans une éclaircie de quelques centaines de mètres de longueur, gagnée à la hache dans le taillis bordant les berges, les équipes de porteurs, s'attelant aux embarcations de la flottille, les faisaient glisser sur cette sorte d'écluse à sec.

Il était inutile de démonter les chalands.

Les charges restaient arrimées, et le trajet s'accomplissait sans perte de temps appréciable.

Mais bientôt les difficultés hérissèrent le chemin.

Les barrages se rapprochèrent, le sol devint spongieux.

Les berges vaseuses, presque fluentes, dans lesquelles les

travailleurs enfonçaient jusqu'aux genoux, nécessitèrent la construction de véritables travaux d'art.

Il fallait, à l'aide de la dynamite, abattre de gros arbres; les amener au bord de l'eau, les utiliser comme des *cales* sur lesquelles on tirait, à force de bras, les chalands préalablement déchargés. C'était un travail effroyable.

Les charges, portées à dos d'homme, restaient à la garde de quelques tirailleurs, tandis que, suivant la voie latérale au fleuve, les embarcations, poussées sur des rouleaux de troncs d'arbres, grossièrement façonnés à la hache, contournaient lentement les barrages.

Il fallait des précautions infinies, un temps effroyablement long pour gagner ainsi quelques kilomètres.

Il y eut des jours où l'on ne progressa que de dix-sept cents mètres.

Puis après, un bief libre de la rivière se présentait. On remettait la flottille à l'eau. Un nouveau barrage se présentait après quelques heures de navigation; et il fallait recommencer le déchargement, la marche éreintante dans les fourrés. Et ainsi de suite.

Afin de faciliter les mouvements d'ensemble, l'adjudant de Prat forma une équipe de chanteurs.

Ceux-ci, à tour de rôle, donnaient la mesure aux hommes qui tiraient sur les chalands ou sur les pirogues.

Et les échos de la forêt sombre, qui étendait de chaque côté de l'eau son impénétrable rideau de verdure, retentissaient de chœurs pittoresques:

— *En voilà un !*
— *Le joli un !*
— *A un s'en va!*
— *Hardi là !*
— *A un s'en va s'en aller !*
— *Ohé!*

Les noirs, amusés par la chanson, tiraient en cadence sur les cordes.

Parfois, quand se présentait une bande de terrain dénudé où la traction pouvait être activée, le clairon sonnait une charge, et les nègres, sans s'inquiéter de la vase qui leur montait aux cuisses, ni des insectes sanguinaires, allaient de l'avant, barbotant dans la boue infecte d'où s'échappaient des miasmes délétères.

La bonne humeur des soldats les gagnait et, avec leur accent enfantin, ils braillaient faux mais de bon cœur :

— *Y a la goutte à boi' la hiaut !*
— *Y a la goutte à boi' !*

Pour certains barrages, les officiers furent obligés de construire des cales sur pilotis, labeur de géants. On devait affermir le sol presque liquide avec des fascines.

Sans cela, sous le poids des charges, les rouleaux se fussent enlisés.

Et plus la flottille avançait, plus le terrain devenait bourbeux. Avec cela, la chaleur était suffocante, à peine pouvait-on exiger des hommes deux heures de travail consécutif.

Le lieutenant de vaisseau Morin, en particulier, était très éprouvé par la fièvre bilieuse hématurique.

Grelottant, claquant des dents, il dirigeait quand même les opérations, mais il était sombre.

Un mois de travail acharné, de luttes contre la nature rebelle, contre le climat torride, un mois entier passé à se nourrir de légumes secs et de conserves, et cette poignée de vaillants n'avait encore pu parcourir que cent cinquante kilomètres, cinq kilomètres par jour en moyenne !

La lenteur de la marche, les difficultés à vaincre n'avaient point abattu leur énergie, n'avaient point abattu leur gaîté.

Mais devant le terrible mal qui touchait le lieutenant de vaisseau Morin, une crainte vague les saisit. Allaient-ils être décimés par le fléau des bois, par la fièvre pernicieuse ?

Le vaillant marin comprit ce qui se passait dans l'esprit de ses compagnons.

Avec un courage stoïque, il dompta la maladie et, se bourrant de quinine, il parvint à rester à son poste.

Le M'Bomou semblait d'ailleurs se dégager d'obstacles.

La route se montrait plus libre. La flottille pouvait naviguer et, tout en gagnant du terrain, les hommes se reposaient.

Sur l'eau, bienfait inappréciable, les moustiques étaient moins incommodes.

On dépassa le village de Uanâo, dont les cases apparurent un instant sur la rive droite du fleuve, au milieu d'une clairière. En ce point, on dût échanger quelques coups de fusil avec les habitants hostiles.

A deux kilomètres en amont du point où venait de se produire l'escarmouche, le fleuve faisait un coude brusque, et, le tournant franchi, la flottille était arrêtée par un barrage monstre.

L'eau bouillonnait tumultueusement et le courant était si violent qu'il fallut stopper à huit cents mètres en contre-bas de l'obstacle.

Pour comble de malheur, la rive gauche était totalement inabordable.

De larges flaques d'eau y rendaient impossible le transport des chalands et des charges.

Il fallait donc opter pour la rive droite ; on fit une reconnaissance de ce côté. En amont de la chute, le sol n'était point mauvais.

Mais, presque à hauteur du barrage, un cours d'eau ou plutôt un bras formé par les remous du fleuve, s'étendait en travers du passage sur deux cents mètres de large environ.

Impossible de le traverser avec les embarcations.

Sur presque toute sa largeur ce canal avait une profondeur insignifiante ; un chenal avec sept à huit mètres d'eau serpentait en son milieu.

— Messieurs, dit gaiement le lieutenant de vaisseau Morin, voilà le moment de nous distinguer. Il y a un pont à construire. Deux ou trois jours au moins sont nécessaires.

Il ne fallait pas songer en effet à contourner le canal. Le malencontreux cours d'eau s'enfonçait à plusieurs kilomètres dans l'intérieur de la forêt.

On se mit à l'œuvre.

Une *sonnette* rudimentaire fut montée pour le battage des pilotis.

Pour cela, on croisa trois branches moyennes, on accrocha, au sommet de ce trépied une poulie et l'on supendit à l'une des extrémités de la corde, un gros caillou, remplissant l'office de *mouton*.

En moins de deux jours, les rangées de pilotis étaient prêtes à recevoir la charpente de l'estacade.

Pendant que les ouvriers travaillaient avec une ardeur fébrile, — tout le monde avait hâte d'arriver au plus vite à la route libre, — les officiers faisaient de fréquentes battues aux alentours.

La rencontre des naturels de Uanào n'était pas sans leur laisser quelque inquiétude, mais rien ne parut devoir justifier leurs appréhensions.

A la fin du troisième jour, le plancher et le pont rustique reliaient les deux rives de la nappe liquide. On décida de passer le lendemain.

Toute la nuit les sentinelles veillèrent. — Les petits postes furent sur leurs gardes.

Une brume épaisse s'était élevée et réduisait à quelques mètres le rayon visuel.

La nuit toutefois se passa sans alerte. Aucun bruit insolite ne troubla la tranquillité sinistre de cette solitude

Dès l'aube, le ralliement fut sonné, les postes se replièrent, et l'on se mit en devoir de commencer le passage des chalands.

Un des bateaux plats d'acier prit la tête de la colonne.

Sous la conduite du lieutenant Morin, les porteurs se mirent en branle et l'opération parut devoir marcher sans encombre.

Mais, à l'instant où l'avant du chaland s'engageait sur le pont jeté au-dessus du chenal, un craquement se fit entendre; bateau, porteurs et cargaison s'effondrèrent dans l'eau avec le plancher.

Un cri de rage s'éleva sur la rive.

Les tirailleurs venaient de voir, s'élançant des buissons avoisinant le canal, une douzaine de pirogues chargées de noirs, qui forçaient de rames pour atteindre les porteurs se débattant dans l'eau.

Mais la surprise dure peu.

Une pluie de projectiles s'abat sur les assaillants, en démonte un certain nombre.

Devant cette réception vigoureuse, ils n'insistent pas et effectuent une retraite précipitée.

L'alerte passée, le lieutenant Morin veut se rendre compte de ce qui est arrivé.

Mais à peine a-t-il regardé qu'il pousse un juron énergique.

— Les coquins! s'écrie-t-il, ils ont scié les pilotis à fleur d'eau!

Poursuivant son examen, il s'aperçoit également que les troncs d'arbre formant tablier ont été détachés de la tête des pieux.

C'est évidemment le travail des noirs de Uanâo. Ils ont espéré, à la faveur du désordre, arrêter les Français et les massacrer.

Profitant du brouillard nocturne, ils se sont glissés jusqu'à l'estacade ; ils ont pu hacher charpentes et liens.

Immédiatement on se remet à l'œuvre, on répare le pont à l'aide des deux *sonnettes* installées naguère pour le battage des pieux ; le chaland est remonté sur l'estacade. En quelques heures, sous l'habile direction de Morin, le pont est retabli.

Mais le brave officier, qui n'a voulu confier à aucun autre le soin de diriger cette opération, se sent à bout de forces ; il doit se coucher dans une des pirogues, terrassé par un accès de l'horrible fièvre.

Pour comble de malheur, quand on cherche la quinine, seul remède efficace en pareil cas, on ne la retrouve point.

La caisse de pharmacie se trouvait dans le chaland ; précipitée du pont, elle a dû rouler dans le fleuve. Au milieu du désarroi produit par l'attaque des nègres, on ne s'en est pas aperçu.

Maintenant, les compagnons de Morin assistent impuissants à son agonie.

Le mal empire rapidement. Le délire s'est emparé du malheureux officier.

Tous, le cœur serré, comprennent avec effroi que c'est la fin, et ils éprouvent une douleur d'autant plus poignante qu'ils n'ont aucun moyen de combattre la *bilieuse*.

Des porteurs cherchent des simples. On en fait boire des infusions à l'officier ; mais la température du fiévreux augmente toujours.

— A boire !... A boire !... bégaie-t-il sans cesse, la voix étranglée, l'œil hagard... Je brûle ! Je brûle.

Ses mains se crispent sur son estomac.

Et, se redressant soudain, le regard perdu :

— L'Anglais... l'Anglais... Il est là, là... Je le vois... Il vient... Le voilà tout près... Attention... à deux cents mètres... feu !... feu !... feu !

Puis il se renverse en arrière haletant, ruisselant de sueur.

Ses amis soutiennent le moribond.

Il se calme tout à coup, ses yeux fixent tour à tour ceux qui sont près de lui, il leur tend ses mains tremblantes, et d'une voix éteinte, à peine un souffle entrecoupé de spasmes :

— Vous reverrez la France, vous..... Germain..... mes parents..... adresse..... portefeuille..... Dites-leur..... Lieutenant..... Morin..... Mort!..... Mort!..... pour la..... pour la.....

Il ne peut prononcer le nom de la patrie. Sa voix s'étrangle dans sa gorge... Il a un râle profond, suprême... C'est fini.

Le lieutenant de vaisseau Morin n'est plus.

Le martyrologe de l'exploration africaine compte une victime de plus.

Les officiers, l'adjudant, les sergents pleurent, silencieux, ne trouvant pas une parole en face de cette mort affreuse.

Tous restent atterrés devant l'événement fatal qui les sépare d'un compagnon aimé.

Mais les heures sont brèves. La tâche à accomplir ne permet pas même les longs regrets.

Il faut songer à marcher en avant.

Il faut encore lutter, afin d'atteindre le but rêvé.

Sous la voute des arbres, au bord du fleuve, une fosse est creusée.

Le corps de Morin, religieusement enveloppé dans les plis d'un pavillon, aux couleurs de cette France à laquelle il a donné sa vie, est déposé dans son dernier lit par ses compagnons d'armes.

Les honneurs militaires lui sont rendus.

Une croix faite de deux branches marque la place où repose le vaillant.

Puis, tous, avec un serrement de cœur s'éloignent de celui qui dort de l'éternel sommeil.

Il n'y a pas eu de discours, mais des sanglots ont secoué ces soldats.

Le capitaine Germain a prononcé la seule parole qui ait retenti au-dessus de cette tombe.

Et cette parole est tombée, cri d'héroïsme et d'abnégation, dans le silence troublant de la futaie.

Germain a dit doucement :

— Adieu, Morin.... et peut-être bientôt : Au revoir !

CHAPITRE VI

LA RECONNAISSANCE DU HAUT-M'BOMOU

Pendant ce temps, le capitaine Baratier, parti, le 1ᵉʳ juin 1897, des rapides de Baguessé pour reconnaître le cours supérieur du fleuve M'Bomou, devait s'assurer si, par cette cette voie, la route était sinon libre — l'est-elle jamais dans les pays inexplorés — au moins praticable pour le gros de la mission et pour ses chargements considérables de vivres, de munitions, d'approvisionnements de toute espèce.

Il n'avait, avec lui, que trois pirogues portant des vivres, des munitions pour deux mois et ses instruments de géodésie.

Pour accompagner les porteurs et défendre le petit convoi contre les attaques des naturels, une dizaine de tirailleurs sénégalais le suivaient également, sous le commandement d'un jeune sous-officier, le sergent Bernard.

Des passes de Baguessé jusqu'à Rafaï, la route se passa sans autres incidents que les taquineries des villages noirs échelonnés sur les berges du cours d'eau.

A Rafaï, la petite troupe de Baratier reçut un accueil enthousiaste.

Depuis quelques jours déjà, le gouverneur du Haut-Oubanghi, M. Liotard, campait dans le village avec une escorte importante, qui devait l'accompagner dans son voyage vers la frontière égyptienne.

L'entrevue des deux hommes fut cordiale.

Baratier mit le gouverneur au courant des projets de Marchand.

Tandis que M. Liotard gagnerait le Bahr-el-Ghazal, en obliquant vers le Nord-Est avec Dem-Ziber comme point de concentration, Marchand, si toutefois la reconnaissance de Baratier était favorable à son dessein, devait suivre la voie d'eau beaucoup plus rapide en raison du matériel qu'il traînait avec lui.

— Le commandant, déclara Baratier, attend avec anxiété le résultat de mes recherches. Il veut aller vite, arriver au

ATTAQUE D'UN HIPPOPOTAME BLESSÉ

but, avant que les menées de l'étranger aient le temps d'aboutir, et planter notre drapeau à Fachoda. Aussi, conclut-il, il faut que je fasse vite. Et je serai prompt si mes piroguiers et mes porteurs ne m'abandonnent point!

On le voit, le soldat avait une appréhension grave. Il connaissait l'endurance des noirs à la fatigue, mais il savait aussi, par expérience, combien ces hommes primitifs sont accessibles au découragement, sujets à la panique.

La nécessité d'employer ces indigènes, à cause du terrible climat d'Afrique, est un des aléas les plus redoutables de l'exploration.

CAPITAINE MANGIN

Le lendemain, après une excellente nuit de repos dans le campement de Rafaï, Baratier et ses hommes reprenaient la montée sur le fleuve, salués, acclamés par le gouverneur et sa suite.

Peu à peu, les pirogues, vigoureusement menées par les Bouzyris, perdirent de vue les paillottes du village et les baraquements du camp de M. Liotard.

Sans aucune difficulté la petite flottille atteignit le poste avancé de Zémio.

C'était la dernière station où le hardi capitaine, ses soldats et ses porteurs pourraient jouir d'un repos paisible.

Au delà, c'était le hasard, le vague, l'inconnu absolu. Aucune carte de ces régions n'existait, car on ne peut donner ce nom à certaines conceptions fantaisistes sans aucune valeur réelle.

Fort heureusement, Baratier constatait que le M'Bomou continuait à être navigable. Sur chaque rive, baignant dans les eaux ses dernières rangées d'arbres, d'arbustes, de lianes touffues, la forêt sans fin formait une falaise de verdure.

Se frayer une route de cinq mètres de large à travers ce fouillis de végétaux, et cela pendant des centaines de kilomètres, représentait un travail si colossal que jamais on n'en serait venu à bout.

Si le M'Bomou supérieur ne se montrait pas praticable, c'était, pour le commandant Marchand, une déception cruelle.

Aussi, le capitaine voyait avec joie le cours d'eau rester profond, le courant à peu près régulier.

Mais ce qui devait être un bonheur pour la mission entière faillit causer la perte de la troupe d'avant-garde.

En pratiquant des sondages pour reconnaître le chenal et le baliser, une des pirogues chavira.

Elle contenait la plus grande partie de la réserve de vivres, la caisse de pharmacie, les instruments géodésiques.

Les voyageurs parvinrent à renflouer l'embarcation ; mais si l'on put sauver la précieuse pharmacie et les instruments, il n'en fut pas de même des vivres.

Et, sur ce ruban liquide, prisonniers entre les épaisses murailles de la forêt, il était impossible à Baratier et à ses hommes de songer à se ravitailler par la chasse.

Le poisson ne manquait pas, mais il exhalait une odeur répugnante et était immangeable.

Cet incident jeta le désespoir parmi les piroguiers et les porteurs.

Le capitaine dut prendre des mesures contre leur mauvais vouloir.

Au sergent Renaud, à ses dix tirailleurs dont il était sûr, il donna l'ordre de se tenir prêts à fusiller le premier qui tenterait de fuir.

L'exécution de cette menace n'était pas nécessaire quant à présent.

Aucun de ces noirs n'eût songé à s'évader par la forêt.

Ils savaient bien que c'était la mort prompte, fatale, pour l'imprudent qui eût tenté une pareille folie.

— Mais, dit le capitaine au sergent, qui sait si le pays est semblable plus loin; nous pouvons rencontrer des éclaircies et alors tous ces gaillards-là, si nous ne les tenons pas au bout de nos fusils...

Un autre incident, plus redoutable encore que le premier, devait retarder l'expédition.

La fièvre éclata dans les rangs de la petite troupe. Au bout de deux jours, la plupart des piroguiers étaient incapables de service.

On tenta d'abord de les remplacer par des porteurs, mais ceux-ci, trop inexpérimentés, trop mous, n'arrivaient pas à diriger les barques.

Baratier, le sergent et les tirailleurs sénégalais ne se ménageaient pas cependant.

Tour à tour, ils se mirent aux pagaies, et ils purent ainsi franchir quelques lieues.

Mais, malgré leur énergie, les forces de ces braves baissaient. Ils manquaient d'entraînement.

Fort heureusement une clairière se présenta. Le chef du détachement donna l'ordre d'y aborder et, pendant trois journées entières, on se reposa près des pirogues hissées à terre, gardées à vue par les tirailleurs.

Ces jours de repos, l'emploi permanent de la quinine généreusement distribuée aux malades, permirent aux hommes de triompher de la fièvre.

Le sergent Bernard eut le bonheur de tuer deux grands singes qui s'étaient aventurés en curieux près du campement. La chair de ces animaux, rôtie devant un grand feu de bois, procura à tous un repas qui fut trouvé succulent.

Pour égayer la troupe, on organisa une petite fête.

Deux soldats sénégalais, doués d'une voix superbe, chantèrent des mélopées de leur pays. Et, dans la nuit, autour du brasier qui pointait ses langues de feu vers le ciel, tous les noirs, oubliant les misères des jours précédents, dansèrent au son de la flûte et du tympanon.

La flûte??

C'était le joyeux sergent Bernard qui en jouait, et sans instrument, s'il vous plaît.

Le brave garçon sifflait admirablement et son talent, en cette occasion, ne fut pas peu goûté !

Le tympanon ?

Tout simplement une caisse vide, sur laquelle un grand diable de Sénégalais tapait à poings fermés.

Et cet orchestre rudimentaire suffit à ces noirs.

Profitant des bonnes dispositions générales, Baratier put explorer plusieurs lieues du M'Bomou sans encombre.

On approchait peu à peu du confluent du M'Bomou avec le Bokou ou Méré.

Il était temps d'ailleurs, car, d'après les prévisions, il restait à peine assez de vivres pour terminer l'exploration.

Leur rareté obligeait à la plus grande prudence. Et le grand fleuve coulait toujours verdâtre, entre les hautes tiges noires des arbres serrés, enlacés par les ronces et les lianes.

Pas plus qu'avant, il ne fallait compter sur la chasse ou sur la pêche.

L'approche du point terminus relevait cependant les courages et l'on avançait en chantant.

D'après l'estimation du capitaine Baratier, on était encore à trois jours de navigation de l'embouchure de la Méré. Depuis un mois on avait quitté Baguessé.

Une erreur faillit tout perdre. A l'endroit où la flottille était arrivée, le fleuve se partageait en deux bras.

Le bras gauche du cours d'eau semblait plus profond, plus navigable que l'autre, encombré de longues herbes flottantes et de joncs.

Les trois pirogues s'y engagèrent donc à toute vitesse.

Soudain, presque simultanément, les embarcations, lancées à une allure rapide, s'envasèrent sur un banc.

A force de pagaies, poussant énergiquement avec les gaffes, les équipages tentèrent de revenir en arrière.

Peine inutile !

Il fallut alors décharger les pirogues pour les renflouer.

Un îlot sablonneux émergeait à quelques mètres du théâtre de l'accident.

Les porteurs se jetèrent à l'eau, et une à une, les caisses furent portées sur le sol ferme.

Allégées, les pirogues purent franchir le banc et flottèrent emprisonnées dans une sorte de cuvette naturelle !

Combien de jours allait-on rester là ? Les vivres étaient

rares. Allait-on devoir mettre les hommes à la demi-ration.

Inquiets, piroguiers et porteurs parlaient déjà de gagner la rive à la nage et d'abandonner les embarcations.

— Le premier qui bouge, gronda le capitaine en tirant son revolver, je lui fais sauter la cervelle.

La menace rétablit le calme.

Mais la nuit venait, il ne fallait pas songer à chercher la bonne voie avant le lendemain. Baratier prit ses dispositions pour assurer la sécurité du bivouac.

Il fit hisser les pirogues à sec.

Sur le haut de l'îlot de sable on aligna les tentes.

Et de même, que les jours précédents, on dîna de légumes secs, avec un peu de lard conservé. L'eau potable manquait, situation douloureuse sur un fleuve. L'eau de la rivière, en effet, était tellement chargée de matières organiques que son absorption eût déterminé un véritable empoisonnement.

La situation était critique.

Le front soucieux, Baratier réfléchissait.

Il avait beau chercher. A son esprit ne s'offrait aucun autre moyen que d'abandonner les pirogues et de gagner la rive du fleuve.

Jamais dans sa vie, pourtant mouvementée, il n'avait traversé pareille épreuve.

Avoir parcouru une distance considérable, être presque convaincu d'atteindre le but fixé, et se voir obligé de tout abandonner, de retourner piteusement en arrière au milieu des tribus sauvages et hostiles !

Cependant il ne se laissa pas aller au découragement.

De concert avec le sergent Bernard, il organisa le camp.

Tout au haut du tertre, on dressa sa tente et le bivouac des piroguiers, des porteurs qu'il fallait surveiller, qu'il fallait maintenir à tout prix.

Aux deux extrémités de l'îlot, un petit poste de cinq tirailleurs, chargé de faire bonne garde et de tirer sur quiconque essaierait de fuir.

Baratier s'était assis près de l'un des autres petits postes.

Soudain le factionnaire, arrêté près de Baratier, lui montra la rive de l'îlot.

— Capitaine... les pirogues... il y en a donc quatre ?...

L'officier regarda.

En effet, près du bord, presque à toucher les embarcations... une longue masse sombre s'allongeait.

— Oh! continua le factionnaire, voyez donc, mon capitaine... cinq, six... Et ça bouge... Ce sont des crocodiles.

Sournoisement, les sauriens, flairant une proie, sortaient de l'eau, rampaient vers le campement.

Lentement, ils se rapprochaient peu à peu du campement.

Baratier réveilla les postes.

— Alerte! les crocodiles!

En un instant tout le camp fut debout.

Les reptiles avançaient toujours, glissant sur la vase, sans bruit.

Et soudain le capitaine lança le commandement :

— Feu !

Dix coups de fusil éveillèrent les échos de la forêt, répercutés avec la violence d'un coup de tonnerre.

Trois crocodiles restèrent sur place; les autres firent un plongeon et disparurent.

Le campement reprit sa tranquillité, et la nuit s'acheva sans autre alerte.

Le lendemain matin, comme Baratier donnait l'ordre de se débarrasser des cadavres des sauriens tués dans la nuit, un tirailleur indigène s'approcha et, faisant le salut militaire :

— Chef, dit-il, si toi permets, Ali sait préparé viande de li bête là... très bon...

— Comment, si je permets... Tout ce que tu voudras mon garçon, répliqua le capitaine en souriant... Ce gibier t'appartient.

— Capitaine toi goûter mi cuisine... Pas mauvais.

Le noir avait peut-être raison; en tout cas, l'officier était enchanté de la fantaisie de ce cuisinier improvisé.

Et fut-ce l'influence de la faim, tout est-il qu'au repas, le crocodile parut exquis.

Baratier complimenta le tirailleur.

— Tu as rendu un grand service à ton chef, il te remercie.

— Ça bien, chef... Ça bien... mi content...

Et le brave soldat partit en faisant des gambades...

Tandis que le repas s'achevait, un des Sénégalais de faction appela le chef de poste.

Baratier et Bernard se précipitèrent du côté de la sentinelle.

— Là... Là... mon capitaine... Là... sergent.

Du doigt, le tirailleur montrait sur le fleuve une masse flottante :

— Un cadavre! murmurèrent les deux Français.

— Porteur d'ici... pati la nuit, expliqua le factionnaire.

— Oui, peut-être, répliqua l'officier; profitons de cet incident.

Bernard, faites l'appel des hommes.

En un instant, toute la petite troupe fut réunie.

On appela les noms. Il manquait un porteur.

Alors Baratier s'adressant aux engagés :

Celui-là a trahi, leur dit-il; vous voyez comment il est puni... Rompez.

Cette courte harangue consterna les porteurs; ils regardèrent le cadavre de leur camarade, qui leur faisait comprendre l'impossibilité de la fuite.

. . . .

Il y avait trois jours que Baratier et son escorte séjournaient sur l'îlot.

On avait vainement tenté de creuser des canaux pour franchir la barre de vase; il semblait que les eaux eussent baissé, car l'obstacle était plus infranchissable encore qu'au début. Le sable était devenu compact, très dur même à creuser, en certains endroits.

La situation devenait critique. La viande des crocodiles était épuisée. On n'avait plus revu de sauriens, sans doute le bruit de la fusillade les avait effrayés. Il fallait toucher à la suprême réserve de vivres gardée pour le retour.

Baratier et le sergent Bernard seuls avaient conservé l'énergie morale nécessaire pour résister aux épreuves.

Le découragement avait gagné les hommes, gagnant même les tirailleurs.

Trois porteurs, qui avaient essayé de gagner la rive, avaient péri sous les yeux de leurs camarades.

Le fond vaseux était mouvant de ce côté.

Et les jours passaient lents, interminables.

Le quatrième, le cinquième... Il fallait toujours entamer les vivres.

On rationna les hommes malgré leurs murmures. Décidément l'avenir s'assombrissait de plus en plus.

. . . .

La tête dans les mains, rongé par la fièvre de l'impatience, le capitaine songeait.

Tout à coup, une voix joyeuse éclata près de lui :

— Capitaine... un orage !

Et Bernard montrait à l'officier l'horizon chargé de nuages charbonneux.

Cette vue électrisa Baratier.

— Vite, Bernard, mon ami, à l'œuvre et que, dans un moment, tout soit prêt.

Une activité fébrile s'empara de tout le monde. En un clin d'œil les trois pirogues furent chargées.

Les pagaieurs, les porteurs et les soldats y montèrent suivis des chefs.

Et l'on attendit.

De larges gouttes d'eau tombèrent d'abord une à une... Puis, au bout d'un quart d'heure, ce fut un déluge effroyable.

Dans nos climats, on ne peut se faire une idée de la violence des pluies africaines.

Trempés jusqu'aux os, les voyageurs riaient quand même. Ils applaudissaient à l'averse libératrice.

Une demi-heure à peine suffit pour que le bras du fleuve grossît.

Les pirogues flottèrent.

Décuplée par l'espoir, la vigueur des Bouziris fit merveille ; on franchit le banc derrière lequel la flottille s'était trouvée prise comme dans une souricière.

Il y eut cependant un moment de chaude appréhension. Les pirogues touchèrent.

Mais sous l'effort des avirons puissant des pagaies battant l'eau avec rage, les pirogues glissent sur la vase du fond.

On avance, on passe, on a passé.

Deux jours après, ayant repris par l'autre bras du fleuve qui, en dépit de l'apparence, avait partout un chenal navigable, Baratier reconnut la Méré !

Et lorsque la mission Marchand apprit qu'elle avait devant elle une rivière, libre de tout barrage pendant plus de huit cents kilomètres, un frémissement de joie courut et la nouvelle fut accueillie par un puissant cri de :

— Vive la France !... En avant !

VII

LE FORTIN DE BAGUESSÉ

Cependant le commandant Marchand, secondé par les capitaines Mangin et Germain, avait installé un fortin en amont des passes de Baguessé.

Car il voulait non seulement traverser le pays, mais encore l'occuper effectivement.

Les dangers qu'il allait courir, il désirait les éviter à ceux qui suivraient la route tracée par lui.

S'il réussissait à atteindre Fachoda, le chemin serait jalonné de postes, sur lesquels ses successeurs s'appuieraient.

S'il mourait à la peine, l'expédition du moins n'aurait pas été inutile, puisque ceux qui se dévoueraient à la même œuvre trouveraient une part de la tâche faite et bien faite.

C'est dans ces termes, dont l'héroïsme consciencieux n'a pas besoin de commentaires, que le chef de la mission avait annoncé aux capitaines Mangin et Germain, demeurés auprès de lui, son intention d'élever un fortin à Baguessé.

On s'était aussitôt mis à l'ouvrage.

Heureusement les matériaux de construction ne manquaient pas.

L'impénétrable forêt, qui couvre le plateau central, poussait ses arbres géants jusque sur les berges du M'Bomou.

C'était le désert de verdure, et aussi le mur, car les lianes, les vanilliers sauvages, les credytons aux fleurs rouges en forme de calice, les bahamiés, sorte de lierre dont les rameaux s'étendent parfois sur plus de cent mètres de longueur, confondaient leurs feuillages avec ceux des baobabs, des gommiers, des ébéniers, des arbres à beurre, désignés par les naturels sous le nom « d'arbre de la vache ».

C'était une orgie de frondaisons, un débordement de vie

végétative, un enchevêtrement stupéfiant de tiges, de branches, de filaments, de racines sorties de terre, que la poignée d'hommes perdus au milieu de cette exubérante flore africaine, devaient vaincre à force de labeur et de volonté.

Après une reconnaissance rapide, l'emplacement choisi pour l'érection du poste fut le sommet d'un monticule, dont la crête dominait d'une trentaine de mètres le terrain environnant.

La position était bonne.

De plus, sur cette hauteur rocheuse, la végétation se montrait moins fournie.

De sorte que le déblaiement en fut plus facile.

Il fallut néanmoins trois journées complètes pour débarrasser la butte des arbres et des broussailles dont elle était couverte.

Tandis qu'une partie des tirailleurs et des porteurs maniait la hache et le coupe-coupe, les autres débitaient les troncs en solives de deux mètres de longueur.

Aussi, quand les premiers eurent terminé, les seconds avaient amoncelé en piles ces bûches énormes, et les matériaux des murailles étaient tous prêts.

Il n'y avait plus qu'à les poser.

Sur le sol, une longue ligne fût tracée, encadrant la surface que devrait couvrir le fortin.

Elle affectait une forme rectangulaire.

Mesurant cent-vingt mètres dans sa plus grande dimension, cinquante dans l'autre, cela représentait en somme une superficie protégée de six mille mètres carrés.

De gros pieux, épointés et durcis au feu, furent profondément enfoncés en terre sur tout le pourtour.

Ils allaient former les assises sur lesquelles s'appuierait la construction.

Puis les solives, débitées durant les jours derniers, furent rangées les unes au-dessus des autres dans le sens horizontal et fortement rattachées aux pieux verticaux.

Des troncs placés à l'intérieur, s'appuyant obliquement à la muraille de bois et au terrain, tinrent lieu de piliers de soutènement.

Cependant un certain nombre « d'engagés » avaient creusé, au bord même de la rivière, de grands trous circulaires.

Ils y mélangeaient du sable, une argile rougeâtre découverte à quelque distance, des pierres calcaires, pulvérisées au préalable.

Puis, versant l'eau à foison dans ces creusets improvisés, ils délayaient le tout, obtenant ainsi un ciment grossier, destiné à rejointoyer les troncs d'arbres du retranchement.

En même temps, d'autres équipes entouraient l'enceinte d'un fossé profond de deux mètres, et dont les parois verticales étaient maintenues à l'aide d'un clayonnage de branchages, renforcé d'une épaisse couche de ciment.

Le neuvième jour, le poste de Baguessé était en état de défense.

On y avait transporté les charges, les embarcations démontées.

Les deux petites mitrailleuses dont l'expédition étaient munie avaient été mise en batterie.

Et avec ses meurtrières, ménagées durant la constuction, l'ouvrage faisait véritablement bonne figure.

Comme toujours en pareil cas, les officiers voulurent baptiser la redoute.

On proposa unanimement le nom cher à tous :

« Fort Marchand ! »

Mais le commandant, très sensible à cet hommage spontané, n'en obéit pas moins à sa modestie habituelle.

Il la voila cependant, invoqua la « discipline militaire », mot devant lequel un officier digne de ce nom, s'incline toujours.

Et il répondit doucement à ses compagnons, qui le pressaient d'accepter le parrainage de la nouvelle forteresse :

— Messieurs, cet ouvrage terminé, je l'ai remis en pensée au gouvernement français dont je ne suis que le serviteur. Le ministre appréciera.

Réplique fière dans son humilité voulue.

Ce que Marchand refusait pour lui-même, il l'accorderait quelques mois plus tard à Desaix, dont le nom était appliqué à un fort semblable, établi sur la rivière Soueh, à cent kilomètres à l'est de Meschra-el-Reck.

Maintenant, si l'on veut savoir pourquoi, contrairement à sa coutume, le chef de la mission Congo-Nil avait imposé à ses subordonnés cet énorme surcroît de travail, il faut en chercher la raison dans le rapport que lui avait fait, à son arrivée à Baguessé, un indigène venu au camp pour vendre des moutons.

Marchand avait remarqué que l'eau-de-vie délie aisément la langue des noirs.

Aussi ne manquait-il jamais de prélever, à l'usage des indigènes et lorsque l'occasion le permettait, une ration d'alcool sur la petite provision du docteur Emily.

LES PORTEURS

Habituellement, le liquide était réservé uniquement au traitement des malades.

Or, l'Africain venu pour traiter de la vente de son troupeau, fut extrêmement sensible à l'offre qui lui fut faite d'un « quart » d'eau-de-vie.

Tout le monde connaît le quart, sorte de petite tasse de métal, dont la patrie généreuse dote chacun de ses soldats.

Ce n'est pas joli, joli, mais ce récipient grossier contient environ un quart de litre, d'où le mot sous lequel on le désigne.

Une pareille quantité de trois-six, ingurgitée d'un seul trait, peut émouvoir même une cervelle épaisse de nègre.

Et si la rasade se renouvelle, on est en droit d'espérer que la vérité s'élancera de la bouche du buveur, dans un appareil aussi ingénûment simple, que lorsqu'elle sortait de son puits mythologique, pour se rendre aux séances de musique de chambre qu'Apollon donnait à ses confrères de l'Olympe.

Le commandant avait constaté de prime abord les allures

UN POSTE DE CENTRALISATION

louches du négociant indigène, le regard farouche et inquisiteur qu'il promenait sur toutes choses.

Toujours en éveil, il fit boire l'homme.

Sous l'influence de l'alcool, celui-ci parla.

L'obséquieux trafiquant devint un guerrier insolent.

Il dit les forces de sa tribu, son village florissant entouré d'une palissade de pieux.

Puis, s'exaltant toujours davantage, il parla des « *Igli* ».

C'est ainsi, on le sait, que les populations indigènes appellent les Anglais.

Ce mot est une corruption euphonique de *English*, vocable qui, passant des gosiers britanniques dans les oreilles nègres, devient *Igli*.

Cela suffit.

Le commandant, pressentant une trahison, se garda bien d'interroger l'homme, mais il égratigna sa vanité.

Il plaisanta sa tribu, que le fusil d'un blanc ferait fuir comme un troupeau d'antilopes.

Le moyen réussit au delà de toute espérance.

Furieux, le nègre s'emporta.

Il rapporterait ses paroles insultantes à ses frères. Ils en tireraient vengeance.

Puis, aveuglé par son courroux, il raconta que lui-même était venu reconnaître les forces des chefs blancs.

Il les défiait.

Certes ils pourraient le mettre à mort, mais sa tribu le vengerait.

Les champions de l'ordre avaient décidé les guerriers à une attaque prochaine.

Des *Igli* étaient au village.

Ils promettaient la victoire ; ils s'engageaient, une fois les cadavres des blancs abandonnés dans la brousse à la dent des animaux sauvages, à conduire les guerriers dans des tribus voisines, à faire d'eux des champions de l'ordre.

Avec une telle promesse, on conduirait les noirs en Chine ou dans la Lune.

On disait autrefois en Europe, pour expliquer les prodigieux succès des armées de la République et de l'Empire.

— Chaque soldat français combat comme un lion, parce que chacun porte son bâton de maréchal dans son sac.

En Afrique, on peut employer cette variante :

— Les noirs, trompés par les agents libres, sont capables des pires folies. Chacun pense porter le baudrier du champion sous son bouclier.

Cependant le chef de la mission ne laissa rien paraître des inquiétudes que lui causaient les dires de son interlocuteur.

Il affecta de les regarder comme de simples plaisanteries, traita de l'achat des moutons, prit livraison des animaux et renvoya le traitant sans lui faire aucun mal.

Seulement, aussitôt après son départ, il appela MM. Mangin et Germain, les mit au courant de la situation, et décida que l'on entreprendrait immédiatement l'édification du fort projeté à Baguessé.

Primitivement on devait permettre aux porteurs et soldats de se remettre de leurs fatigues durant une huitaine.

Maintenant il eût été imprudent d'attendre.

Avant tout, il fallait se mettre à l'abri d'un coup de main de l'ennemi.

On se reposerait ensuite, si l'on en avait le temps.

Voilà pourquoi le commandant avait poussé les travaux avec une activité fiévreuse.

Durant les neuf jours qui venaient de s'écouler, l'officier n'avait pour ainsi dire pas dormi.

L'inquiétude le tenait éveillé.

Aussi, ce fut avec une immense satisfaction qu'il vit entrer dans l'enceinte du fortin, le dernier homme et la dernière charge de la mission.

Les indigènes pouvaient attaquer à présent.

Quelle raison leur avait fait différer les hostilités ; on ne saurait le dire avec certitude.

Sans doute les explorateurs avaient bénéficié d'une de ces rivalités si fréquentes parmi les tribus africaines, où chaque guerrier désire être plus chargé d'honneurs que son voisin.

Alors on palabre sans fin.

On discute pendant des journées entières pour décider à qui appartiendra le commandement de tel ou tel groupe de guerriers ; à qui incombera le soin d'attaquer en premier, en second, en troisième.

Et quand tout cela est décidé, accepté, il s'est parfois écoulé huit, dix ou quinze jours.

C'est cette anarchie vaniteuse qui explique les succès foudroyants de certains roitelets noirs.

Investis d'une autorité absolue, appuyée par quelques bourreaux qui tranchent, sur un signe du maître, les têtes raisonneuses, ces monarques ne perdent pas leur temps en palabres.

Aux quatre coins du territoire occupé par leurs sujets, ils font battre le tambour.

Des hérauts parcourent les villages, rassemblant la population aux sons mugissants des cornes de buffles.

En quarante-huit heures, la petite armée est équipée, réunie.

Elle part à fond sur les ennemis désignés, qui commencent à peine leurs interminables parlottes.

Ceux-ci sont surpris, écrasés, emmenés en esclavage.

Les hommes sont incorporés dans les troupes du vainqueur.

Les femmes deviennent les servantes des principaux chefs.

Ces derniers d'ailleurs s'accommodent fort bien de la tyrannie royale, qui leur assure constamment la victoire et augmente sans cesse leur fortune.

Et la domination des monarques s'étend, fait la tache d'huile.

Quoi qu'en pensent certaines personnes, il n'est pas besoin d'une intelligence supérieure pour dominer en Afrique.

Il suffit d'inspirer la terreur.

Behanzin le cruel, Samory l'impitoyable, les marchands d'esclaves du centre ont dès longtemps fourni la preuve de cette affirmation.

Frapper fort et vite, tout le secret est là.

Qu'ils fussent arrêtés par des discussions intestines ou par toute autre cause, les indigènes riverains du M'Bomou avaient laissé à la mission le loisir de se fortifier.

Les dixième et onzième jours se passèrent sans que l'ennemi attendu se montrât.

La plus sévère discipline régnait dans le fortin.

Il était interdit aux hommes de s'éloigner.

Et ils se soumettaient sans murmurer à cette règle inflexible, car ils comprenaient parfaitement que le danger les entourait.

Sans doute l'attente était pénible, agaçante; mais il ne fallait pas songer à marcher à la rencontre des noirs, à les dérouter par une contre-attaque.

Les explications de l'ivrogne traitant avaient été si embrouillées, que le commandant ne pouvait déterminer l'emplacement du village soulevé contre lui.

La chose n'avait rien d'étonnant, en somme, car les indigènes ont une façon à eux d'exprimer la topographie d'une contrée.

Et puis, s'engager dans la forêt vierge sans avoir une direction précise est une opération téméraire à laquelle un chef de mission ne consent jamais à se livrer.

Grâce aux retranchements élevés, on avait l'avantage de la position.

Il était sage de le conserver.

Cependant l'impatience commençait à gagner tout le monde.

Heureusement on n'allait pas en souffrir longtemps.

Au matin du douzième jour, une escouade partit en reconnaissance vers le Nord.

Depuis une heure à peine elle avait disparu dans la forêt, quand un coup de feu retentit au loin.

Une exclamation sortit de toutes les poitrines.

Les tirailleurs sautèrent sur leurs armes.

En deux minutes, le retranchement fût garni de défenseurs.

Chaque créneau était occupé.

Les fusils, appuyés sur des liteaux posés à l'avance, menaçaient la plaine.

Toutes les distances ayant été repérées, les compagnons du commandant étaient certains que leur feu donnerait tout son effet utile.

Cependant, sous bois, le combat s'affirmait.

Des détonations retentissaient à intervalles plus ou moins longs.

Le son se rapprochait.

Évidemment la patrouille s'était heurtée à des forces supérieures, et elle battait en retraite.

Les yeux fixés sur la lisière du fourré, le commandant attendait.

Son âme était avec les braves gens qui, sous le couvert, combattaient pour la grandeur française.

Une anxiété poignante se lisait dans son regard.

Il se demandait combien déjà étaient tombés sous les coups des noirs.

Il se représentait les blessés, restant en arrière, saisis par les guerriers sauvages, achevés à coups de sagaies, décapités.

Il voyait les nègres brandir les têtes sanglantes.

Et il souffrait.

Le chef, sans peur pour lui-même, tremblait pour ses soldats.

Les tirailleurs savaient bien son affection pour eux. Ne l'avaient-ils pas appelé : le grand-père blanc.

Soudain un frisson parcourut toute la ligne.

Les buissons de la forêt venaient de s'ouvrir, éventrés par un élan irrésistible, et la patrouille bondissait en terrain découvert.

On comptait les soldats.

Les dix hommes partis le matin revenaient à toutes jambes.

Aucun n'était tombé au pouvoir de l'ennemi.

Un cri de triomphe s'éleva du retranchement, redoublant la vigueur de ceux qui rentraient.

Mais presque aussitôt un murmure attristé lui succéda.

Une volée de flèches, comme une bande d'oiseaux siffleurs, avait jailli des profondeurs du bois.

L'un des tirailleurs, traversé de part en part, avait lâché son fusil. Les bras étendus, chancelant, emporté par la vitesse acquise, il avait encore fait quelques pas.

Puis il s'était affalé, la face contre terre.

Mais, plus prompts que l'éclair, ses compagnons se retournent.

Ils font un feu de salve sur le bois, où la présence des poursuivants ne se décèle que par l'agitation des feuillages.

Deux d'entre eux jettent leurs fusils en bandoulière.

Ils relèvent le blessé.

Au pas de course ils l'emportent, tandis que, par un tir nourri, leurs camarades couvrent la retraite.

Tous rentrent au fort.

Marchand est debout près de la porte.

Il les reçoit, serre la main au sergent qui commande la petite troupe.

— Très bien, sergent, je suis content de vous. Vous avez bien combattu tout en restant ménager du sang de vos hommes. C'est en réunissant ces deux choses que l'on devient un bon officier.

Le gradé rougit, balbutie une phrase embarrassée.

— C'est tout naturel, mon commandant.

Mais la joie éclate dans ses yeux.

Il sait ce que signifient les paroles du chef, et son ambition voit luire dans l'avenir la galon d'or des sous-lieutenants.

De nouveau le commandant interroge :

— Où avez-vous pris contact avec l'ennemi?

Et le petit sergent répond :

— A trois kilomètres d'ici environ. Il ne se doutait pas de notre présence et marchait en désordre. Le bruit nous a avertis de son approche (1).

— Vous auriez dû revenir immédiatement.

— C'est bien ce que j'ai voulu faire, mon commandant. Mes hommes et moi nous avions commencé à battre en retraite, mais ces coquins nous ont découverts et alors, ma foi, il a bien fallu brûler des cartouches.

— Bien. Avez-vous pu juger de la force de la colonne qui nous attaque.

Le sous-officier haussa les épaules :

— Dans le fourré, c'est bien difficile. Tout ce que je suis en mesure d'affirmer c'est qu'ils sont beaucoup. Il y a peut-être quinze cents, deux mille hommes, peut-être plus, peut-être moins.

Marchand hocha la tête. Il allait ajouter quelques paroles quand une clameur s'éleva.

Il se porta aussitôt vers le retranchement, et, écartant le tireur qui occupait la meurtrière la plus proche, il regarda par l'ouverture.

Les noirs étaient sortis du bois.

Rangés en une masse grouillante, en avant de la lisière, ils se livraient à des contorsions d'épileptiques.

Ils brandissaient leurs armes, les choquaient contre leurs boucliers, injuriaient les Européens.

Le commandant murmura :

— Allons, une première leçon.

Et de sa voix nette qui dominait les vociférations des noirs.

— Attention, enfants, cria-t-il.

Un frémissement d'acier indiqua que la chaîne de tireurs assurait ses armes.

1. Ce chapitre et le suivant sont extraits d'un rapport officiel, adressé à Londres par S.-T. Talmans, esquire.

Puis, séparant les commandements, l'officier reprit :
— Feu de salve.

. . . .
— A cinq cents mètres !

. . . .
— Joue !...

. . . .
— Feu !

Il y eut un coup tonnerre, une volée de sifflements.
Une seconde se passa.
Puis là-bas, dans la bande hurlante, des corps s'abattirent.
Les balles étaient parvenues à leur adresse.
En un instant ce fut une débandade générale.
Se bousculant, se frappant de leurs armes, les nègres s'élancèrent sous le couvert des arbres.
Ils laissaient en arrière une trentaine des leurs, dont les torses noirs et les pagnes blancs s'étalaient en taches sur le terrain roux.
— Pas mal tiré, fit le chef de la mission. Ils vont nous laisser un peu tranquilles ;... que l'on place des guetteurs pour avertir de leurs mouvements. Les autres peuvent rompre.
Au même instant, le sous-officier, qui le premier avait eu affaire à l'ennemi, s'approcha :
— Mon commandant, dit-il.
Marchand se retourna vers lui.
— Qu'y a-t-il ?
— Je suis envoyé vers vous par notre blessé.
— Ah ! le docteur l'a-t-il vu ?
— Oui, mon commandant.
— Espère-t-il le sauver ?
Le sergent secoua la tête :
— Il sera mort avant une heure.
— Ah !
Une ombre passa sur le visage de l'officier.
Puis, reprenant l'entretien :
— Ne me disiez-vous pas être envoyé par ce pauvre garçon.
— Si, mon commandant, c'est Bakoulebé.
— Le petit Soudanais qui était en garnison à Kayes, sur le Niger, et qui a voulu être versé dans la compagnie du capitaine Mangin ?
— Oui, c'est lui.

— Et que veut-il ?
— Vous voir, mon commandant.
— J'y vais. Où est-il ?
— Dans la paillotte que monsieur le major Emily a fait installer à l'angle sud-est du fortin.
— Bien, merci.

D'un pas rapide, l'officier gagna le point indiqué.

Pour être en mesure de combattre les insolations ou les accès de fièvre, qui menacent à tout instant le voyageur dans cette région, le docteur avait fait dresser une paillotte, sous laquelle, du moins, les malades seraient à l'abri du vent et des rayons cuisants du soleil.

Sur plusieurs toiles de tentes empilées, le blessé était couché.

Sa face noire avait pris une teinte grisâtre.

Son nez large, comme celui de tous ses compatriotes, s'était pincé.

Evidemment le pauvre Bakoulebé n'en avait pas pour longtemps à vivre.

En apercevant le commandant, le blessé eut un sourire.

Il leva avec peine sa main droite.

Marchand la prit.

— Toi dire adieu... venir près Bakoulebé... bon, venir, bégaya le tirailleur avec cette familiarité naïve dont rien ne peut corriger les gens de sa race.

— Il faut bien que je songe à mes blessés, répondit l'officier en souriant, sans cela ils se croiraient abandonnés et ne guériraient pas.

D'une voix faible le Soudanais l'interrompit.

— Bakoulebé, pas guéri... aller voir houris... Mahomet. Bakoulebé plus besoin de rien.

Il eut un soupir pénible, puis reprit :

— Vieille négresse, mère, à Kayes, mettre pièces d'or dans la ceinture pour envoyer à li. Pas pouvoir envoyé, puisque mouri. Alors, toi, dis, commandant, prendre ceinture et envoyer à vieille négresse.

La main de l'officier serra celle du moribond :

— Je te le promets, Bakoulebé.

Un léger sourire éclaira la physionomie du Soudanais.

— Te dis merci.

Puis avec une vivacité soudaine :

— Toi dire vieille mère, Bakoulebé mort en soldat...bien... Toi dire ?

— Je le ferai, mon brave garçon.

— Content... moi pouvoir parti alors.

On eût pensé que le tirailleur n'avait attendu que la venue de son chef pour mourir.

Ses paupières s'ouvrirent démesurément, découvrant le blanc de l'œil ; un frisson convulsif secoua ses membres.

Sa bouche s'ouvrit, laissa échapper ce seul mot :

— Allah !

Puis il se raidit et demeura immobile.

Le Soudanais était mort.

Dans l'enceinte même du fortin, ce brave fut enterré, et la compagnie du capitaine Mangin présenta les armes devant la tombe de ce Français à peau noire, mort pour la patrie d'Europe.

. . . .

Cependant les ennemis ne se montraient plus.

— Est-ce qu'ils auraient regagné leur village ? s'exclama le capitaine Germain.

— Ne crois pas cela, riposta aussitôt Mangin.

— Que supposes-tu donc ?

— Qu'ils ne veulent pas s'exposer en plein jour à nos coups. L'expérience de tout à l'heure a dû leur apprendre la prudence.

— Alors, ils attaqueront de nuit ?

— Probablement...

Et, étendant le bras vers un groupe d'hommes qui se dirigeaient vers le retranchement, chargés d'objets aux formes étranges, le capitaine Mangin ajouta :

— Justement, voilà qui démontre que le commandant pense comme moi.

— Ces réflecteurs électriques ?

— Parfaitement. Vois, on va les installer sur le mur d'enceinte. Et quand on dispose les fanaux, c'est apparemment pour s'en servir.

— Tu as raison.

Les deux officiers suivirent attentivement l'opération.

Au bout d'une heure tous les appareils étaient en place, prêts à fonctionner.

Puis des ordres expédiés par Marchand circulèrent parmi les combattants.

Les tirailleurs coucheraient à leurs postes de combat, afin d'occuper leur meurtrière à la première alerte.

L'ennemi était dix fois plus nombreux que la petite troupe. Il importait donc d'ouvrir le feu aussitôt que possible.

En une minute, la nappe de balles, qui s'échappe des fusils à tir rapide, fait de nombreuses victimes.

Une minute de feu soutenu et bien dirigé peut briser l'élan de l'assaillant.

Les noirs auraient peu de chemin à parcourir à découvert.

Cinq cents mètres, si on les apercevait au débouché du bois, quatre cents... trois cent-cinquante peut-être, si, avec leur habileté sauvage, ils parvenaient au rampant à échapper pendant un moment aux regards des sentinelles.

Car les foyers électriques seraient actionnés seulement à l'heure de l'attaque.

Plus tôt, leur rayonnement eût empêché l'assaut, et il était nécessaire que le choc se produisît, qu'une défaite irréparable fût infligée aux noirs, afin que la mission reprît la liberté de ses mouvements.

D'autre part, la victoire aurait un effet moral considérable dans toute la région, et les quelques hommes qui, après le départ de la colonne, resteraient à la garde du fort, auraient une influence suffisante pour maintenir dans l'obéissance, les peuplades environnantes.

La nuit venait.

Le commandant, qui avait pris un repas rapide, en compagnie des officiers placés sous ses ordres, avait les yeux levés vers le ciel.

Tout à coup, il se frappa le front.

— Je comprends pourquoi l'on a attendu si longtemps avant de nous attaquer.

Et comme les assistants l'interrogeaient du regard, il reprit:

— La réponse est au-dessus de nos têtes... nouvelle lune.

— C'est vrai, s'écrièrent des interlocuteurs.

— Partant pas de lumière... avantage très appréciable pour des guerriers qui considèrent l'attaque de nuit comme le fond même de la guerre.

Germain éclata de rire :

— Ils seront désagréablement surpris quand ils verront un soleil factice s'allumer sur nos retranchements.

— J'y compte un peu.

UN COIN DE VILLAGE

Et le commandant sourit.

Il avait deviné juste.

En dehors des Soudanais, les naturels de l'Afrique craignent la lutte au grand jour.

Leurs guerres sont une succession de surprises nocturnes, d'embuscades, de guet-apens.

C'est la guerre des fauves bondissant à l'improviste sur leur proie.

Et la principale raison de l'ascendant des blancs sur ces races pillardes est qu'ils attaquent alors que le soleil brille.

Vers dix heures, le commandant fit une ronde.

Il surveilla lui-même la relève des factionnaires.

LIEUTENANT LARGEAU

Partout il avait exigé des sentinelles doubles.

Un homme seul, en effet, peut s'endormir, avoir une distraction. A deux, les soldats se soutiennent mutuellement, et, pouvant se communiquer leurs observations, demeurent constamment en éveil.

Ce soin pris, Marchand se hissa sur un talus d'où l'on dominait la ligne de défense, se fit apporter un pliant et s'assit.

Cette fois encore, il allait passer la nuit à veiller sur tous.

Onze heures, minuit, rien ne bouge.

Aucun bruit ne monte de la plaine noyée dans l'obscurité d'une nuit sans lune.

Parfois un rauquement éloigné vibre dans l'air.

C'est une panthère, un lion en chasse.

Et de nouveau le silence pèse sur la redoute où tout semble endormi.

Une heure !

Le commandant prête l'oreille.

On jurerait qu'un murmure léger, presque insaisissable, se produit au loin, du côté où la forêt se devine à une ligne d'ombre plus opaque.

Le capitaine Mangin accourt.

Les sentinelles ont signalé un mouvement au bas de l'éminence.

— Faut-il établir le courant électrique ?

— Non, j'ai réfléchi. Laissez-les approcher encore. Tout le monde est debout.

— Oui, commandant.

— Bien.

Les deux officiers écoutent sans parler.

— Capitaine ?

— Mon commandant.

— Veuillez avertir les hommes préposés à la manœuvre des lampes. Que toutes s'allument lorsque je donnerai un coup de sifflet.

— A l'instant.

Le capitaine s'éloigne au pas gymnastique.

Quelques minutes s'écoulent encore.

Maintenant le bruit est nettement perceptible.

Les assaillants gravissent le flanc du coteau.

Ils croient avoir partie gagnée.

Les blancs ont des yeux pour lire dans les livres, mais non pour apercevoir l'ennemi. Ils se pressent, afin d'escalader le retranchement, de surprendre la mission, de faire leur moisson de têtes... trophées sanglants qu'ils rapporteront triomphalement au village et qui leur vaudront les sourires des femmes.

Ils ne sont plus qu'à deux cents mètres du fossé.

Tout à coup, un son strident déchire l'air.

C'est le sifflet du commandant qui donne le signal convenu.

Et sur les remparts s'allument des étoiles à l'insoutenable éclat.

Des traînées de lumière blanche, aveuglante, courent sur la plaine, éclairant les noirs surpris.

Et puis les fusils s'abaissent, crachent la mort.

Une immense clameur de rage et d'épouvante monte vers le ciel.

Les assaillants, avec une réelle bravoure, se précipitent en avant, font pleuvoir flèches et sagaies sur leurs adversaires. Quelques coups de feu même partent de leurs rangs.

Trois tirailleurs sont blessés.

Ceux-là guériront grâce aux soins du Dr Emily.

Mais la fusillade des Soudanais se précipite. Les balles nombreuses, serrées, traversent les rangs des noirs, cliquettent contre les lances, trouent les boucliers et les poitrines.

Les cadavres s'amoncellent.

La colonne assaillante s'arrête.

Un instant encore, elle tente de résister à l'averse de feu qui tombe incessamment du fortin, mais des vides se produisent, la masse entière tourbillonne sur elle-même.

Cette fois, l'élan est bien décidément brisé.

Une dernière salve, et ceux qui ont échappé au massacre jettent leurs armes ; avec des hurlements éperdus ils reprennent le chemin de la forêt.

Mais une nouvelle catastrophe les attend.

Durant l'action, cinquante tirailleurs, sous la conduite du capitaine Germain, sont sortis du fortin par le flanc qui regarde la rivière.

Ils ont descendu la pente en courant, restant dans l'ombre.

Rien n'a trahi leur marche.

Et quand les noirs font volte-face, quand ils espèrent se mettre à couvert dans la forêt, voilà qu'une grêle de projectiles les prend en flanc.

Ils se croient entourés par l'ennemi.

Alors ce n'est plus de la terreur, c'est un vent de folie qui souffle sur eux.

Ils courent à gauche, à droite, sautent, étendent les bras, en lançant des lamentations rauques.

Quelques groupes parviennent à regagner le couvert.

Les autres s'agenouillent, se traînent dans la poussière, implorent la merci du vainqueur.

Le feu cesse.

Les captifs sont amenés au fortin.

Ils seront enrôlés comme porteurs.

Ce sera là un renfort utile pour traverser les terrains difficiles où l'on va s'engager.

Les malheureux sauvages, excités contre la mission par des agents anglais encore inconnus, ont payé cher leur confiance.

Ils laissent six cents cadavres sur le sol et quatre cent trente prisonniers aux mains du vainqueur.

Le bruit du terrible combat se répandra dans le pays.

Le fortin sera appelé, dans les paillottes, la butte de feu.

Et un sergent indigène, assisté de quatre hommes, verra vingt mille noirs s'incliner devant lui, durant plusieurs semaines, jusqu'au moment où M. Liotard, averti de ce succès, enverra une petite garnison occuper le fortin de Baguessé.

VIII

OFFENSIVE

Au jour, le commandant rassembla ses officiers.

— Messieurs, dit-il en substance, vous savez comme moi que, sur cette terre d'Afrique, une victoire ne porte ses fruits qu'à la condition d'être suivie d'une marche offensive.

Tous inclinèrent la tête :

— Il faut que nous partions dans deux heures. Toute la compagnie Mangin, sauf la septième escouade qui a marché hier. Chaque homme aura deux cents cartouches et trois jours de vivre.

Puis, les congédiant du geste :

— Nous suivrons l'ennemi à la trace. Allez, messieurs.

En quelques minutes, la nouvelle parcourut tout le camp.

Les tirailleurs riaient, enchantés de poursuivre les fuyards.

Il n'était pas jusqu'aux prisonniers de la nuit qui, répartis déjà entre les diverses équipes de porteurs, n'eussent l'air satisfaits.

Très probablement, ceux-là se disaient que leur situation était préférable à celle de leurs congénères en fuite vers leur village.

Eux au moins n'avaient plus rien à craindre.

Dans la plaine, des corvées fournies par les porteurs, creusaient de longues fosses.

On y jetterait les cadavres au plus tôt, car, sous ce ciel torride, la décomposition va vite, et, faute d'une inhumation prompte, la position fût devenue intenable en vingt-quatre heures.

Au moment précis indiqué par Marchand, la compagnie du capitaine Mangin se trouva alignée, prête à partir.

Cette fois, le chef de la mission prit le commandement de la colonne.

La petite troupe quitta le fort, dévala le flanc du coteau, puis, bien que, selon toutes probabilités, il n'y eût aucun ennemi à plusieurs kilomètres à la ronde, elle prit sa formation de marche.

Une avant-garde, des flanqueurs se séparèrent, commençant en conscience leur rôle d'éclaireurs.

Le corps principal suivit.

Bientôt tous étaient en pleine forêt.

Mais la route était relativement facile. Elle avait été tracée la veille par les bandes sauvages, dont la fureur était venue se briser contre les remparts du fortin.

On ne risquait donc pas de s'égarer.

Au reste, de loin en loin, des cadavres jonchaient le sentier.

C'étaient ceux des blessés, qui avaient usé leurs dernières forces en essayant de regagner leur village.

Les chacals ou les fauves se chargeraient de faire disparaître les corps.

Au plus fort du jour, on fit halte dans une clairière.

L'ennemi y avait campé également.

Des cercles noirs tachant le sol, indiquaient qu'il y avait allumé des feux.

Vers quatre heures la marche fut reprise.

A la nuit, il fallut se résoudre à dresser le campement en pleine forêt.

Rien n'indiquait le voisinage d'une agglomération.

— Ah çà ! s'exclama le capitaine Mangin, d'où diable venaient donc ces forcenés ?

Le commandant l'entendit et se retournant vers lui.

— Soyez tranquille, leur repaire ne doit plus être éloigné.

— A quoi reconnaissez-vous cela, mon commandant ?

— Simple affaire de raisonnement. Voyons, songez à l'insouciance des nègres. Un village situé seulement à deux journées de marche de la route suivie par la mission ne se serait pas cru menacé. Jamais on n'aurait réussi à en faire marcher la population contre nous.

— C'est ma foi vrai.

— Donc, que l'on fasse bonne garde. Les paillottes sont peut-être tout près. Dans ces régions boisées, on tombe dans un village avant de l'avoir aperçu.

Ces instructions furent exécutées à la lettre.

Mais, de toute la nuit, rien ne troubla la tranquillité de la compagnie.

Avec l'aube, on repartit.

Depuis deux heures déjà on était en marche, quand les éclaireurs se replièrent brusquement.

Ils étaient arrivés à la limite d'une plaine assez vaste, défrichée en pleine forêt et, au milieu des champs cultivés, ils avaient aperçu un fort village enclos d'une enceinte de pieux.

C'est, comme on le sait, le moyen de défense employé par les noirs pour défendre l'accès de leurs bourgades.

Aussitôt l'attaque fut décidée.

La compagnie fut partagée en deux fractions égales.

L'une, sous le commandement du capitaine Mangin, décrivit un large arc de cercle, afin d'attaquer la position de flanc, tandis que l'autre, restée sous les ordres du chef de la mission, prononcerait son mouvement sur le front de l'ennemi.

Pas un instant on n'avait douté que l'on fût arrivé en face de l'agglomération, d'où les coupables s'étaient rués sur le fort de Baguessé.

La piste marquée dans la brousse était la plus éloquente des accusations.

Après un quart d'heure d'attente, nécessaire au capitaine

Mangin pour effectuer son mouvement tournant, le commandant Marchand donna le signal de l'attaque.

Aussitôt les Soudanais se déployèrent en tirailleurs.

Par bonds successifs, ils s'avancèrent vers le village.

Celui-ci paraissait abandonné.

Rien ne bougeait.

Aucune tête crépue ne se montrait au-dessus des palissades.

Le commandant, en présence de ce silence inexplicable craignit une embuscade.

Il fit faire halte et envoya en avant deux hommes chargés de reconnaître la position et de s'assurer si, oui ou non, elle était occupée.

Les éclaireurs, courbés vers le sol, s'applatissant contre terre au moindre bruit, arrivèrent jusqu'aux palissades.

Pas une flèche, pas un projectile n'avait salué leur approche.

Est-ce que décidément les ennemis avaient décampé?

Un instant, les deux tirailleurs restèrent tapis au bord du fossé creusé au pied du retranchement.

Puis l'un d'eux se décida, sauta dans le trou, et, s'aidant des mains et des pieds, parvint à atteindre le sommet des pieux.

Il regarda curieusement à l'intérieur ; après quoi, on le vit se mettre à cheval sur la crête de la palissade et agiter les bras en signe d'appel.

La mimique était claire.

Le village était abandonné.

— En avant, cria joyeusement le commandant.

Et tous les tirailleurs bondirent sur leurs pieds, s'élancèrent au pas de course vers le village.

La section Mangin, qui venait de déboucher de la forêt, ne se méprit pas à ces signes et se mit à courir avec un entrain tel, que l'on eût pu croire qu'elle voulait arriver au village avant la fraction Marchand.

En cinq minutes, les Sénégalais avaient escaladé les palissades, y avaient pratiqué de larges brèches et se répandaient dans les paillottes.

Les instruments de ménage, les armes, les sièges grossiers, les étoffes étaient entassés en face les portes, et les tirailleurs y mettaient le feu.

C'est là une des nécessités de la lutte avec les noirs.

La destruction de leurs villages est le seul acte d'autorité devant lequel ils s'inclinent.

La troupe victorieuse, qui négligerait de prendre cette mesure, barbare aux yeux d'Européens non prévenus, s'exposerait à perdre tout le bénéfice de son succès.

Les indigènes ne manqueraient pas d'attribuer sa mansuétude à la crainte.

Et ils s'empresseraient de revenir au combat avec une nouvelle audace.

Pendant ce temps, le commandant, Mangin et le Dr Emily, qui avait suivi l'expédition, parcouraient la bourgade.

Evidemment la localité avait une certaine importance.

C'était pour cela, sans doute, que les agents anglais l'avaient choisie, de préférence à une autre, pour y prêcher la guerre d'extermination contre la mission française.

Les paillottes nombreuses, les cases plus spacieuses des chefs, l'ordre relatif qui avait présidé à l'alignement des habitations, tout dénotait un centre où les habitants du pays venaient trafiquer.

Mais, maintenant, on rencontrait partout les traces d'un abandon précipité.

Des paquets commencés avaient été laissés par leur propriétaire.

Evidemment des fuyards avaient apporté la nouvelle du désastre éprouvé au fort de Baguessé.

Une terreur-panique s'était aussitôt emparée de tous.

Les guerriers étaient anéantis.

L'ennemi victorieux allait arriver dans le village désormais dépourvu de défenseurs.

La fuite seule pouvait préserver les survivants du trépas.

Et l'on avait fui.

Et peut-être, là-bas, en arrière des broussailles qui entrelaçaient leurs rameaux sous la coupole verte de la futaie, des négresses tremblantes, des négrillons larmoyants, des hommes apeurés regardaient, assistant à la ruine de leurs demeures, devinant dans la fumée noire des foyers allumés tous les objets qui leur avaient appartenus.

Le commandant et ses compagnons avaient traversé l'agglomération dans toute sa longueur.

Derrière lui, les tirailleurs promenaient des branches

flamboyantes sur les toitures de paille, sur les nattes, sur tous les objets inflammables.

Une à une les cases s'embrasaient.

Et le feu s'étendait partout, pointant ses dents rouges et bleues vers le ciel.

A l'extrémité de la voie principale que suivaient les officiers, un large espace libre avait été réservé.

Au centre, séparé de toute autre habitation par une distance de vingt à trente mètres, se dressait une construction plus élevée, plus vaste, sinon plus luxueuse que les autres.

— La case du chef sans doute, murmura le médecin.

Mais Mangin secoua la tête.

De la main il désigna deux piliers entaillés qui se dressaient de chaque côté de l'entrée.

Au sommet, un artiste inhabile avait figuré un masque grimaçant, horrible.

— C'est un temple. Un temple du dieu Terpi, le dieu de la destruction.

Et, comme se parlant à lui-même :

— J'avais déjà vu cela dans le Baghirmi, mais je ne croyais pas que le culte de cette divinité sanguinaire s'étendait aussi loin à l'Est.

Après une pause, il reprit :

— Figurez-vous que ce Dieu, dont la figure, creusée dans un bloc de bois, a une vague ressemblance avec un crabe, exige non seulement des moutons, bœufs et chèvres que l'on égorge sur ses autels, mais encore des victimes humaines. Chaque mois, deux ou trois personnes, parmi les plus jeunes et les plus belles, sont immolées en son honneur, et pendant la fête Akimé, laquelle dure une semaine, vingt ou trente créatures reçoivent la mort chaque jour.

Pour répondre aux besoins de cette orgie de sang, les sectateurs de Terpi se livrent, aux approches de la semaine rouge, à une véritable chasse à l'homme.

Ils se répandent dans les plaines, dans la brousse, fondent sur les voyageurs isolés, sur les femmes, les jeunes filles, les enfants qui s'écartent des villages, qui descendent aux fleuves pour y puiser de l'eau.

Ils les garrottent, les entraînent jusque dans leur réduit.

— Mais les peuplades, victimes de ces rapts, doivent chercher à se venger.

— Point, conclut le capitaine. Ces immondes pourvoyeurs de la mort ont la qualité de prêtres et sont aussi vénérés que leur sanglante idole.

Emily se mit à rire :

— Vraiment, vous me donnez envie d'entrer en relations avec le dieu-crabe.

— Comme victime, demanda plaisamment son interlocuteur ?

— Non, non. Comme visiteur simplement.

Et, après une pause :

— Puisque vous connaissez déjà le personnage, soyez donc assez aimable pour me présenter.

Mangin ne se fit pas prier.

Il se dirigea vers l'entrée, marquée par les deux poteaux qu'il avait signalés.

La porte était simplement maintenue par un taquet de bois.

D'un coup de pouce, l'officier fit sauter le coin-arrêt et poussa le battant.

Celui-ci tourna sur ses gonds avec un grincement prolongé.

A pas lents, les trois Européens pénétrèrent dans la case.

C'était un hall rectangulaire, dont les murs étaient ornés de chevelures, de colliers de dents enfilées de tiges de laiton.

Le sol de terre battue avait une teinte rougeâtre, et le lieu exhalait une odeur fétide de boucherie mal tenue.

Au fond, sur un énorme cube de bois, se dressait la statue menaçante et grotesque de Terpi, barbouillée de sang.

Et devant l'idole, une large table, ayant au centre une rigole profonde, était entaillée et tachée comme un étal.

Les explorateurs avaient en face d'eux le « banc du supplice ».

Tout cela apparaissait bestial, horrible et répugnant.

— Pouah ! s'écria le docteur : c'est abominable, sortons de cet abattoir.

Ses compagnons ne se firent pas prier.

Déjà ils revenaient à l'entrée, quand tous trois s'arrêtèrent saisis.

On eut dit que leurs pieds s'étaient subitement rivés au sol.

Qu'y avait-il donc ?

Un gémissement faible, indistinct, venait de troubler le silence.

Les officiers s'interrogèrent du regard.

Qu'est-ce que cela pouvait être ? Qui avait fait entendre cette plainte ?

Leurs sens ne subissaient-ils pas les effets d'une illusion ?

Ils se consultèrent du regard, mais le même son se reproduit.

C'était triste, doux, comme l'appel épuisé d'un mourant.

D'un même mouvement, tous trois revinrent sur leurs pas, marchant vers l'autel.

Car il leur avait semblé que l'appel partait de là. L'appel, si le son pouvait être appelé ainsi, ce son si étouffé, si ténu qu'il leur était impossible de discerner s'il s'était envolé d'une bouche d'homme, de femme ou d'enfant.

Le docteur, qui avait allongé le pas, poussa un cri rauque.

Il avait contourné le piédestal de la statue et s'était arrêté comme médusé.

Ses compagnons le rejoignirent.

Eux aussi ressentirent une émotion violente, une angoisse lancinante devant le spectacle atroce qui s'offrit à leurs yeux.

Sur une claie de joncs, que tendait un cadre de bois, supporté par quatre pieds, deux corps d'Européens (les vêtements dont ils étaient recouverts le démontraient) étaient étendus.

Un homme, une femme.

Ils gisaient là, sans mouvement, les coudes attachés derrière le dos, les genoux enserrés de cordelettes.

— Des victimes de Terpi, fit à voix basse le capitaine Mangin.

— Morts, bredouilla le docteur.

— Morts, répéta le commandant avec une intonation triste.

Mais ils frissonnèrent. On eut dit que leurs paroles ranimaient l'un des cadavres.

La femme fut secouée d'un tremblement.

D'un accent déchirant, elle gémit.

— Tuez-moi... tuez-moi... je souffre.

D'un bond, le major saisit une extrémité du cadre... Du geste il indiquait l'autre à ses compagnons.

Ceux-ci comprirent.

Le médecin voulait tirer la claie hors de ce coin sombre. Il voulait voir les « clients » que le hasard lui amenait, se rendre compte de leur état, chercher à les sauver.

Réunissant leurs forces, les officiers et le praticien réussirent à amener leur lugubre fardeau devant l'autel.

UN CAMPEMENT DE LA MISSION MARCHAND

Là au moins, il y avait une lumière suffisante.

Ils regardèrent et sur leurs traits se peignit la même expression d'horreur.

L'homme était mort.

La femme râlait.

Les malheureux avaient été torturés.

Surpris sans doute par les sectateurs de Terpi, ils avaient subi le supplice le plus raffiné.

Leurs mains, leurs pieds nus étaient enflés, saignants, méconnaissables.

Leurs bourreaux leur avaient arraché les ongles.

Leurs paupières avaient été coupées, et leurs yeux étaient

effrayants à contempler ainsi, égarés, farouches; au fond de l'ovale sanguinolent de l'orbite.

L'arrivée de la colonne française avait dû interrompre les tourmenteurs.

LES CANONNIÈRES *Faidh* ET *Sultan*

La nécessité où ils s'étaient trouvés de finir vite était indiquée par deux couteaux à lame triangulaire, dont chacun était enfoncé dans la poitrine de l'une des victimes.

Le docteur s'était penché.

Il se releva presque aussitôt, secouant la tête d'un air désolé.

Il n'y avait rien à faire.

A ce moment les yeux sanglants de la femme se fixèrent sur lui. Elle le considéra avec une sorte d'épouvante, et de ses lèvres serrées sortirent ces mots :

— Le docteur... le docteur Emily :

Le major eut un geste de surprise.

La mourante le connaissait, et lui ne pouvait mettre un nom sur ses traits ravagés.

Qui était donc cette créature méconnaissable pour lui-même.

Une curiosité ardente s'empara de lui.

Il se courba sur la malheureuse, approcha sa bouche de son oreille :

— Qui êtes-vous donc ?

Et ne recevant pas de réponse, il redit encore :

— Qui êtes-vous ? Qui êtes-vous ?

Elle continuait à le regarder fixement, sa respiration oppressée se mêlait à des sifflements douloureux. Ses lèvres s'agitèrent enfin et d'une voix légère comme un souffle, elle murmura :

— Gare aux rechutes.

Le docteur se releva brusquement, étendant les bras, puis il porta les mains à son front.

— Gare aux rechutes !

Les mots qu'il avait dis, à Brazzaville, en prenant congé de mister Bright et de miss Jane.

Ce fut pour lui comme un trait de lumière.

Les officiers, auxquels l'aventure étaient connue, avaient pâli.

— Miss Jane, bredouilla l'excellent docteur, est-ce vous que je retrouve en cet état ?

La mourante eut un gémissement.

— Gare aux rechutes, répéta-t-elle, gare aux rechutes (1).

Alors seulement elle parut remarquer la présence du commandant et de Mangin.

Elle les considéra.

Elle les vit tristes et graves, les yeux humides devant celle qui avait été leur ennemie, et qui maintenant ne restait plus pour eux qu'une créature souffrante et torturée.

Pour lui marquer ce respect que nous savons tous donner, en France, à celui qui va mourir, les officiers se découvrirent et, le salacco à la main, se tinrent immobiles, muets devant la claie funèbre.

Une expression étrange se peignit sur les traits de la jeune fille.

On eût dit qu'un combat se livrait en son esprit.

Sa haine des Français luttait contre le sentiment plus doux,

---

1. Rapport S.-T. Talmans; lu et commenté dans une conférence de la Société Skye-Sea-Land.

que lui inspirait l'attitude de ceux dont elle avait comploté la perte.

Car c'était elle, c'était son père, étendu mort à son côté, qui avaient soulevé la tempête dans laquelle la mission aurait peut-être succombé, si son chef, veillant à tout, n'avait pas songé à interroger adroitement le noir, qui s'était présenté au camp pour traiter de la vente de ses moutons.

Depuis Brazzaville, le père et la fille avaient marché sur la rive gauche du Congo, au milieu des tribus où résidaient d'autres agents libres ou des champions de l'ordre.

Dans les demeures de ceux-ci, ils recevaient l'hospitalité. Leur route était jalonnée ainsi par de véritables relais.

N'étant point embarrassés de bagages, ils avaient progressé beaucoup plus vite que la mission.

Partout ils avaient tenté d'ameuter les populations.

Mais les succès remportés par nos colonnes, l'établissement de postes-fortins dans le Haut-Oubanghi, les expéditions heureuses de M. Liotard, enfin l'aspect imposant du convoi commandé par Marchand, inspiraient aux indigènes une crainte salutaire.

Les efforts des Anglais avaient été vains.

Alors ils s'étaient acharnés à leur œuvre de haine.

Ils avaient porté leurs pas dans les régions inconnues, où la mission Congo-Nil devait s'engager.

Et là, ils avaient trouvé enfin des auxiliaires, des noirs qui n'avaient point entendu parler des *Fringi*, les blancs qui, ainsi que l'expliquent les tribus soumises, portent avec eux un étendard ayant les couleurs *du ciel, du lait et du sang*, pour proclamer qu'ils sont grands, doux et capables de se venger des offenses.

Donc le massacre de la mission fut résolu.

Durant des semaines, les Anglais guettèrent la flottille.

Une impatience furieuse les amenait chaque jour sur les rives du M'Bomou.

Enfin les pirogues furent signalées.

On sait quel fut le résultat de l'attaque.

Les quelques guerriers, échappés au carnage, rejoignirent leur village. Ils accusèrent les Anglais de les avoir trompés en les soulevant contre les étrangers. Pouvaient-ils espérer vaincre une troupe aussi formidablement armée.

Ils étaient vaincus. La puissance militaire de la tribu se

trouvait anéantie, et maintenant ceux dont on avait imprudemment excité la colère allaient venir sans doute. Ils raseraient le village, dévasteraient les champs.

La famine, la pauvreté s'abattraient sur les survivants.

Les tribus voisines, encouragées par leur faiblesse et leur dénûment, se rueraient à leur tour sur eux.

Elles les vaincraient sans peine, les emmèneraient en servitude.

D'une peuplade puissante, il ne resterait plus que quelques esclaves dispersés à tous les coins de l'horizon.

Au moins ils se vengeraient.

Ils sacrifieraient à Terpi les êtres dont la bouche menteuse avait causé la défaite des adorateurs du dieu.

Les officiers avaient deviné l'enchaînement de circonstance qui mettait de nouveau en leur présence leurs anciens ennemis de Brazzaville.

Et toutes ces choses, ces mois de voyage en pays noir, tout cela se représentait à l'esprit de la mourante.

Que de haine elle avait montré contre ces Français qui, à cette heure, respectueux et dignes, accordaient la suprême aumône de la pitié à son agonie.

Un flot de larmes monta à ses yeux sanglants.

Elle fit un effort... un effort terrible et sa bouche crispée s'entr'ouvrit.

— Pardon, dit-elle.

— Pardon, s'écria le docteur bouleversé, pauvre petite... elle demande pardon quand elle est dans cet état...

Mais il se tut, le commandant avait fait un pas en avant et lentement :

— Vous étiez pardonnée, mon enfant, dès l'instant où la souffrance s'était abattue sur vous. Ne vous préoccupez plus du passé et dites-nous, dites-nous ce que nous pourrions faire pour vous.

Elle bégaya :

— Merci !

Puis avec une énergie, presque avec violence.

— Vous avez pardonné... agissez en amis...

— Nous sommes prêts.

— Alors tuez-moi... je souffre... je souffre.

Elle se tordit avec désespoir.

Des gouttes de sang coulèrent de la plaie béante qui occupait la place des paupières.

— Ce couteau, ce couteau... retirez-le... ma vie s'envolera avec lui.

Les trois hommes entouraient la claie.

Cette prière affola ces soldats, ce médecin.

L'un d'eux exauça-t-il le suprême vœu de cette martyre, que la science se déclarait impuissante à guérir.

Ou bien le mouvement de la moribonde fut-il seul cause de la chute de l'arme.

Toujours est-il que le contenu glissa hors de la blessure et tomba sur la claie auprès de miss Jane.

Celle-ci poussa un profond soupir, jeta dans un souffle :
— Merci !

Puis elle demeura immobile, une mousse rosée coulant lentement de ses lèvres disjointes.

Elle avait fini de souffrir.

. . . .

La colonne expéditionnaire campa au milieu des ruines du village.

Une escouade avait creusé en hâte une fosse profonde et les derniers honneurs avaient été rendus aux agents anglais (1).

Le lendemain, de grand matin, on reprenait le chemin du poste de Baguessé, où l'on rentrait, le soir même, au milieu des acclamations des porteurs et des Soudanais qui étaient restés à la garde du fortin.

IX

JOURNAL D'UN SOUS-OFFICIER

Quelques jours plus tard, on reçut des nouvelles expédiées par le capitaine Baratier parti en éclaireur, ainsi que nous

---

1. Le rapport Talmans contient ici quelques phrases élogieuses à l'adresse des Français. Ce sont les seules, il est juste de les signaler.

l'avons vu et qui ne devait rejoindre la mission qu'après avoir découvert et exploré le M'Bomou, son affluent la Méré, sept cents kilomètres de voies navigables nouvelles.

Le bief supérieur du M'Bomou était libre d'obstacles.

Mais le renseignement se trouvait incomplet.

Comme on le sait, Baratier n'avait emmené avec lui que des pirogues et embarcations de faible tirant d'eau.

Une reconnaissance complémentaire était nécessaire.

Le capitaine Germain en fut chargé.

Ici, nous nous bornerons à transcrire le journal d'un sous-officier qui l'accompagna.

Rien ne vaut l'éloquence de ces pages écrites par un des acteurs les plus modestes de ce drame épique.

Nous cédons la parole au sergent.

Son journal était destiné à son père, à l'obligeance duquel nous en devons la communication.

Mon cher papa,

Vingt-trois jours de repos à Baguessé, tu ne te figures pas le bien que cela nous a fait.

Depuis deux semaines au moins, pas de fièvre.

Je *rengraisse*.

Entre nous j'en avais besoin. Je finissais par ressembler à notre ami Martin, le maître d'école que tu appelles toujours « mon vieux squelette ». Mais à présent je suis presque gras.

C'est égal, j'en aurai du plaisir à me retrouver auprès de toi, de tous nos amis, de bavarder le soir, en humant la bonne bière du père Lesterlé.

C'est pas que je m'ennuie, on n'a pas le temps. C'est tout juste si, le soir, avant de s'endormir, on a cinq minutes pour penser à ceux de France, à toi, papa..., et puis à ma petite Louise.

Dis-lui que je l'aime bien. Je lui ramènerai son fiancé au complet. Il sera, il est vrai, un vieil Africain tout tanné, mais le cœur sera frais comme une rose et tout entier à vous deux.

Donc ce matin, le capitaine Germain, de l'artillerie de marine, m'arrêta au moment où je remontais de la rivière.

J'avais essayé de pêcher un crocodile, mais ça n'avait pas mordu. Eh voilà des lézards qui ont de l'astuce.

Enfin le capitaine, un lapin, vois-tu, comme tous nos officiers d'ailleurs, me dit :

— Jacques...

Car il m'appelle par mon petit nom, faut que je te marque ici pourquoi, d'abord, ça te prouvera que, même amaigri, ton fils a conservé bon pied, bon œil; et ensuite tu verras que je n'ai pas oublié tes recommandations de vieux combattant de 1870, et que je ne lâche pas mes officiers.

C'était dans le bas du M'Bomou. Il y a là une suite de rapides et de cascades, avec des rochers rouges, où l'eau se brise, fait des tourbillons de tous les diables.

Avec le capitaine Germain, nous reconnaissions la brousse.

Il n'était pas frais le capitaine. Une fichue fièvre, la bilieuse hématurique, comme il dit, le mettait dans l'impossibilité de fourrer une patte devant l'autre. Alors, il s'était collé en palanquin.

Tu sais, faut pas te figurer un palanquin à huit ressorts. Pour fabriquer l'ustensile on prend deux perches, on les relie entre elles par une claie de roseaux tressés. On appuie l'extrémité des perches sur les épaules de quatre noirs; le malade se couche sur la claie... et au trot.

Voilà comme se trimballait le capitaine.

Il avait une mine jaune, les joues creuses. Parole, on aurait plutôt cru un malade que l'on portait à l'hôpital, qu'un soldat devant combattre. Seulement, tu sais, faut pas se fier aux apparences.

On marchait dans des fourrés, en ouvrant sa route au sabre d'abatis. On allait sans voir à dix pas devant soi. Ce que c'est rigolo une ballade comme ça, il faut l'avoir faite pour s'en douter.

Tout à coup, pfuit, pfuit... Voilà un tas de flèches qui se mettent à siffler autour de nous.

Le capitaine saute à bas de son hamac, tire son revolver et nous fait ouvrir le feu.

On démolit les moricauds qui nous avaient attaqués, on les met en fuite.

Après ça on songe à revenir vers le gros de la mission.

Mais, va te promener! Les porteurs, qui sont bien les bêtes

les plus lâches qu'il soit possible de rencontrer, s'étaient éclipsés pendant la bataille. Sur les cinq hommes, moi compris, qui accompagnaient le capitaine, deux étaient blessés; pas bien fort heureusement, mais assez tout de même pour avoir assez à faire de se porter.

Et puis, v'lan... le capitaine se remet à grelotter, à claquer des dents. Sa bilieuse hématurique le reprenait.

Fallait le porter, il n'y avait pas à dire « ma belle amie ». Seulement, c'est lourd un homme, dans ces chemins qui n'en sont pas.

Le capitaine, qui est bon garçon tout plein, dit comme ça :

— Allez-vous-en, mes enfants, vous reviendrez me chercher avec du renfort.

Tu vois le coup! On l'aurait laissé là, dans la brousse, et on l'aurait retrouvé sans tête, car ces gueux de nègres, ils ont la manie de décapiter les blancs.

Ils s'y entendent, faut voir, à rendre des points au bourreau de Paris.

Pas besoin de guillotine, va. Un mauvais coupe-coupe, et, en deux temps, trois mouvements, ça y est. On est raccourci.

C'est épatant ce qu'on perd facilement la tête dans ce pays. Bien sûr que les chapeliers n'y font pas fortune!

Pour en revenir à mon histoire, je dis aux deux hommes valides.

— Prenez les pieds du palanquin, je prendrai la tête.

Le capitaine proteste :

— Merci, sergent... mais vous-même, vous êtes affaibli... vous ne pourrez jamais.

— Je vous dis que si, mon capitaine.

Et comme il voulait toujours qu'on le plaque là où il était, je lui glisse en riant :

— Je vous propose un pari.

— Un pari? qu'il dit.

— Oui, deux sous que je vous ramène.

Alors il a ri et il s'est laissé faire.

Quelle suée, papa ! Le pays ici est brûlé par le soleil, la terre est sèche comme de l'amadou, mais moi j'étais à tordre en arrivant.

Le capitaine est resté quatre jours sans pouvoir se lever. Alors ça a été mieux. Il m'a fait venir et il m'a serré la main.

— Sans toi, je dormirais dans la brousse, qu'il m'a fait.

Il avait l'air ému. Et moi ça me gagnait aussi. Alors pour pas pleurer, ce qui est tout à fait bête de la part d'un soldat, je lui dis:

— Vous savez que vous me devez deux sous, mon capitaine, je vous ai ramené, j'ai gagné le pari.

Il a ri comme une petite baleine, et puis il m'a dit un tas de choses aimables, que j'étais un brave cœur, et puis ceci, et puis cela.

Je vous ai prévenu, c'est la crème des hommes.

Pour finir, il s'écrie tout d'un coup:

— Comment t'appelles-tu?

— Jacques, que je réponds.

Je me reprends bien vite.

— C'est-à-dire que c'est mon petit nom. Sur les contrôles de la compagnie je suis porté...

Il me coupe la parole :

— Ça, je m'en moque. Jacques me va. Eh bien, Jacques, tu ne me quitteras plus. Nous aurons encore du mal avant d'arriver au Nil, mais nous arriverons tout de même. Cela me fera plaisir d'avoir auprès de moi un ami sûr, et toi aussi, peut être, seras-tu satisfait de te savoir un ami.

Tu me vois, hein, l'ami de mon capitaine.

J'ai bafouillé quelque chose pour le remercier, mais je ne savais plus ce que je disais. S'il a compris, il a plus de chance que moi.

Mais je *bavasse*, je *bavasse* comme une pie borgne.

C'est que je pense que Louise lira ça avec toi. Et sur mon papier, je vois ses grands yeux noirs, son petit nez retroussé à la coquette, et alors, alors... Je vous embrasse tous les deux...

Je continue.

Où en étais-je donc? Ah oui! le capitaine Germain m'arrête comme je rentrais au fortin des rapides, et il m'interpelle :

— Jacques!

— Capitaine !

— Nous partons tantôt.

— Chic, que je réponds, ça ne sera pas trop tôt que la mission se grouille un peu, on commence à prendre racine ici.

— C'est pas la mission qui part.

— Ce que c'est donc?

— Nous, avec vingt tirailleurs, un chaland et des porteurs.

— Ça va tout de même.

Il me tend la main, car c'est pas des mots en l'air, nous sommes amis.

— Apprête-toi, c'est pour dix heures.

Il en était neuf et demie.

— Bon, je lui dis, je n'aurai pas le temps de me faire friser au petit fer.

Tu vois, je lui parle comme je parlerais à un camarade.

Et il rit toujours. Moi, j'aime les gens qui sont de bonne humeur... Louise va prendre ça pour elle... Entre nous, elle le peut.

Flûte! voilà que je fais encore des « petits pains ». C'est un journal de soldat que je rédige pour toi, papa, et bien sûr tu vas me blaguer. Tu vas te dire :

— En voilà un drôle de militaire, il ne parle que d'amour.

Qu'est-ce que tu veux. Tout me fait penser à ce gredin de petit dieu... jusqu'aux nègres, qui ont des flèches comme Cupidon. Seulement ils tirent moins bien que lui. Il m'a touché, lui, tandis que les moricauds ne me touchent pas.

Enfin, dix heures sont sonnées.

Il fait déjà une chaleur que le diable prendrait un éventail. Les vingt tirailleurs qui partent avec nous sont rassemblés, le long du retranchement, dans la bande d'ombre.

A propos, c'est drôle ça. L'ombre n'est pas noire comme en France. Il fait si clair ici que l'ombre est bleue... absolument bleue... tiens, comme la robe que portait Louise, le jour où nous sommes allés à l'inauguration de je ne sais plus quoi, à Joinville.

Encore... quand je veux faire une comparaison, c'est toujours Louise qui me vient à l'esprit. En voilà une petite femme qui fera marcher son mari. Elle portera les culottes, tu sais, papa.

D'autant plus facilement, du reste, qu'en Afrique, je prends ce vêtement en horreur. C'est gênant, gênant; mais il en faut tout de même, sans cela ces coquins de moustiques... Ces horribles bestioles... Pourvu que ça pique, c'est content.

Bon... faut tout de même partir.

C'est le 8 août 1897.

Le reste de la mission nous suivra à dix jours d'intervalle.

Le commandant est là qui nous regarde nous embarquer. Il serre la main au capitaine Germain.

Encore un crâne officier, va, le commandant. Je suis plus grand que lui, bien que j'aie une taille de Parisien et que la tour Eiffel m'humilie; seulement, il vous a une paire d'yeux...! faudrait avoir une jolie santé pour faire de la rouspétance avec lui.

Et puis brave homme avec ça ; veillant sur ses troupiers comme un père. Si fatigué qu'il soit, car il se fatigue autant que nous, il fait sa ronde matin et soir, pour s'assurer que chacun prend bien sa ration de quinine.

La quinine, c'est le bonbon des Africains. Vrai, rien n'est meilleur. Sans elle, on ne marcherait pas huit jours.

On embarque.

Les pagaieurs se mettent à ramer et nos pirogues glissent, glissent comme des vraies flèches. Je crois bien qu'aux régates d'Asnières, les nègres dégoteraient les yoles du Cercle nautique de la Basse-Seine.

Il fait une chaleur, bon sang! Je passe mon temps à tremper un mouchoir dans l'eau et à me le coller sur la tête.

Et ces satanés rameurs ruissellent de sueur comme moi; mais ça ne les gêne pas, tu sais; ils ont un petit complet de voyage qui ne leur colle pas sur la peau : une ceinture de toile et un petit tablier idem qui leur descend jusqu'à mi-cuisses. Tu penses s'ils ont les mouvements libres.

Il y en a deux qui sont superbes. Des hommes de six pieds, les épaules larges, les hanches étroites. On dirait des statues en bronze... comme chez Barbedienne, tu sais, le marchand du boulevard Montmartre. Du reste tu les verras.

Ah ! je vois ton œil, papa, tu te figures que je vais t'amener des nègres. Non, non, te fais pas de peine pour ça. Je te les apporterai en photographie.

J'ai un camarade, un petit caporal qui a un appareil très léger, il prend un tas de vues, et il m'en fait une collection pour moi.

C'est rigolo pourquoi il m'a pris en affection.

Il est de la Savoie... alors, tu comprends, tous les camaros l'appelaient :

— Savoyard.

Il avait peur que je le blague. Les Parisiens ont une réputation de tous les diables et l'on dit : *Parisien gros-bec!* Mais le caporal a une bonne figure… et puis, raser les camarades, c'est bon en France, en garnison, pour tuer le temps.

CAPITAINE GERMAIN

En Afrique, en campagne, faut pas taquiner le voisin, il vaut mieux se sentir les coudes. Aussi j'ai attrapé les autres et je leur ai dit :

— Vous ne savez seulement pas le français et vous blaguez. Il n'y a que les provinciaux qui appellent Savoyard les gens de la Savoie. A Paris, on sait bien que ce sont des Savoisiens.

Alors, ça les a ennuyés ferme, et, pour avoir l'air d'hommes éduqués, ils ont cessé de dire Savoyard.

Le caporal, depuis ce coup-là, se jetterait au feu pour moi.

C'est drôle comme on peut faire plaisir à quelqu'un à peu de frais. A Paris, je n'aurais peut-être jamais songé à cela; mais en Afrique, on change, va.

LE COMMANDANT MARCHAND SE RENDANT A BORD DU *Fatah*

C'est tellement grand, tellement imposant, qu'on se sent là-dedans comme une petite mouche..., une toute petite mouche qui ne ferait rien du tout, s'il n'y avait pas le drapeau.

J'ai ri quelquefois jadis quand je lisais dans les journaux: Le drapeau représente la France même.

Eh bien ! j'étais une bourrique. Ils avaient raison, ceux qui disaient cela. Et maintenant que nous sommes entourés d'ennemis, je me ferais tuer comme une grive pour le drapeau ; car il me semble que s'ils l'enlevaient, il ne nous resterait plus rien.

La journée s'écoule tranquillement.

Depuis les passes de Baguessé, le M'Bomou est une grosse rivière, plus large que la Seine, avec beaucoup d'eau. Il y a des forêts, tout le long.

Autant la route était pénible dans le cours inférieur du fleuve, autant elle est aisée maintenant. On se promène, la canne à la main. Non, je veux dire : la rame à la main. Et s'il n'y avait pas des armées et des armées de moustiques et de maringouins, ça serait une vraie partie de plaisir.

C'est égal, quand on voit ces forêts-là, c'est autre chose que le bois de Boulogne. Il faut voir cela pour le croire.

Les pagaïeurs chantent pour se donner du biceps. Ça ne doit pas être difficile de faire des chansons pour les nègres. Depuis une heure ils répètent :

Malung' ké païmou
Ehé n'guï akar rofa

Je ne sais pas au juste ce que cela veut dire, mais j'ai remarqué que cela correspond à quatre coups d'avirons.

Rien de curieux aujourd'hui.

En passant tout près d'une rive marécageuse, j'ai cueilli une fleur de lotus... Quel joli bouquet on ferait si Louise était là.

Six heures du soir. On s'arrête dans une île boisée. On y passera la nuit.

9 août. — On a navigué toute la journée.

Rencontré des troupeaux d'hippopotames.

Les camarades voulaient leur envoyer quelques balles, mais le capitaine s'y est opposé. Il paraît que ces grosses bêtes sont très méchantes quand elles sont blessées, et nous n'avons pas le temps de nous mettre *en bisbille* avec elles.

Le capitaine m'a expliqué que le mot hippopotame signifie « cheval de fleuve ». Eh bien, je voudrais bien connaître le loustic qui l'a baptisé comme ça. Si ça ressemble à un cheval, je veux bien que le cric me croque.

Le soir on campe sur la rive droite. Il y a là de beaux rochers, on est très bien.

10-11 août. — Toujours la même chose. De la belle eau libre.

Le capitaine écrit de son côté une longue lettre.

Il a peut-être un truc pour l'envoyer. Je vais guetter, et si je vois passer le facteur, je vous expédie mon courrier.

A tout hasard, je fais un petit carré dans le coin à droite de cette page, et un autre à gauche. Je mets un baiser dans chacun.

Vous prendrez chacun le vôtre, toi papa, et Louise.

Encore des hippopotames.

A cinq heures, j'ai vu un lion à crinière noire. Il était en train de boire. Il nous a regardés passer sans se troubler.

C'est vraiment une belle bête. Et ça n'a pas l'air féroce. Voilà un animal que j'aimerais.

L'étape est terminée, pas de facteur. Je le dis au capitaine. Il rit de bon cœur.

Lui aussi fait un journal. Il compte l'envoyer en France, lorsque nous aurons atteint le Nil.

Vous n'aurez pas vos petits carrés demain. Ça ne fait rien, je les embrasse tout de même. Bonne nuit, père; bonne nuit, Louise.

Il y en a des étoiles à mon ciel de lit.

C'est plus chic qu'un dais d'archevêque.

12-13-14-15-16 août. — Rien de changé. De l'eau profonde, des forêts.

Au milieu du premier jour, la rivière se resserre un moment, le courant a plus de force, mais les pagaieurs en sont quittes pour « se patiner » un peu et l'on passe.

17 août. — Une pirogue a chaviré.

A-t-elle heurté un banc de sable, ou bien l'équipage a-t-il fait une fausse manœuvre, on n'a jamais pu savoir.

Personne ne s'est noyé.

Seulement on a perdu une charge qui est restée au fond de l'eau.

18 août. — On est resté campé toute la journée, pour attendre le chaland qui ne marche pas aussi vite que nous :

Des noirs du voisinage sont venus au camp. Ils ont apporté des fruits et des légumes. Une orgie, quoi.... Seulement, ils sont gais ces noirs-là.

Le capitaine a demandé à leur chef s'il ne pourrait nous vendre des volailles et des moutons, et le nègre lui a répondu :

— Les Bradeiros (c'est le nom de leur peuplade) ne sont pas des gens qui creusent péniblement la terre. Ce sont des guerriers.

— Cela n'empêche pas de vendre des moutons, a repris le capitaine.

— Nous n'en avons pas.

— Ça, c'est une raison.

— Nous mangeons les animaux que nous tuons à la chasse, ou bien nos prisonniers de guerre. Si tu veux, je t'enverrai deux jeunes hommes... Ils ont dix-huit ans... très bons à manger.

Ce sont des anthropophages, et ils parlent d'absorber leur semblable comme nous de déguster un bifteck.

C'est égal, s'ils mangent tous les gars de dix-huit ans, il ne doit pas y en avoir lourd à la conscription. En voilà un système de recrutement !

Je n'ai pas besoin de te dire que le capitaine a refusé...; mais ce qui était amusant, c'était la surprise du chef noir. Evidemment, il croyait faire là un joli cadeau, et il m'a paru qu'il s'en allait un peu vexé.

Vers quatre heures, le chaland est signalé. Il avance, il avance, et bientôt il a rejoint les pirogues.

Partout il a trouvé assez d'eau. Les vapeurs pourront passer.

19 août. — Aujourd'hui, on a eu un peu de mal. Le chaland s'est échoué sur un banc de vase.

On a travaillé trois heures à le renflouer. Enfin on y est arrivé tout de même.

Le capitaine Germain, pour que les bateaux de la mission n'éprouvent pas le même accident, a fait baliser la passe en eau profonde. Et puis on a continué.

Du 20 au 28 août. — Nous avons eu du tintouin et mon journal en a souffert.

Nos porteurs, bien qu'ils ne fassent à peu près rien en ce moment, avaient comploté de nous fausser compagnie. La nuit, ils se sont glissés hors du camp et ont filé vers l'Ouest.

On te leur a donné une chasse numéro un. Presque tous ont été ramenés.

Il paraît qu'un sorcier, à l'avant-dernière halte, leur avait prédit que tous trouveraient la mort près d'un village dont nous sommes tout proches. Ils l'ont cru... j'allais dire les imbéciles, mais je me rappelle qu'en France, il y a des gens qui croient aux somnambules... et je ne dis plus rien.

Alors il y a eu une scène cocasse. Le capitaine avait quelques paquets de cure-dents. Comment a-t-il pu les amener jusqu'ici? Ça, je n'en sais rien. Mais il a gravement offert un cure-dents à chacun des noirs en disant:

— Ceci est un grigris français, plus puissant que tous ceux de vos sorciers. Avec cela, vous n'aurez rien à craindre, et les ennemis que vous craignez n'oseront pas vous attaquer.

Et comme on a franchi le village sans aucun incident, nos porteurs ont la plus grande vénération pour les cure-dents. Ils les ont enfilé dans leur ficelle à grigris, et ils les portent sur leur poitrine. Depuis même, ils regardent les autres indigènes avec mépris, et ils disent entre eux, en les désignant:

— Lui, pas grigris français.

29 août. — Nous devons approcher du confluent du M'Bomou et de la Méré ou Bokou, où nous devons rencontrer un poste établi par le capitaine Baratier qui, lui, est occupé encore à reconnaître cette dernière rivière.

Je dis cela parce que le lit du M'Bomou se reserre peu à peu. Mais l'eau reste toujours profonde. Les renseignements du capitaine Baratier se confirment. Il avait écrit que le M'Bomou était navigable jusqu'à son point de jonction avec le Bokou. C'est vrai.

Au campement, le soir, nous recevons une visite curieuse.

C'est une femme, marchande de poules. Elle est albinos. C'est-à-dire que sa figure et son corps sont en partie noirs et blancs comme la robe d'un cheval pie. Avec cela, l'iris des yeux est rouge et les cheveux crépus sont jaunâtres. C'est extraordinaire.

— Jacques, que dit le capitaine Germain en riant, tu regardes cette femme avec une insistance... Est-ce que ton cœur parlerait?

Est-il drôle! Mon cœur à une femme pie!

C'est qu'il ne sait pas que ma gentille Louise m'attend. Je ne lui ai pas raconté cela.

Dame, on a ses petits secrets.

Lui-même, dans son carnet, a une photographie de femme

qu'il regarde quelquefois quand il croit qu'on ne l'observe pas.

C'est donc une mission d'amoureux que le Congo-Nil.

Après tout, c'est une bonne chose. Cela soutient de penser qu'à des milliers de lieues, il y a des êtres qui nous aiment et qui nous attendent.

Papa, Louise... il y a le vent du Sud qui souffle; il va vers vous, vers Paris, je vous envoie des baisers par ce messager. Quand les recevrez-vous?

30 août. — Un petit coup de fièvre. Presque rien. Deux doses de quinquina l'ont fait sauver.

C'est curieux, cette bilieuse, comme ça fait mal à l'estomac. On dirait qu'on a avalé un charbon rouge.

1ᵉʳ septembre. — Voilà la rivière Bokou, le poste laissé par Baratier. Les tirailleurs accourent sur le rivage. Ils nous font des signes d'amitié.

On débarque et l'on s'embrasse. Je crois bien que j'ai donné l'accolade à une demi-douzaine de Sénégalais.

Encore une idée que je n'aurais pas eue à Paris. Mais il semble qu'ici, on est tous des amis et des frères.

Sans compter que les tirailleurs sont épatants. Rien de plus brave, de plus endurant, de plus dévoué que ces Français à face noire. Et ils détestent les Anglais, faut voir. Ils ont même un dicton qu'il faut que je te marque.

— Igli, disent-ils (Igli, ça veut dire Anglais), Igli, grandes dents ; li mettre tout dans ventre à li, li manger la case et le champ, et pi couper noir en quatre.

Il paraît que cette haine est commune à tous les noirs de l'ouest-africain, le capitaine me l'a affirmé. Il a même ajouté que si la colonie anglaise de Sierra-Leone dépérissait, c'était parce que tous les habitants émigraient sur les territoires français, afin de n'avoir pas les Saxons pour maîtres. Si c'est pour ça qu'on les appelle des colonisateurs....

. . . .

7 septembre. — Un courrier de Baratier.

Veine! La rivière Bokou est navigable jusqu'à N'Boona. N'Boona, c'est un gros village, où l'on pourra se goberger. Faudra bien, car après, faudra porter les embarcations à dos d'hommes à travers la brousse et tracer un chemin de 160 kilomètres pour arriver à la rivière Soueh, qui est un des principaux bras du Bahr-el-Ghazal.

Une vraie tuile, comme tu vois. Enfin c'est un échange de bons procédés. Quand les bateaux ne peuvent plus vous porter, il faut bien les porter à son tour.

Les vapeurs de la mission arrivent.

. . . .

10 septembre. — Les derniers chalands viennent d'aborder.

Toute la mission est concentrée au confluent du M'Bomou et du Bokou.

Le commandant a eu un long entretien avec Baratier, Germain et Mangin.

11 septembre. — En route, on remonte le Bokou.

. . . .

15 septembre. — Nous voici à 10 kilomètres en amont de N'Boona. Impossible d'aller plus loin.

Le Soueh est, paraît-il, à 160 kilomètres de nous.

On va envoyer un détachement pour reconnaître le cours de cette importante rivière. Si elle est navigable, c'est chic. Mais voilà, il faut voir.

16 septembre. — Le commandant Marchand me fait appeler. Mon ami, le capitaine Germain, lui a parlé de moi.

Demain, avec sept hommes nous partirons en avant.

Le commandant vient avec nous. C'est notre petite troupe qui va reconnaître le Soueh. Me voilà tout à fait dans les honneurs. Si Louise n'est pas fière, et toi aussi, papa, vous êtes vraiment difficiles.

17 septembre. — Ça y est, en route.

. . . .

25 septembre. — Nous sommes sur les rives du Soueh.

Voilà quatre jours que je n'ai pu toucher à ce journal, cette chère correspondance que je ne puis vous envoyer, mais qui me relie à vous.

C'est un ami, ce journal. Je lui dis tout ce que je pense. Tout, non, car sans cela vos deux noms se retrouveraient à chaque ligne.

Je suis las, las... J'ai les jambes qui me rentrent dans le corps. Nous en avons fait un métier depuis le départ de N'Boona.

On s'était reposé à bord des pirogues; mais on s'est éreinté ces jours-ci.

Cent soixante kilomètres en huit jours, ça n'a l'air de rien, n'est-ce pas. Cela nous donne une moyenne de vingt kilomètres par jour.

Seulement ces kilomètres-là comptent double, et même triple.

C'est à travers la brousse qu'il faut se frayer un chemin.

A chaque instant, on rencontre des marigots qu'il faut tourner, des cours d'eau qu'il faut franchir. On cherche un gué, on passe avec de l'eau jusqu'aux genoux, jusqu'aux reins, quelquefois jusqu'aux épaules.

Paraît que nous entrons dans la région des marécages, la vraie région. Ceux du Bas-M'Bomou n'étaient que de la petite bière, comme qui dirait un apéritif, pour nous mettre en goût.

On est toujours trempé, un vrai bain de vapeur. C'est le Hammam à perpétuité.

Bah! on a de la quinine. Avant le départ, le commandant nous a fait prendre à chacun une petite provision de la bonne poudre. Pour qu'elle ne soit pas mouillée, j'ai mis la mienne au fond de mon salacco.

Et j'en deviens gourmand, je m'en offre de temps en temps. Aussi pas de fièvre, ou du moins si peu, que ce n'est pas la peine d'en parler.

Je me moque de la « bilieuse ». Il y en a un autre qui s'en moque encore plus que moi. C'est le commandant.

Non, vrai, cet homme-là a une volonté de fer, et si l'on avait l'idée de reculer, il n'y aurait qu'à le regarder pour changer d'avis.

Il a la fièvre lui, il l'a à haute dose; mais cela ne l'arrête pas. Il la domine. J'ai entendu raconter que certains malades battent la maladie par la volonté. Eh bien, c'est vrai. Marchand est malade, mais il ne veut pas se plier devant le mal... Et il ne plie pas.

C'est égal, quand je pense qu'il faudra traîner les vapeurs et les chalands par le chemin que nous venons de parcourir, j'en ai chaud.

Je sais bien que les autres recrutent des porteurs pendant notre absence, mais en trouveront-ils assez?

Enfin, ce n'est pas tout ça. Le commandant vint de faire abattre un arbre superbe, droit comme un I et gros... il a au moins un mètre cinquante de diamètre.

. . . .

Oh bien, elle est bonne, me voici constructeur de canots.

L'arbre qu'on a abattu, faut le transformer en pirogue. Et l'on enlève l'écorce, et l'on taille, et l'on creuse. Je viens de travailler deux heures.

Le commandant a eu une crâne idée.

A quelques mètres de la rive se trouvait un creux. Il a creusé lui-même une petite rigole jusqu'à la rivière.

L'eau est arrivée par là, a rempli le trou ; si bien qu'on peut se baigner sans crainte des crocodiles. Je vais piquer ma tête.

. . . .

Là, ça y est. Je suis retapé. Seulement je tombe de sommeil.

Une petite dose de quinine, un souvenir à toi, à Louise. Mes yeux se ferment malgré moi, ils se troublent.

J'aperçois confusément le commandant au bord de la rivière. Il grelotte la fièvre, mais il reste debout.

Cré matin, il est donc doublé en tôle cet homme-là !

. . . .

26 septembre. — La pirogue est à l'eau.
— Embarqué.

Nous y sommes tous. Le commandant va mieux ce matin. Il a dû servir à la bilieuse un potage à la quinine sérieux.

Il a l'air content. Tant mieux. Ça fait plaisir à tout le monde. Il est à l'avant du bateau. Avec un plomb, il sonde sans cesse le lit du fleuve.

Il y a assez d'eau, bravo !

. . . .

28 septembre. — Trois jours de navigation à cent vingt kilomètres par jour.

On s'est arrêté à Meschara-el-Reck.

En voilà un pays à grenouilles. De l'eau partout avec des îlots en masse, des roseaux comme je n'en ai jamais vus, des bambous qui ont sept, huit, dix mètres de hauteur.

Faut revenir maintenant. Ce sera moins drôle.

Les rivières, c'est comme les montagnes, faudrait, pour bien faire, les prendre toujours du côté de la descente, et nous allons remonter.

Plus moyen d'écrire, on a tout le temps la rame à la main.

Mais je pense à vous toujours. Pauvre petite Louise, si elle savait ce que son souvenir me donne de courage... Vous retrouver tous les deux, au bout de l'étape.

Hardi ! on va ramer.

. . . .

14 novembre 1897. — Ah ! mes enfants, quelle semaine nous venons de passer.

On est rentré à N'Boona. Et aussitôt toute la mission s'est mise en mouvement.

Fallait tracer dans la brousse une route de cent soixante kilomètres, pour permettre aux porteurs d'emmener la flottille démontée jusqu'à Kadialé.

Kadialé c'est l'endroit où le commandant avait reconnu que le Soueh devenait navigable.

Heureusement, pendant son absence, Baratier, à qui il avait remis le commandement, avait fait démonter les bateaux, et avait commencé le tracé de la route, en élargissant le sentier que nous avions frayé.

On ne se figure pas ce qu'on a abattu d'ouvrage avec deux cents tirailleurs et mille porteurs.

Décrire ça je ne saurais pas, faudrait être un savant pour tout dire.

Tantôt c'est la forêt épaisse qu'il s'agit d'éventrer.

Tantôt des petits ravins qu'il faut combler.

D'autres fois des rochers dans lesquels on doit creuser une trouée.

Alors on établit un fourneau de mine, et en avant la dynamite.

Pouf, un éclatement, comme un coup de tonnerre, une flamme. On regarde, il n'y a plus de rocher ; seulement ça serait imprudent de regarder de trop près, car le rocher éclaté retombe en monnaie.

Et puis, la route tracée, c'est épatant de voir la caravane s'y engager.

Les porteurs nus, sauf le petit tablier dont je t'ai parlé, avec une espèce de turban au sommet du crâne, sur lequel ils appuient les perches où sont attachées les forges, les pièces des embarcations, les charges.

Plus loin, les groupes qui portent les gros morceaux des vapeurs.

Six, huit noirs, par trois, par quatre de front, soutiennent le poids écrasant de fragments de coque de huit cents kilogrammes.

Ils s'avancent dans les hautes herbes, dans lesquelles ils disparaissent jusqu'à la ceinture.

A propos, on parle toujours des serpents... j'en ai même vu au Jardin d'Acclimatation que les étiquettes disaient venir d'Afrique.

Il y en a certainement, j'en ai aperçu quelquefois.

Mais c'est à remarquer, personne de la mission n'a été mordu par eux.

. . . .

Maintenant on se prépare à hiverner.

Car il nous arrive une chose désagréable.

C'est l'époque des basses eaux. Impossible d'aller plus loin.

Le commandant a fait installer des postes à Tamboura et à Ghalta. Lui a pris ses quartiers plus haut, au confluent du Soueh et du Toudy.

Il y a établi un fort, auquel il a donné un joli nom : Fort Desaix.

Entre ce point et le Nil s'étendent des marais infranchissables.

On ne pourra en essayer la traversée qu'au moment de la crue, dans plusieurs mois.

En attendant, on fera des reconnaissances aux alentours, on passera des traités avec les tribus.

Comme cela on ne perdra pas son temps, et l'on établira l'influence de la France dans le bassin du Bahr-el-Ghazal.

X

L'HIVERNAGE

Au fort Desaix, le commandant Marchand avait établi son quartier général.

C'était une excellente base d'opérations, d'où il pouvait

LE COMMANDANT MARCHAND ET LE CAPITAINE GERMAIN RENDANT VISITE AU SIRDAR KITCHENER

faire rayonner les reconnaissances au Nord, à l'Ouest et au Sud.

Quant à l'Est, il fallait renoncer à s'en occuper pour l'instant.

Toute la contrée ne formait qu'un immense marais, à travers lequel les cours d'eau, dont le débit avait considérablement diminué, se frayaient difficilement un passage, au milieu des roseaux, des bambous et des herbes.

Chaque semaine, une ou plusieurs expéditions partaient dans diverses directions; on les attendait chaque fois avec moins d'anxiété.

L'habitude de vaincre les obstacles avait donné à tous une confiance sans bornes dans leurs chefs et dans leurs propres forces.

Les explorations revenaient. Elles rapportaient des renseignements, des traités.

L'enseigne de vaisseau Dyé faisait le levé hydrographique du Soueh.

Il y avait entre les hommes, les gradés, les officiers une émulation soigneusement entretenue par le commandant!

Et puis, des négociations sans fin avec les tribus guerrières dinkas. Tantôt on palabre durant des semaines avec les nègres retors. On répète sans cesse les mêmes choses, les mêmes demandes. Et sans cesse les noirs éludent la question.

Il faut les fatiguer par une ténacité supérieure à la leur.

Il faut, sous ce climat torride, en face de la plus irritante force d'inertie, demeurer calme, impassible, avoir la patience de ceux qui sont certains de ne jamais faiblir.

Car, avant tout, il faut ne pas ameuter le pays tout entier contre la petite expédition.

Il est nécessaire de se créer des amitiés, des alliés.

Parfois, cependant, certaines tribus, trompées par le calme de Marchand, attribuent sa mansuétude à la peur.

Alors les chefs deviennent insolents. Le commandant rompt aussitôt les pourparlers. En deux ou trois jours, une colonne volante est formée. Et l'on punit ceux qui ont voulu abuser de la faiblesse supposée de la mission.

Peu à peu l'influence française s'étend.

Elle gagne de proche en proche.

Et bientôt on peut diviser les provinces du Bahr-el-Ghazal

en trois cercles ou départements, placés sous le commandement des officiers qui accompagnent Marchand.

Il semble que décidément le succès final est assuré, quand, tout à coup, une terrible inquiétude s'abat sur l'état-major de la mission.

Au début de janvier 1898, le commandant avait rassemblé tous ses officiers au fort Desaix.

La réunion avait pour but de débattre les mesures à prendre encore, pour organiser définitivement la conquête du Bahr-el Ghazal.

Dès ce moment, les explorateurs étaient certains que leur route du Congo au Soueh, jalonnée de postes, ne pouvait être coupée.

Les approvisionnements les suivraient avec une facilité relative, puisque le chemin était reconnu et les routes en forêts percées. Le ravitaillement s'opérerait donc normalement.

Tous les efforts devaient donc tendre à compléter l'organisation politique de la nouvelle colonie nilotique.

Or, un matin que tous déjeunaient, sous la présidence du chef de la mission, un sergent pénétra dans la salle du repas.

Il s'excusa de troubler les officiers.

Et, sur une question du commandant, il répondit :

— Il est venu des mercantis dans nos paillottes. Ils offraient des légumes, du gibier.

— J'ai autorisé cela.

— Je le sais, mon commandant. Toutefois, il y en a deux que j'ai fait arrêter et que l'on garde à vue.

— Pourquoi les arrêter ?... Qu'ont-ils fait ?

— Ils racontaient des histoires que les hommes n'ont point besoin d'entendre. Il est inutile de les décourager.

Tous les officiers s'étaient levés.

— Des choses capables de décourager mes tirailleurs, s'écria Mangin. Parbleu ! je serais curieux de les connaître.

Le sergent eut un sourire.

— Je m'en doute bien. C'est pourquoi je venais demander au commandant la permission de les lui amener.

— Qu'ont-ils dit, en résumé ? insista Marchand.

— Des mensonges probablement.

— Mais encore, expliquez-vous, sergent ?

— Eh bien, mon commandant, ils disent comme cela qu'il

y a, sur le Nil, une mission de blancs beaucoup plus forte que la nôtre.
— Sur le Nil?
— Oui, et, d'après ce que j'ai cru comprendre, ces blancs auraient le même objectif que nous.
— Fachoda?

Les assistants avaient pâli.

Quoi! au moment où ils étaient assurés de la victoire, d'autres viendraient occuper les rives du Haut-Nil, rendant inutiles tant de fatigues, tant de dévouement.

Cela n'était pas, ne pouvait pas être.

Et soudain le commandant se toucha le front.

— Je conçois, ce doit être la mission Liotard qui, partie de Rafaï et remontant vers Dem-Ziber, a passé par le premier itinéraire que j'avais choisi.

Tous respirèrent :

— Ce sont des Français! Ce sont des Français! chuchotait-on autour de la table.

Mais le sergent tourna négativement la tête.

— Non, non, ce n'est pas cela.
— Comment le savez-vous?
— Toujours par mes prisonniers.
— Quoi!... Ils connaissent la mission Liotard.
— Oui, mon commandant. Elle a, paraît-il, occupé Dem-Ziber, mais elle n'a pu s'avancer au delà.
— Pourquoi donc?
— Parce que les cours d'eau sont à sec. Là-bas, il y a moins d'humidité qu'ici, et, pour gagner le Bahr-el-Arab, qui leur permettrait de venir déboucher dans la rivière des Gazelles, il leur faudrait frayer, par terre, une route de quatre cents kilomètres. La mission n'est pas assez nombreuse pour se livrer à ce tour de force.

Marchand écoutait pensif.

Les nouvelles qu'apportait le sous-officier étaient évidemment vraies.

Tout concourait à le démontrer.

De l'exactitude des choses connues déroulait celle des inconnues.

Liotard ne disposait pas de forces suffisantes pour occuper militairement, et Dem-Ziber, et le pays dont cette bourgade était le centre.

Partant il était dans l'impossibilité absolue de recruter assez de travailleurs, pour mener à bonne fin une route aussi longue qu'il venait d'être dit.

Enfin M. Liotard avait considéré dès le début son expédition comme une simple mesure d'appui, sur le flanc gauche de la mission Congo-Nil, avec laquelle il n'avait aucune raison de jouter de vitesse, avant laquelle il ne songeait pas à atteindre le Nil.

Ces réflexions se succédèrent dans l'esprit du commandant, en bien moins de temps qu'il n'en faut pour les écrire.

Leur résultat fut que, se tournant vers le sous-officier, le commandant dit :

— Amenez vos prisonniers.

— Où cela, mon commandant ?

— Ici. Je les interrogerai en présence de ces messieurs. Nous avons tous été à la peine ensemble. S'il y a un nouvel effort à faire, nous le ferons ensemble.

Et comme tous les assistants baissaient la tête en signe d'assentiment, le sous-officier qui gagnait déjà la porte, s'arrêta pour dire :

— Vous savez, mon commandant, que s'il y a un coup de collier à donner, tous les gradés en seront avec plaisir.

— Mais, mon ami, j'en suis bien sûr, répliqua Marchand de cette voix douce et grave qui lui gagnait le cœur de ses subordonnés.

Et, après un court silence.

— Vous resterez ici pendant l'interrogatoire... voilà ma réponse à votre observation.

La figure du sergent s'illumina de contentement. Il fit le salut militaire et sortit.

Après son départ, personne ne parla. L'inquiétude de tous était trop grande, trop intense. Ce qu'avait pensé tout bas le commandant, les officiers l'avaient pensé comme lui.

L'attente du reste ne fut pas longue.

Le sous-officier reparut, poussant devant lui deux grandes filles dinkas qui promenaient autour d'elles des regards effarés.

— Landeroin, ordonna Marchand s'adressant à l'interprète, dites à ces femmes qu'on ne leur fera aucun mal. Ajoutez seulement que je désire apprendre d'elles comment elles ont su la présence d'une autre mission sur le Nil.

Un dialogue vif s'engagea aussitôt entre l'interprète et les captives.

En voici la traduction :

— Femmes dinkas, il ne faut pas que votre cœur frissonne d'effroi. Le chef blanc me charge de vous dire qu'il ne vous sera fait aucun mal.

Cette assurance parut rendre quelque courage aux deux négresses.

— Alors, dit la plus âgée, qu'il nous renvoie dans notre village, où nous puiserons dans nos réserves de fruits et de légumes pour en rapporter à ses guerriers.

— C'est ce qu'il fera tout à l'heure.

— Ta langue n'est pas menteuse en promettant cela?

Landeroin étendit la main dans un geste magnifique.

— Sur ma tête, sur le toit de ma case, je vous dis la vérité.

Les yeux des prisonnières brillèrent de joie.

— Alors que veut le chef blanc.

— Un simple renseignement.

— Sur quoi?

— Sur une troupe de blancs dont vous parliez tout à l'heure dans le camp.

Elles rirent insoucieusement.

— Parle. Nous dirons ce que nous savons.

Il n'y avait pas à se méprendre à leur mimique.

Ces femmes étaient sincères. Elles avaient parlé sans intention nocive.

Elles diraient tout ce qu'elles avaient appris, selon leur promesse.

Landeroin commença aussitôt l'interrogatoire.

— Il y a des blancs sur le Nil.

— Oui. Un griot, qui venait de l'Ouest, a apporté la nouvelle.

— Bien. Où sont ces blancs.

Les négresses haussèrent les épaules, dodelinèrent de la tête, étendirent les bras et finirent par avouer :

— Nous ne savons pas.

L'interprète eut un geste d'impatience.

Reprises de peur, les femmes se précipitèrent vers lui, parlant ensemble avec volubilité.

— Nous ne savons pas.

— Je te le jure, toi qui as la langue blanche et noire (1), le griot ne l'a pas dit.

— Il a conté que des blancs s'avançaient vers une bourgade.

— Bien loin d'ici, sur le Nil.

— Une bourgade qui s'appelle Fachoda.

— Et dont nous ne connaissions pas le nom.

— Taisez-vous, clama Landeroin exaspéré.

Et comme elles se tenaient devant lui, muettes et tremblantes.

— N'ayez donc pas peur, sacrebleu. Je vous répète que l'on ne vous veut pas de mal. Voyons... Rappelez vos souvenirs... Les blancs en question remontent-ils le fleuve ou le descendent-ils?

— On ne l'a pas dit.

— Au diable!

Puis soudain, par réflexion, l'interprète se calma.

— Votre village est éloigné?

Elles firent non du geste.

— Combien de marche?

— Un petit moment, tout petit... une foulée de lion.

Landeroin sourit.

Une foulée de lion, dans le langage nègre, représente, en effet, à peu près un kilomètre.

C'est la distance maximum que fournit le lion lorsqu'il poursuit une proie qu'il a manquée à son premier bond.

Le lion en effet court mal. Il chasse à l'affût, bondit si un animal passe à sa portée. Son coup manqué, il fait un semblant de poursuite, puis revient à son point de départ attendre une autre occasion.

Les naturels, très observateurs des us et coutumes des hôtes de leurs forêts, ont remarqué ce détail et ils ont pris l'habitude de compter par « foulées de lion ».

Donc l'interprète traduisit la conversation que nous venons de rapporter et avisa le commandant de son intention d'accompagner les négresses à leur village, afin d'interroger le griot.

Marchand approuva son idée.

---

1. Expression qui signifie : Toi, qui parles la langue des blancs et celle des nègres.

Les négresses se déclarèrent prêtes à guider le blanc.

Elles reçurent avec des transports de joie quelques colifichets à bon marché, dont la mission avait une ample provision, et elles se retirèrent enchantées, suivies par Landeroin.

Tous trois sortirent du camp.

Les femmes noires n'avaient point trompé leur interlocuteur.

A onze cents mètres à peu près, celui-ci arriva dans un village composé d'une vingtaine de cabanes coquettement construites au milieu de grands arbres.

Il y fut reçu avec tous les honneurs usités en pays nègre.

Mais personne ne put lui dire ce qu'était devenu le griot.

Le sorcier-troubadour avait passé, la veille, tout le jour dans la localité.

Il avait charmé les habitants par ses chansons, vendu des grigris et des amulettes.

Le soir, il s'était enfermé dans une case mise à sa disposition par le chef. Au matin, on ne l'avait pas retrouvé.

Personne ne s'en était inquiété dans la population.

Les griots sont des êtres privilégiés auxquels on permet toutes les fantaisies.

Dépité, Landeroin interrogea le chef, les naturels qui avaient approché l'introuvable personnage.

Tous confirmèrent les dires des négresses qui l'avaient amené du camp. Mais aucun ne put lui en apprendre davantage.

De guerre lasse, l'interprète reprit le chemin du fort Desaix.

On l'y attendait avec impatience, et ce fut une désillusion pour tous, lorsqu'il leur avoua le résultat négatif de sa promenade. Les officiers entourèrent Marchand.

— Mon commandant, nous ne pouvons rester dans cette indécision. Il faut trouver quelque chose ?

— Mais quoi ?

— Envoyer une reconnaissance, s'écria le capitaine Baratier.

— Où cela, mon cher ami, puisque nous ne connaissons pas le point où se trouvent ceux dont la présence nous est signalée ?

Mais Baratier avait son idée.

— C'est vrai, nous ignorons cela, mais nous avons par contre une certitude.

— Leur point de direction, n'est-ce pas ?

— Oui. Ils se rendent à Fachoda.

— Eh bien.

— Eh bien... je vous demande la permission de pousser une reconnaissance de ce côté.

Il se fit un grand silence.

C'était là une proposition héroïque. Chacun s'en rendait compte.

Entre le fort Desaix et Fachoda s'étendait le marécage immense, inconnu, le dédale de vase, d'herbes, de roseaux.

Y entrer, chacun s'en sentait le courage évidemment.

Mais pas un ne croyait qu'il fût possible de mener à bonne fin la traversée de ce pays inondé.

Et le commandant Marchand traduisait la pensée de tous en disant :

— Comme chef de la mission Congo-Nil, mon cher ami, je suis fier que la proposition ait été faite, mais je ne saurais en autoriser l'exécution. Si je supposais avoir une chance de traverser ce maudit marais, je vous donne ma parole que, depuis deux mois, nous serions entrés à Fachoda.

Mais Baratier est un homme tenace.

Quand il a une idée en tête, il est difficile de l'en extirper.

Et puis, c'est un homme d'action.

L'action la plus téméraire lui semble préférable à l'angoisse de l'attente.

Et puis, et puis, lui qui avait été constamment à l'avant-garde, sentait peut-être une douleur plus cuisante, à la pensée que des étrangers, des adversaires, rendraient inutiles deux années de lutte, deux années d'incroyables efforts.

Il insista donc.

Il fit valoir sa connaissance du pays. Après tout, les marais, il connaissait cela.

N'en avait-on pas rencontré assez dans le Bas-M'Bomou.

Le Bahr-el-Ghazal était un marais plus grand, voilà tout.

Puis il fit ressortir que les hautes eaux ne se produiraient pas avant trois ou quatre mois.

Si une mission était sur le Nil, dont la navigation est sinon facile, du moins possible en toute saison, elle aurait occupé **Fachoda** bien avant que l'expédition française fût en mesure de se mettre en route.

Il parla tant et tant que le commandant finit par lui dire :

— C'est à la mort que vous me demandez de vous envoyer, Baratier, mais vous avez raison, il faut que l'un de nous se dévoue. Si je n'étais le chef de la mission Congo-Nil, je ne remettrais à personne l'honneur de tenter l'aventure. Vous partirez donc, mais, auparavant, j'exige que vous attendiez le retour des reconnaissances que je vais expédier dans toutes les directions. S'il était avéré que les renseignements vagues fournis par le griot sont erronés, il serait inutile de vous sacrifier.

Et lui tendant la main :

— En me confiant la conduite de la mission, on m'a fait le comptable de l'existence de tous mes collaborateurs. Et si un jour, parvenu au bout de la route, alors que l'on fera le dernier appel des survivants, je dois répondre à l'appel de votre nom : « Mort. » je veux pouvoir ajouter : « Je lui ai permis de faire le sacrifice de sa vie dans une circonstance d'absolue nécessité. »

Et dans ces paroles du chef, il y avait une émotion si vraie, une tendresse si profonde pour tous ceux qui l'entouraient, que plusieurs tournèrent la tête, pour cacher la larme d'attendrissement soudainement montée à leurs paupières.

Quant à Baratier, il murmura d'une voix assourdie :

— Merci, commandant, j'attendrai.

Dès le lendemain des petits pelotons d'éclaireurs quittaient le camp.

Ils avaient pour consigne de s'arrêter dans les villages, d'interroger les principaux habitants, de mettre en œuvre tous les moyens pour se procurer quelques renseignements sur la mission mystérieuse, signalée le long du Nil.

Le pays était à peu près pacifié.

Les éclaireurs marchèrent donc vite.

Au bout de quinze jours, tous étaient rentrés.

Mais ils ne rapportaient aucun renseignement nouveau.

En plusieurs endroits, le passage du griot leur avait été signalé ; il avait même fait, dans trois localités différentes, un récit analogue à celui qui était parvenu aux oreilles du commandant.

Mais, nulle part, les indigènes n'avaient pu formuler une

affirmation exacte quant à la position occupée par les étrangers.

Bref, on n'était pas plus avancé qu'au premier jour.

Et tous se demandaient s'ils se trouvaient en présence d'une chose vraie, ou d'une de ces imaginations dont sont coutumiers les troubadours nomades de l'Afrique.

Le commandant avait fait de son mieux.

Il ne pouvait refuser plus longtemps au capitaine Baratier la permission de forcer le passage vers le Nil.

Ce dernier s'occupa aussitôt d'organiser son départ.

Trois pirogues et un boat ou bateau plat furent armés.

Les pagaieurs choisis parmi les plus robustes furent attachés à l'expédition.

Puis, bien munis d'armes, de munitions, les explorateurs s'embarquèrent après des adieux, bien plus émus de la part de ceux qui restaient que de la leur.

Les pirogues et le boat filèrent sur le bief du Soueh, resté libre en face le fort Desaix, puis elles s'engagèrent dans un canal étroit, bordé d'arbres et de bambous où elle disparut.

Une angoisse atroce serra le cœur de ceux qui avaient vu partir leurs camarades.

Reverrait-on jamais ces hommes de cœur qui s'enfonçaient dans l'inconnu ?

FIN DE LA MISSION MARCHAND

(CONGO-NIL)

Le volume suivant aura pour titre :

LA MISSION MARCHAND

(FACHODA)

TABLE DES MATIÈRES

	Pages
Avant-Propos.	5
I. — A Léopoldville.	7
II. — Comme quoi il n'est pas toujours commode de monter une chaloupe.	17
III. — Les rapides de l'Oubanghi.	32
IV. — Les œufs de Pâques du commandant Marchand.	47
V. — De l'Oubanghi aux passes de Baguessé.	62
VI. — La reconnaissance du Haut-M'Bomou.	71
VII. — Le fortin de Baguessé.	81
VIII. — Offensive.	100
IX. — Journal d'un sous-officier.	113
X. — L'hivernage.	131

60 Centimes le Volume illustré

Les Grands Explorateurs

PAUL D'IVOI

La Mission Marchand

(FACHODA)

PARIS
FAYARD FRÈRES, ÉDITEURS
78, BOULEVARD SAINT-MICHEL, 78

Les Grands Explorateurs

PAUL D'IVOI

La Mission Marchand

(FACHODA)

PARIS
FAYARD FRÈRES, ÉDITEURS
78, BOULEVARD SAINT-MICHEL, 78

La Mission Marchand

(FACHODA)

RÉCAPITULATION (1)

Après deux ans de luttes, la mission Marchand était parvenue à Fort-Desaix, sur le Soueh, principal affluent du Bahr-el-Ghazal.

Pour arriver là, il lui avait fallu traverser :

Le Congo Français, de Loango à Brazzaville, en combattant les tribus noires révoltées ;

Les régions *connues*, arrosées par le fleuve Congo et la rivière Oubangi ;

Les régions *inconnues*, riveraines de la rivière M'Bomou et du Soueh, en franchissant, à travers la brousse, la ligne séparative des bassins du Congo et du Nil.

Enfin elle avait exploré le Soueh et les provinces limitrophes, fondant partout des postes, des fortins qui assuraient non seulement *le jalonnement de la route parcourue*, mais encore *l'influence effective de la France*.

Cet effort colossal devait, hélas! aboutir à l'abandon d'une immense contrée, réellement conquise sur la barbarie.

Certes, on doit surtout attribuer cet échec à l'Angleterre qui, depuis longtemps, l'avait prévu et préparé.

Aussi, sans accuser personne, les circonstances étant plus fortes que les hommes, allons-nous raconter les derniers jours de la mission Congo-Nil.

1. Voir le premier volume : *La Mission Marchand Congo-Nil.*

Ces pages douloureuses contiennent leur enseignement.

C'est par les grandes épreuves, que la fatalité leur impose, que les nations arrivent à développer toutes les ressources d'énergie et de dévouement accumulées en elles.

Waterloo n'a pas tué la France.

Fachoda n'abattra pas notre expansion coloniale.

Ceci dit, poursuivons le récit que nous avons entrepris.

CHAPITRE PREMIER

L'EXPLORATION DU BAHR-EL-GHAZAL

Établie à Fort-Desaix, sur le Soueh, la mission avait été péniblement affectée par une nouvelle, mise en circulation parmi les peuplades noires.

Des Européens, disait-on, avaient paru sur le Nil, se dirigeant vers Fachoda, objectif de la colonne Marchand.

Impossible de se renseigner complètement.

Le capitaine Baratier offrit alors de s'enfoncer dans les marais, et quoiqu'il semblât se condamner à la mort, en s'engageant, pendant la saison des basses eaux, dans les solitudes marécageuses du Bahr-el-Ghazal, sa courageuse proposition fut acceptée.

De tous les incidents qui ont marqué les étapes glorieuses de la mission Marchand, aucun peut-être n'a atteint l'intensité dramatique de la reconnaissance du Bahr-el-Ghazal, de Fort-Desaix au Nil par le capitaine Baratier.

Lui-même l'a racontée en soldat que rien n'émeut, que rien n'abat.

C'est un sentiment de respect, nous dirions presque d'affection profonde, qui nous pousse à laisser la parole au héros de cette exploration.

Nul ne pourrait dire mieux.

Nul ne pourrait dire davantage.

C'est une âme de soldat qui palpite dans ces lignes rapides, un soldat dont Marchand lui-même disait à cette époque : « Je suis sans nouvelles de Baratier ; mais je suis tranquille, les hommes comme nous ne finissent pas en Afrique.

Et maintenant, capitaine Baratier, parlez:

Fort-Desaix, 29 mars 1898.

...Marchand ne pouvait lancer plus de deux cents hommes

sans être sûr de ce pays, en somme à peu près inconnu, aussi bien au point de vue de la route elle-même, fort incertaine, qu'au point de vue de l'approvisionnement.

D'après les indications des indigènes, d'après les livres des voyageurs ou des gouverneurs de provinces, du temps de l'occupation des Turcs, je n'avais qu'à descendre le Soueh pour arriver au Bahr-el-Ghazal, et de là redescendre au Sud pour arriver à la Mechra.

C'était un voyage d'une quinzaine, aller et retour, et le pays était riche en vivres.

Oh! illusion!

Donc, le 12 janvier, je pars avec un seul boat; Landeroin, vingt tirailleurs et huit pagayeurs sont avec moi.

Dès les premiers jours, je constate que c'est à peine si je trouve de quoi nourrir mes trente hommes, en payant très cher.

De plus, ces populations, qui devaient m'accueillir avec joie, étaient plus que méfiantes; en certains endroits même on m'invitait à faire demi-tour.

Enfin, après quelques palabres, j'arrivais toujours à passer, mais cela menaçait de devoir être beaucoup plus long que je ne le pensais.

Le 25 janvier, nous n'avions plus de vivres, les Djinquis, ou Dinkas, refusant de m'en vendre.

Le 26, à neuf heures du matin, au détour d'un coude, nous voyons cinq éléphants sur la berge.

Nous sautons à terre et en tuons deux.

Du coup, une nuée de Djinquis arrive. Ils sont très avides de viande, aussi je leur promets les éléphants s'ils apportent de la farine.

Leur méfiance disparaît devant l'appât, et j'ai cinq jours de farine pour tout mon monde; la Mechra ne peut être loin, je suis paré.

Le 29 janvier, le Soueh se rétrécit, les berges s'abaissent; par endroits d'immenses marais crèvent la rive.

Le 30 janvier, les berges disparaissent complètement et nous entrons dans un chenal assez profond, circulant au milieu de roseaux.

Ce sont les roseaux que les Nubiens appelaient l'oumn-souf (mère de la laine), à cause de la gaine qui enveloppe la tige, gaine de poils soyeux qui s'accrochent à la peau et causent des démangeaisons cuisantes.

A onze heures du matin, nous trouvons un premier barrage formé de débris de roseaux réunis par une plante verte ayant la forme d'un petit chou.

Nous ouvrons le barrage, puis un deuxième, un troisième, etc...

A midi, nous sommes en face de deux bras.

Une pirogue djinquie nous fait signe de loin de prendre celui de droite.

C'était un chenal très étroit; le boat se fraye un chemin dans les herbes sur lesquelles se halent les hommes.

A trois heures, le chenal disparaît complètement; il est impossible que les bateaux des Turcs aient jamais passé par là.

Les Djinquis nous ont fait prendre la mauvaise route; je commande : en arrière, et à sept heures du soir, nous revenons au confluent des deux bras.

Il fait nuit, impossible de trouver un coin de terre, c'est le marais de tous côtés.

Cependant, sur notre droite, les herbes sont tellement épaisses que l'on peut presque se tenir dessus comme sur un plancher. Nous restons là, sur nos cantines, pour ne pas être complètement dans l'eau, on y est encore moins mal que dans le boat.

Il fait très froid. Pas un morceau de bois; ni feu, ni cuisine, mais en revanche des moustiques...

Le 31 janvier, nous repartons par le bras laissé hier.

A huit heures du matin, le bras entre, lui aussi, dans les herbes ; on recommence à se haler sur l'oumn-souf qui s'accroche aux mains.

A dix heures, plusieurs pirogues djinquis apparaissent derrière nous. Impossible de les faire approcher. Je me mets à l'eau avec Landeroin et j'arrive près des indigènes.

Pas un ne parle arabe, nous causons donc par gestes.

Une pirogue consent à nous servir de guide ; avec une peur bleue, elle passe à côté du boat et prend les devants.

Les pirogues djinquies sont d'énormes patins, très légers, posant à peine sur l'eau et très relevés aux deux bouts; elles glissent ainsi facilement sur les herbes immenses.

A midi, nous débouchons dans une succession de mares couvertes de nénuphars.

Il n'y a presque plus d'eau, les hommes tirent le boat sur la vase dans laquelle ils s'enfoncent jusqu'aux aisselles.

C'est le marais à perte de vue; de la vase se dégage une odeur effroyable.

A trois heures, il n'y a plus d'eau du tout; je fais signe aux Djinquis que je m'arrête.

Ils me font signe de leur côté qu'ils reviendront demain, que je puis coucher là.

Coucher où?

Un banc de vase à peu près asséché est à cent cinquante mètres à gauche; à grand'peine nous parvenons à décharger le boat sur ce banc et nous couchons sur cette vase.

Il nous reste cent grammes de riz à chacun par jour et pour cinq jours.

Le 1ᵉʳ février, les guides reviennent à neuf heures.

Impossible d'obtenir qu'ils nous apportent des vivres.

Nous nous traînons sur la vase.

Enfin, à midi, nous débouchons dans un lac. De l'eau! De l'eau et de l'oumn-souf, mais de terre, point.

A trois heures, les guides nous lâchent.

J'essaye de continuer seul, mais comment trouver le chenal? où crever les barrages qui se montrent de tous côtés?

A cinq heures, je m'arrête; nous trouvons un morceau de vase à peu près sèche, et nous couchons là.

Il fait diablement faim!

Le 2 février, les guides reparaissent encore; le soir, nous ne trouvons, pour passer la nuit, que le plancher d'herbes et nous restons assis sur nos cantines.

Pas de feu et pas de cuisine!

Le 3, même navigation, nous trouvons un petit îlot; au moins nous serons au sec, mais la faim ne diminue pas!

Le 4, à midi, nous débouchons dans une vraie mer, mais, hélas! à cinq heures, nous rentrons dans les herbes.

Campement sur les herbes.

Le 5, les herbes sont plus hautes et plus épaisses que jamais; elles n'ont pas de racines, on ne peut plus se haler dessus et il y a trop de fond pour les perches.

Qu'allons-nous devenir?

Impossible de faire approcher les guides.

Exaspéré, je me mets à l'eau, je veux aller à eux leur faire comprendre que nous crevons de faim, mais il y a trop d'herbes, on ne peut nager, et trop de fond, on n'a pas pied.

Ma tentative n'a eu pour résultat que d'éloigner les guides.

A six heures du soir nous avons fait mille trois cent cinquante mètres.

Même nuit qu'hier, il n'y a plus un gramme de vivres à bord.

Le 6, nous repartons.

Qu'allons-nous devenir? Pas un oiseau ne se montre.

A cinq heures du soir, nous entrons dans une succession de mares couvertes de nénuphars. Nous en arrachons des racines et les dévorons.

De loin les Djinquis nous font signe que c'est parfait.

– Je les tuerais, ces gens-là !

Tu me diras : mais ces Djinquis, où sont leurs villages ?

Il n'y en a pas.

Dès qu'un coin de terre émerge de l'eau, ils construisent une hutte cachée au milieu des herbes, pendant la saison sèche, et rentrent à l'intérieur des terres lorsque les crues commencent.

Donc, le 6, au soir, nous sommes au milieu des mares; il n'y a même plus le plancher d'herbes des autres jours, nous couchons dans le boat, accroupis sur nos caisses.

Le 7 au matin, nous parvenons à approcher des Djinquis. Je leur montre que nous mourons de faim; ils se décident à nous déposer sur l'eau un peu de poisson sec; il y en a bien six rations.

A trois heures les hommes sont fourbus, il faut s'arrêter.

J'ai remarqué, en passant, un banc de sable sur la gauche du chenal, à trois kilomètres en arrière ; nous y revenons et faisons provision de nénuphars.

Le 7, dans la nuit, un homme est pris d'un accès de fièvre très violent, avec coma.

C'est la faim et la fatigue.

Je lui fais une injection de quinine; j'ai juste deux grammes de bromhydrate et Landeroin, cinq de sulfate.

Fasse le ciel que nous n'ayons pas besoin de plus !

Le 8, je suis obligé de laisser les hommes se reposer sur ce banc sec.

Le 9, nous retrouvons des guides et entrons dans un chenal de deux cents mètres de large.

La Mechra?

Les Djinquis n'ont pas l'air de connaître ce nom. « Masoin »? ils montrent le Nord et décrivent un arc de cercle vers le Sud.

Qu'est-ce que cela veut dire?

EN CERTAINS ENDROITS MÊME, ON M'INVITAIT A FAIRE DEMI-TOUR.

Si je pouvais seulement prévenir Marchand, lui faire savoir où je suis et le terrible obstacle que la mission va rencontrer.

Où suis-je?

Mon levé me dit que je suis au Ghazal, mais je n'ai pas d'instruments pour faire le point.

A onze heures du matin, nous trouvons un bras qui descend au Sud.

Est-ce la Mechra?

Je crie : « Masouin » aux Djinquis; ils me montrent le Nord de nouveau.

A une heure, nous sommes dans une vraie mer.

Il est impossible que je ne sois pas dans le Ghazal.

UNE PIROGUE CONSENT A NOUS SERVIR DE GUIDE

Cependant, nous descendons un courant rapide ; or, tous ceux qui ont écrit sur ce fleuve affirment qu'en amont de l'Arab il n'y a pas de courant pouvant être mesuré.

Mon levé est-il donc faux?

Enfin je continue.

Le 10, mes guides s'en vont en me montrant le Nord. A midi, nous passons au pied d'une île.

Les hommes n'en peuvent plus de fatigue et de faim, et les nénuphars ont l'air de diminuer, il faut s'arrêter et faire provision.

Dans l'après-midi je vois des canards ; je coupe des balles en morceaux et fais des cartouches. Du premier coup je tue trois canards, mais les autres filent au diable.

Heureusement que mon sergent Mariba a tué de son côté un grand marabout égaré par là, et les hommes ont trouvé deux ignames.

C'est un festin !

Le 11, nous repartons. A cinq heures, Mariba me montre un hippopotame ; je tire et le tue, mais il faut attendre qu'il remonte.

J'entre dans un bras latéral, sans courant, pour attendre. Mariba me montre encore un hippopotame.

Je lui dis : « Tire », il lui met une balle dans la tête, l'animal se débat furieusement.

Je l'achève, et comme il n'y a que trois mètres de fond, nous arrivons à l'attacher à la chaîne, mais il n'y a de terre nulle part, nous ne pouvons le tirer de l'eau.

Le 12, nous poursuivons notre route, remorquant notre hippopotame. Vers dix heures, un coin de marais desséché. On se met à dépecer l'animal, mais il n'y a pas de bois : eh ! mon Dieu, nous le mangeons tout cru !

Le 13, à midi, un îlot couvert de jujubiers.

Cela fait un peu de bois pour fumer nos morceaux d'hippopotame.

Le 14, toujours un chenal superbe, mais le vent souffle fort et soulève de vraies vagues qui nous retardent beaucoup.

A cinq heures, nous voyons enfin des arbres au loin.

Alors il y a de la terre !

A cinq heures trente, nous arrivons à un confluent ; la terre doit être là à cent cinquante mètres.

Je commande de traverser pour y arriver.

Au milieu du chenal, une forte secousse nous fait perdre l'équilibre.

C'est un hippopotame qui a crevé notre boat.

Le sergent Mariba me crie.

— *Dji bé na* (l'eau vient). Force ! Force !

L'eau monte avec une rapidité effrayante. Nous sommes à cent mètres de la berge, berge flottante, qu'y trouverons-nous ? six mètres ou un mètre d'eau ?

Les hommes pagayent avec rage ; le boat n'émerge plus que de cinq centimètres.

Nous touchons les herbes, tout le monde saute à l'eau, on n'en a que jusqu'à la ceinture, nous sommes sauvés !

Les charges sont enlevées et portées jusqu'à la terre ferme ;

les herbes sont épaisses, il faut une heure pour arriver à la terre.

Pendant ce temps, j'aveugle la voie d'eau avec une couverture, vide le boat et nous l'amenons à terre.

La nuit est venue, à demain la réparation.

Le 15, réparation. Le trou a quinze centimètres de long sur dix de large, le métal est arraché et tordu dans tous les sens.

Nous possédons un marteau pour tout instrument.

Enfin, j'arrive à réparer l'avarie avec deux plaques de bois, une en dessous, une en dessus, serrées à force avec de la peau de notre hippopotame et je calfate le tout.

Le confluent où nous sommes est boisé, mais il n'y a qu'une langue de terre, tous les arbres sont dans l'eau. — Un bras monte vers le Nord, l'autre va vers le Sud-Est.

Je prendrai ce dernier.

Le 16, nous repartons.

Un chenal de cinquante mètres de large et de près de neuf mètres de profondeur.

Le courant est encore plus fort. Suis-je dans la bonne voie?

Le 17, nous continuons. A cinq heures du soir, nous trouvons un bon campement au confluent d'un gros bras vers le Sud.

Le 18, nous explorons le bras, ou plutôt les bras du Sud; ils sont tous bouchés par des papyrus, ce ne peut être le chemin.

Le 19, je reprends la marche vers le Nord. Le chenal devient un torrent.

Le 20 au matin, ayant couché sur un banc de sable, je me réveille; plus de boat.

Le courant l'a entraîné.

Il faut partir à sa recherche, tantôt sur la terre, tantôt dans la vase jusqu'au cou, tantôt à la nage.

Au bout de dix kilomètres, je le retrouve. Nous le ramenons au campement, mais une journée perdue.

. . . .

Le 22, nous longeons plusieurs villages, mais les habitants refusent de parler et ne veulent rien nous vendre.

Trouverait-on beaucoup de soldats comme ces noirs qui, crevant de faim depuis près de deux mois, n'iraient pas piller des villages aussi peu hospitaliers? C'est pourtant ce qu'on peut faire avec nos tirailleurs sans qu'un seul songe à protester.

Le 24, nous explorons un bras au Sud. C'est une impasse. Plus de doute, je suis bien dans le Ghazal ; mon levé est exact, et j'arrive au lac Nô.

Dans dix jours, huit peut-être, je serai à Fachoda, y trouverai-je les Anglais ?

Non.

Je rencontre un habitant. Il parle l'arabe celui-là. C'est le premier.

— Y a-t-il des blancs sur le Nil ?

— Oui.

Quel coup. C'est un écroulement, échouer au but. Et je veux savoir, je reviens à mon homme.

— Où sont-ils ? A quelle distance.

Il ne sait pas, bien loin vers le Nord.

Sauvés ! de ses explications il résulte qu'il s'agit d'une armée... Les troupes qui opèrent contre les Derviches... Je puis revenir, et la perspective de repasser ce marais n'était pas rose pourtant.

Le 24, j'ai donc fait demi-tour.

Le 25, un jour de repos pour les hommes, et le 26, nous retournions sur nos pas.

J'avais fabriqué un aviron de queue, en guise de gouvernail, une voile avec deux couvertures ; le vent nous aiderait au moins à remonter le courant.

Je compris alors que le confluent, où nous avions été crevés par l'hippopotame, était celui du Bahr-el-Arab.

Un peu avant d'y repasser, je tuai un éléphant pour avoir quinze jours de vivres, et à l'Arab, je fis provision de bois puisque je savais ne pas en retrouver avant quinze jours.

Le 9 mars, je rentrais dans les marais du Soueh.

Le 13, j'arrivais au point où le chenal se rapproche un peu de la rive droite, quand je vois une pirogue de Djinquis sur le marais. Ils font des signes. J'arrête et ils me lancent une lettre de Largeau.

Le malheureux est à ma recherche depuis douze jours, longeant la limite sud de ce marais qu'il voit sans en connaître ni l'étendue, ni la nature ; il croit que le Soueh coule au milieu et me supplie de m'arrêter pour l'attendre.

Je lui écris que là où je suis on ne peut me rejoindre, qu'il m'attende à la sortie du marais.

Le 14, à huit heures du soir, mon clairon sonne l'appel. « O Largeau, entends sa voix ! » s'écrie Landeroin. Il n'a pas terminé sa phrase qu'un coup de feu lui répond. C'est Largeau. « Clairon ! sonne au drapeau ! » Un nouveau coup de feu répond ; Largeau est tout près !

Mais dans quel état il était ! Marchant depuis un jour dans l'eau jusqu'au cou ! Il a fallu que je le prisse avec son convoi dans le boat. Voyez-vous ça d'ici ? cinquante-trois hommes dans le boat ?

Nous nous entassons !

. . . .

J'avais pu repasser à travers le marais sans guides, avec mon topo ; j'étais sûr maintenant de pouvoir guider la mission.

Sorti du marais, j'ai trouvé le Soueh baissé de un mètre depuis mon passage ; des bancs de sable de cinq, six, huit cents mètres sans un filet d'eau. Il a fallu lâcher le boat et rentrer à pied. Et c'est drôle, les promenades au pays Djinqui !

Bref, le 26 mars, j'arrivais ici. On me croyait mort. A l'heure qu'il est, je me demande encore si je n'aurais pas dû continuer ! C'est un cauchemar !

Et l'eau monte à peine. Enfin, si à la fin du mois il y en a assez pour les boats, nous filons sans le *Faidherbe*, qui ralliera plus tard. Mais arriverons-nous à temps ? Ça me semble impossible. Je n'en vis plus.

Nous préparons tout avec Germain pour le départ.

Marchand est à Bia, où vous savez que notre pauvre Gouly est mort. Ç'a été une grande peine pour nous tous.

Mangin est à Ghattos. Dyé aux rapides avec le *Faidherbe*. Largeau a été constater l'existence contestée du Bahr-el-Home.

Je vais aller faire un tour sur la route de Ziber ; peut-être pousserai-je jusqu'au poste, si j'ai le temps ; car il faut être paré à filer d'ici à un mois. En voilà bien long et pendant ce temps-là je ne travaille pas, les charpentiers, tirailleurs, etc., font peut-être des bourdes. Je m'oublie à raconter mes campagnes, ni plus ni moins qu'un vieux capitaine en retraite.

II

FASCH'AOUDA ET FACHODA

Tandis que le capitaine Baratier et l'interprète Landeroin passaient par toutes ces angoisses, le commandant Marchand consolidait l'influence française sur les territoires arrosés par le Soueh et les rivières voisines.

C'est à ce moment que le chef de la mission mettait en ordre ses notes de voyage, ses observations topographiques, ethnographiques, géologiques, climatériques, commerciales.

Il se reposait des fatigues de la route en s'imposant un nouveau travail.

C'est alors aussi qu'il écrivait à ses amis ces lettres éloquentes où, en quelques phrases brèves, nettes, frappées au « bon coin de l'écriture française », il résumait, pour les êtres chers, ses états d'âme durant son expédition.

Ainsi il disait en ces lignes d'une simplicité antique, la lassitude qui l'avait pris un instant, lors de sa marche vers le Soueh.

« Je suis écrasé.

« Depuis deux années bientôt je ne dors pas.

« Ma vie est un corps-à-corps incessant avec tous les
« genres de difficultés, un saute-mouton perpétuel par
« dessus toutes les formes d'obstacles. »

Plus loin, il trace plusieurs paragraphes où la tristesse, le pressentiment de l'avenir percent sous l'ironie bien française :

« La santé est excellente sur toute la ligne.

« Alors que nous mourions de faim entre Banghi et Zemio,
« et surtout entre Zemio et Fort-Desaix, et que les dangers
« de la famine grandissaient à mes yeux, nous nageons ici

« dans l'abondance qui s'attache forcément à une région
« dépassant en densité de population celle de la France.

« En outre, hippopotames, antilopes de toutes tailles,
« éléphants, girafes, gibier à plumes, poissons, pullulent.

« Nous avons constamment des milliers de kilos de viande
« sur les fumoirs.

« Mangin a réuni à Fort-Desaix quinze tonnes de vivres en
« quatre jours et un troupeau de bétail de cent têtes.

« Nous pourrions en rassembler vingt fois plus en une
« semaine, si nous le voulions.

« Mais c'est bien inutile, le pays nous servant de fournis-
« seur journalier.

« Bref, nous sommes « d'attaque », et je pourrais facile-
« ment nourrir ici, et jusqu'à Fachoda, *deux mille hommes*,
« si je les avais, hélas ! ce qui ne serait pas trop pour résister
« aux efforts de quarante mille qui s'avancent par les deux
« extrémités du Nil.

. . . .

« On ne doute de rien en France, et il faut croire, tout de
« même, qu'on doit avoir une dose de confiance dans les
« officiers auxquels on confie une tâche de ce calibre.

« C'est inouï... mais flatteur.

« Il est vrai qu'on m'écrit de Paris que, si j'ai le malheur
« d'échouer, je serai vilipendé, traîné dans la boue et haché
« menu comme chair à pâté.

« Avec ça, c'est complet.

« Me voilà bien averti.

« Après cette mission, il ne me restera plus, à mon retour
« en France, qu'à me confier quatre hommes et un caporal,
« avec mission de prendre Berlin de vive force, à la baïon-
« nette, sans oublier de reprendre Metz et Strasbourg en
« passant.

« Il n'y a que chez nous que « l'ordre de faire beaucoup
« avec rien » peut être donné sans rire.

« Après tout, on peut toujours mourir ; on est presque sûr
« d'avoir une belle cérémonie à la Madeleine, deux ou trois
« ans après.

« A toi. »

« *Signé :* MARCHAND. »

Entre temps, des colonnes, soit de ravitaillement, soit de reconnaissance, parcouraient le pays.

C'est ainsi qu'au mois de mars, le lieutenant Gouly fut chargé d'explorer le pays au Nord jusque vers le Bahr-el-Arab.

Le lieutenant Gouly était musicien.

Il s'était procuré dans une village une sorte de guitare indigène, et il lui arrivait parfois de « pincer » une improvisation à la lune.

Or, on se souvient que Marchand avait acheté naguère, pour l'arracher à la mort, une fillette Nyam-Nyam qui répondait au nom de Fasch'aouda.

L'enfant avait suivi la mission.

Alors que la fièvre terrassait autour d'elle les hommes les plus robustes, elle n'avait jamais cessé de se bien porter.

Elle marchait à sa guise, tantôt auprès des officiers, tantôt en flanc des porteurs.

Comme une gazelle apprivoisée, elle était l'idole de tous.

Mais elle était très réservée dans l'expression de ses sentiments, et pendant longtemps l'on put croire qu'elle conservait au cœur, comme une blessure, le souvenir de son pays natal.

Nouvel Orphée, le lieutenant Gouly devait faire fondre le masque de glace de la petite négresse.

La première fois que retentit sa guitare, on vit accourir Fasch'aouda.

Elle s'assit à terre, ses genoux repliés sous elle, en face du musicien.

Et elle demeura là, le regard fixe, se balançant en mesure sur les hanches, tant que l'officier fit vibrer l'instrument.

Quand les dernières vibrations s'éteignirent, elle tressaillit, parut sortir d'un songe.

Et, se relevant sans une parole, elle s'éloigna à pas lents.

La fois suivante, la même scène se renouvela.

Seulement, lorsque Gouly s'arrêta, la négresse vint à lui et, s'exprimant dans le patois bizarre que lui avaient enseigné les Soudanais :

— Toi faire pleurer encore les cordes; toi bercer Fasch'aouda.

A dater de ce jour, son humeur vagabonde sembla l'avoir abandonnée.

Elle ne quitta plus le lieutenant.

Elle se fit sa servante, attentive au moindre de ses gestes.

Elle ne demandait rien, mais parfois elle touchait la guitare du bout des doigts, prêtant l'oreille, espérant peut-être qu'à ce contact léger, se produirait la musique dont elle était charmée.

On s'était un peu moqué de Gouly qui, très ému par l'attachement de la pauvre créature, avait laissé dire.

Au fond, la vanité des artistes est incommensurable, et l'hommage muet que la petite Nyam-Nyam rendait au talent du virtuose, lui avait été tout droit au cœur.

Aussi, lorsqu'il fut parti pour faire la pointe indiquée au Nord, vers le Bahr-el-Arab, personne ne s'étonna de la disparition de Fasch'aouda.

On crut qu'il l'avait emmenée.

En cela, on se trompait.

La veille même, la négresse avait demandé au lieutenant la permission de le suivre.

Il avait refusé tout net.

Son absence ne serait pas très longue, pensait-il.

Mais il avait à traverser des plaines inexplorées. A quoi bon faire courir à la pauvre petite les mêmes dangers qu'à lui-même.

L'enfant avait paru se résigner.

Elle n'avait pas insisté et s'était retirée, sans que son visage trahît le moindre dépit.

Au matin, Gouly la chercha pour lui adresser une bonne parole.

Mais il ne la trouva nulle part.

Force fut donc au lieutenant de se mettre en marche sans avoir revu Fasch'aouda.

Le soir même, il reçut, avec les deux laptots qui l'accompagnaient, l'hospitalité dans un village :

Une case fut mise à sa disposition.

Mais quelle ne fut pas sa surprise, en y entrant, d'y trouver Fasch'aouda tranquillement installée.

Il voulut se fâcher.

Elle dit :

— Ti rouler colère contre moi. Mi te suivrai pa' tout ; ou bien mi coucher dans les bois, pour li panthères croquer mi.

Cet attachement de chien fidèle le toucha, quelle que fut sa mauvaise humeur.

Ne pouvant renvoyer la négresse au Fort-Desaix, il lui permit de se joindre à la reconnaissance.

Durant plusieurs jours, tout alla pour le mieux.

Le pays était riche, abondamment arrosé.

La population fort douce se livrait à la culture.

On ne manquait de rien.

Ce tableau enchanteur ne devait pas tarder à changer.

Quand on eut franchi le Bahr-el-Home et que l'on fut engagé dans les plaines herbeuses qui le séparent du Bahr-el-Arab, les habitants disparurent comme par enchantement.

On parcourait une savane sans fin.

De hautes herbes jaunies, dont les tiges s'écrasaient sous les pieds avec un craquement sec, couvraient le sol à perte de vue.

Pas un arbre, pas un buisson.

De temps à autre, on traversait le lit desséché d'une rivière bordée de gommiers, dont les racines allaient sans doute chercher dans les profondeurs du sous-sol, l'humidité nourricière des arbres.

Fasch'aouda regardait tout cela.

Plus on avançait, plus son visage exprimait la terreur.

Enfin n'y tenant plus, elle tira le lieutenant par la manche.

Il se retourna surpris.

D'ordinaire, la fillette ne se permettait pas semblable familiarité.

Que se passait-il donc ?

Elle comprit l'interrogation de son regard, et étendant son bras vers tous les points de l'horizon, en un geste circulaire, elle dit :

— Ti reveni... ici pas bon... di l'eau... pas !

Gouly secoua la tête.

L'enfant le prévenait qu'il s'enfonçait dans un désert herbeux, où la soif est tout aussi à craindre qu'en plein Sahara.

Avec son instinct de sauvage, la petite avait deviné la vérité.

Mais le lieutenant, ayant consulté sa carte et reconnu qu'il se trouvait à peine à une journée de marche de l'emplacement du Bahr-el-Arab, répondit sans attacher d'importance à la remarque de Fasch'aouda.

— Demain nous rencontrerons une grande rivière.

Et comme elle secouait obstinément la tête, il lui montra sa carte en répétant avec impatience :

— Si, un grand fleuve, là...

DU PREMIER COUP JE TUE TROIS CANARDS

La négresse haussa les épaules :

— Su papier, oui, rivière... dis pas non... mais dans plaine pas... mi senti pas l'eau par là.

Mais voyant l'officier se remettre en marche avec les deux laptots, elle les suivit sans nouvelle observation.

Le soir on dressa la tente sur un monticule, qui dominait de quelques mètres le terrain environnant.

Gouly regarda autour de lui.

Jusqu'à l'horizon, dans tous les sens, se continuait la savane, dont les herbes, couchées par le vent, s'agitaient ainsi que les eaux d'une mer.

Les Sénégalais regardaient.

Eux aussi avaient remarqué l'attitude de la Nyam-Nyam.

Ils avaient entendu ses paroles.

— Mi senti pas l'eau par là.

De leurs yeux noirs ils interrogeaient la plaine, cherchant un indice du voisinage de l'eau.

Mais rien ; partout la savane présentait le même aspect uniforme.

Gouly lui-même ne pouvait se défendre d'une sourde inquiétude.

UN INCIDENT DU PASSAGE DE LA COLONNE MARCHAND AU CONFLUENT DU BAHR-EL-ARAB

Mais confiant dans les indications de sa carte, il ne voulut pas céder.

Après un repas morose, tous s'étendirent sur le sol et s'endormirent.

Rien ne troubla leur sommeil.

Les animaux semblaient avoir fui cette solitude.

Et une part de l'anxiété des laptots venait de cette constatation faite la veille.

De toute la journée, on n'avait aperçu ni une gazelle, ni un buffle, ni un mammifère quelconque.

L'aube parut.

Tous se levèrent, replièrent la tente.

Les gourdes étaient à peu près vides.

Toutefois, en présence de l'assurance de Gouly qui s'en référait toujours à sa carte, ses compagnons et lui absorbèrent jusqu'à leur dernière goutte d'eau.

Et réconfortés par cette rasade, tous se mirent en route.

Cela alla bien jusque vers dix heures du matin.

La chaleur à ce moment devint tellement suffocante qu'il fallut s'arrêter.

La tente fut dressée et les quatre voyageurs s'y glissèrent en haletant.

Sous la toile, au moins, ils étaient à l'abri des rayons ardents du soleil.

Par exemple, ils y étouffaient.

L'air emprisonné dans la pyramide de toile avait la température d'un four, causant une transpiration abondante et brûlant les lèvres, les narines des explorateurs.

Avec cela la soif commençait à les tourmenter.

Et ils n'avaient plus d'eau.

— Bah! fit le lieutenant avec philosophie. Ce soir au plus tard nous arriverons au Bahr-el-Arab. Quelques heures ennuyeuses à passer, voilà tout.

Dès que l'ardeur du soleil décrut quelque peu, tous s'empressèrent de se remettre en marche.

Le mouvement leur semblait préférable à l'immobilité sous la tente, dans une atmosphère surchauffée de chaudière.

L'un des tirailleurs signala, vers six heures, une sorte de bourrelet herbeux qui se dressait au loin en travers de la route.

— Rivière, prononça-t-il.

Mais Fasch'aouda secoua énergiquement la tête:

— Non, non... pas di l'eau, non.

Cependant ses compagnons hâtant le pas, elle les suivit.

Après deux heures d'une course précipitée, ils arrivèrent au remblai remarqué par les noirs.

Ils l'escaladèrent en courant, atteignirent le sommet et eurent un cri de détresse.

Devant eux s'étendait bien le lit du Bahr-el-Arab, mais un lit desséché, craquelé, où il ne restait pas une goutte de l'eau qui y coule à pleins bords pendant la saison des pluies.

C'est un coup, un désespoir.

Sans savoir ce qu'ils font, tous traversent le lit de la rivière au pas de course.

Ils gravissent la berge opposée.

La savane reprend, sèche, désolée, s'étendant au loin, sans un monticule, sans un arbre.

Fasch'aouda avait raison.

Gouly s'est enfoncé dans le pays de la soif.

Il y a un moment d'écrasement chez tous.

Seule la Nyam-Nyam reste calme.

Elle a connu toutes les tortures de la vie dans la brousse.

Cela ne la surprend pas.

Elle va dans la savane, courbée en deux examinant les herbes.

Que cherche-t-elle donc ?

Soudain elle fait entendre un cri d'appel.

Ses compagnons accourent auprès d'elle.

Elle tient une poignée d'herbes épaisses à la main.

Elle les porte à sa bouche et les mâche avec avidité.

Les noirs comprennent.

Ils l'imitent, et le lieutenant lui-même suit son exemple.

L'herbe a une saveur légèrement amère, mais elle contient un peu de sève fraîche qui rend leur élasticité aux muqueuses de la bouche.

On passe la nuit en ce lieu.

Le lendemain il faut songer au retour.

Mais les gens qui ont soif, qui ne réussissent pas à se désaltérer en grignotant les herbes reconnues par Fasch'aouda, sentent leurs forces s'épuiser.

Leur marche est lente, chancelante.

Il leur faut quatre jours pour atteindre Bià.

Sauvés. Le commandant Marchand, inquiet de leur absence prolongée, s'est porté à leur rencontre.

Voici des vivres, voici de la quinine, voici de l'eau.

Les tirailleurs se raniment, se remettent.

Mais le lieutenant Gouly a été frappé à mort par la soif.

Après les fatigues de deux ans d'exploration, cette dernière souffrance a brisé en lui toute force de résistance.

A peine arrivé, il rend le dernier soupir, ayant eu seulement le temps de dire au chef de la mission :

— Le Bahr-el-Arab est à sec.

La dernière pensée de ce soldat a été de rendre compte de la reconnaissance qui lui coûte la vie.

Ah ! elle aura été cruelle, la suprême marche de Gouly.

Auprès de son cadavre, un autre est bientôt étendu, immobile et froid.

C'est celui de Fasch'aouda.

La pauvre petite a vu mourir son ami, et aussitôt la fièvre l'a prise à son tour.

Par quel phénomène magnétique, par quelle influence d'auto-suggestion a-t-elle pris la maladie de son ami.

Mystère.

Elle veut mourir, cela est évident, car elle crache le quinine qu'on l'oblige à prendre.

Elle veut mourir et son vœu est bientôt exaucé.

Elle s'endort du long sommeil dont on ne se réveille qu'au pays des étoiles.

Adieu, pauvre petite vierge noire.

. . . .

Le 26 du même mois, le capitaine Baratier rentrait à Fort-Desaix, après son extraordinaire reconnaissance du Bahr-el-Ghazal.

La barbe longue, les traits creusés, il portait la marque des longues fatigues supportées vaillamment.

Aussitôt, comme une traînée de poudre, la nouvelle se répand partout.

Baratier a reconnu le cours du fleuve qui se jette dans le Nil, il connaît le chenal navigable qui permet de traverser les marais.

Partout on commence les préparatifs de départ sans attendre d'ordres.

Sans doute, les eaux ne seront assez hautes que dans un mois, deux mois peut-être, mais qu'importe.

Chacun se sent une impatience fébrile d'arriver à Fachoda.

Les angoisses que Baratier a ressenties, il les a communiquées à ses compagnons.

A chaque instant, quelqu'un murmure :

— Si les Anglais y étaient avant nous.

Et l'on ne pourra partir qu'à fin mai.

Quelle fièvre, quel agacement.

Il semble que c'est une partie de plaisir qui se prépare.

Nul ne songe aux bains de vase empestée, aux moustiques, aux fatigues nouvelles.

On ne voit que le but.

Fachoda !

Le commandant Marchand seul a conservé son calme.

Peut-être, au fond, est-il rongé par l'angoisse qui étreint tous ses compagnons.

Mais il la cache soigneusement.

Il doit rester froid, maître de lui, pour être maître de ses soldats.

Et c'est avec un flegme surprenant qu'il attend la crue des fleuves.

Enfin l'eau monte dans les canaux, dans les marais.

D'une façon insensible d'abord, mais qui, bientôt, frappe tous les yeux.

Tout est prêt.

Le 15 mai, un ordre du commandant circule.

— Nous partirons le 28.

C'est une joie délirante, insensée.

On va donc attaquer la suprême étape.

Toutes les embarcations à faible tirant d'eau sont réquisitionnées.

Le *Faidherbe* restera en arrière, il rejoindra plus tard sous la direction du capitaine Germain.

Le jour se lève sur le 28 mai.

En route.

Ah ! les braves gens que ces blancs, ces noirs unis dans le but généreux de faire flotter le drapeau tricolore sur le Nil.

Comme ils montrent leur amour pour cette patrie que nos fidèles alliés du Soudan ont adoptée.

Rien ne les rebute.

Quarante jours de lutte incessante avec les herbes, les insectes venimeux, les hippopotames.

L'odyssée de Baratier, moins la faim, mais agrandie, se répercutant sur l'ensemble de la mission.

Et l'on passe cependant.

Cette poignée de héros, se sacrifiant au bon renom de la France, est maintenant sur le chenal profond du Bahr-el-Ghazal.

Voici les limites du lac Nô.

Encore un coup de collier, grands cœurs.

C'est le dernier obstacle.

Mais, par exemple, il est encore plus terrible que les autres.

On emploie douze jours, douze jours dans l'eau et la boue, pour frayer un passage aux embarcations.

Et le treizième, au matin, la flottille débouche sur une large nappe d'eau de couleur crayeuse, qui coule du Sud au Nord lentement, avec la majesté mystique des processions géantes qu'organisaient les prêtres d'Isis, contemporains des Pharaons.

— C'est le Nil!

Le Nil, le Nil, ce nom passe de bouche en bouche.

Mais il n'y a pas de cris.

La joie est intense, presque douloureuse tant elle est immense.

Et, dans un silence religieux, les pirogues et boats sont poussés doucement au milieu du courant.

La mission Congo-Nil a justifié son nom.

Le sphinx africain a été vaincu définitivement.

Et le cours berceur du Nil-Blanc emporte doucement officiers, soldats, pagayeurs, à son allure traînante, triomphale.

Cinq jours encore.

Tous les yeux explorent le Nord.

Où donc est cette bourgade vers laquelle on marche depuis près de trois ans.

Où est Fachoda?

La ville nilotique ne se montre pas. Est-ce que, de même que la cité du conte oriental, elle s'éloigne à mesure que l'on s'approche d'elle.

Nous voici au 10 juillet 1898.

Toujours rien.

Pourtant, vers le milieu du jour, une rumeur sourde court à la surface des eaux.

Là-bas, en aval, des maisons blanches, aux toits en terrasses, viennent d'apparaître sur la rive gauche du fleuve.

Puis on distingue des fortifications en ruines, des champs de maïs. De loin en loin, le paysage plat est agrémenté par quelques palmiers qui déploient leur panache de feuilles au haut de leur fût écailleux.

De son embarcation, Marchand voit tout cela. Ses regards sont fixés sur la petite ville aux maisons blanches. Il prend ses jumelles, les élève jusqu'à ses yeux et il demeure là, immobile, muet, comme hypnotisé.

Un moment, il retire la lorgnette, d'un geste rapide il s'essuie les yeux.

Le chef de la mission a faibli un moment devant le triomphe.

Est-ce Fachoda, cette ville sur laquelle ne flotte pas encore le drapeau anglais ?

Fiévreusement, le commandant tire sa carte, cette carte emportée de France. Il la consulte, suivant de son doigt tremblant la ligne sinueuse du Nil. Et, tout à coup, il se retourne et, d'une voix surhumaine, la main tendue vers la ville, il dit :

— Fachoda !

III

CHEZ LES CHILLOUKS

Fachoda, nom étrange jeté sur la carte ainsi qu'un présage. Car cette appellation a pour racine étymologique les deux mots coptes : *Vag... ota*, déformés par le patoisement chillouk.

Et ces mots Vag Ota signifient succès par l'action.

Il est certain que, dans l'avenir, les poètes du pays ne manqueront pas de dire que le lieutenant du prophète qui réédifia l'ancienne cité égyptienne ruinée, la désigna ainsi parce que la divination de l'avenir lui avait annoncé la venue future de la mission Marchand.

Cependant la flottille abordait.

Aussitôt de grands cris s'élevèrent dans la bourgade.

Les habitants, épouvantés par la brusque arrivée des blancs, s'enfermaient dans leurs maisons, se rassemblaient sur les terrasses supérieures, et de là, ils imploraient avec force hurlements et génuflexions la protection d'Allah.

Le cheik, Ra-Moch, vassal du Mahdi, qui tenait alors les Anglais en échec dans les vastes plaines, situées au nord de Karthoum-Ondourman, réfléchit.

Le Mahdi, ce prophète *inspiré*... par des marabouts à la solde d'Albion, avait prêché la guerre sainte.

Sous ses ordres, s'étaient rassemblés cinquante mille (1) « derviches ».

C'était là une force importante, bien capable de chasser les Européens qui, si inopinément, se présentaient devant Fachoda.

---

1. Chiffre réel. Les gazettes londoniennes ont parlé de 70.000, voire même de 100.000 derviches, simples exagérations.

Mais le Mahdi se trouvait éloigné de plus de deux cents kilomètres, tandis que les blancs occupaient la ville.

Il fallait ruser.

En vertu de ce raisonnement, le cheik Ra-Moeh se revêtit de ses plus riches vêtements et, suivi par une dizaine de serviteurs, chargés de corbeilles emplies de fruits et de rafraîchissements, il se porta au-devant du commandant.

Debout sur le rivage, celui-ci, la tête penchée, était absorbé par des réflexions pénibles.

Il avait réussi, lui, à accomplir la marche la plus extraordinaire du siècle. Il était arrivé à Fachoda, point désigné d'avance comme terme de la mission, et il n'y trouvait pas ceux qu'il espérait y rencontrer.

Car, tandis qu'il s'avançait du Congo vers le Nil, il savait qu'une autre mission partie, elle, de Djibouti, devait traverser le Harrar, descendre la rivière Sobat, affluent de la rive droite du Nil et occuper Fachoda, fermant ainsi le bras français de la croix africaine.

Il ignorait que là, les intrigues anglaises avaient remporté un premier succès.

La mission Djibouti-Nil avait été mise tout d'abord sous les ordres de Bonvalot, l'illustre et énergique explorateur du Thibet, dont nous raconterons bientôt l'odyssée, puis à la suite de différends, dont l'origine pourrait être cherchée parmi nos voisins d'outre-Manche, Bonvalot en remit le commandement à M. de Bonchamps.

Celui-ci avait pour premier objectif de recruter en passant une armée abyssine, dont la présence à Fachoda aurait eu, un peu plus tard, une influence décisive.

Mais juste à ce moment, des révoltes, fomentées comme toujours par l'or anglais, éclatèrent dans l'empire d'Abyssinie.

Des *ras*, ou gouverneurs de provinces, prirent les armes contre le négus Ménélick, et ce dernier, obligé de rassembler des troupes pour châtier les rebelles, fut dans l'impossibilité absolue d'apporter un concours efficace à la mission de Bonchamps.

Force fut au commandant de l'expédition Djibouti-Nil de se passer de lui.

Bonchamps et sa troupe traversèrent les Etats du Négus, gagnèrent la Sobat, au prix de terribles fatigues, au milieu d'incessantes escarmouches avec les tribus dont les territoires se trouvaient sur leur route.

Mais au bord de la rivière, le convoi, encombré de malades, sans vivres, dut s'arrêter.

Continuer la route par terre devenait impossible et, pour la poursuivre par eau, des bateaux étaient nécessaires.

Or, par un hasard étrange — *évidemment préparé par les agents britanniques*, — les reconnaissances qui longèrent la rivière sur une étendue de plus de cent kilomètres, *n'aperçurent pas une seule pirogue.*

Le fait se passe de commentaires.

L'absence d'embarcations dans une région dont les habitants sont surtout pêcheurs trahit le plan longuement mûri d'avance dans les bureaux de l'Amirauté anglaise.

Et l'état de l'expédition s'aggravant de jour en jour, M. de Bonchamps, pour éviter un désastre, fut contraint de revenir sur ses pas.

Désormais Marchand serait isolé à Fachoda.

Or, le 11 juillet 1898, le commandant ignorait tous ces détails, et il s'étonnait que la mission Djibouti-Nil ne fût pas au rendez-vous ; qu'elle n'eût pas eu le temps de parcourir 2.000 kilomètres, alors que lui en avait franchi environ 5.800.

Telle est, en effet, la distance de Loango à Fachoda, distance qui assure, et de plusieurs longueurs, le record de l'exploration africaine à l'expédition Marchand.

Les plus longues, en effet, après celle-ci sont :

Le voyage de Stanley : 3.300 kilomètres.

L'exploration Monteil : 4.500 kilomètres.

Par ces quelques chiffres, on voit que nos officiers ont laissé bien loin derrière eux leurs concurrents étrangers.

Le commandant songeait donc.

Soudain son attention fut attirée par le cortège bariolé du cheik Ra-Moch.

En un instant il se ressaisit et attendit, les yeux fixés sur les Chillouks.

Ra-Moch, parvenu à trois pas de l'officier, s'arrêta.

Il éleva ses mains, réunies en forme de coupe, au-dessus de sa tête, et d'une voix papelarde :

— Je te salue, chef. Allah a tourné son visage vers ses

enfants chillouks, puisqu'il amène parmi eux un hôte illustre.

LA VIERGE FASCHAOUDA

Le commandant s'inclina légèrement :
— Je te salue aussi. Tu es sans doute le chef de cette ville.
— De la ville et de la province.
— Et tu te nommes ?

— Ra-Moeh.
Marchand s'avança vers lui et lentement.

EN ATTENDANT LE PARLEMENTAIRE

— Ecoute donc, Ra-Moeh.
— Mes oreilles sont ouvertes à tes paroles, comme les lèvres du voyageur altéré aux ondes pures des sources murmurantes.

Mais la rhétorique arabe n'avait aucune influence sur le commandant. Il sourit et continua :

— Je suis Français.

— Fringi, toi... pas Igli.

— Non, pas Igli. Bien plus, je suis venu pour te protéger contre eux.

Le chef fit la moue.

— Tu as bien peu de soldats, tandis que les Igli...

— En France, interrompit vivement l'officier, nous ne comptons jamais nos ennemis, ceux qui sont là mourront tous avant que nous rendions la ville.

— Mais ceux-là ne sont pas blancs comme toi... Les noirs ne sont pas des Français.

— Tu te trompes, ceux-là ont le même drapeau que moi.

Les réponses nettes, précises, du commandant troublaient évidemment le diplomate arabe.

— Que veux-tu donc, demanda-t-il enfin ?

— Prendre possession de Fachoda, au nom de la France, et planter mon drapeau sur la ville.

Du coup Ra-Moeh ne put dissimuler une grimace.

— Et moi, moi... je ne serai donc plus le cheik des Chillouks ?

Toutes ses inquiétudes perçaient dans cette question.

Bien vite Marchand le rassura.

— Tu conserveras ton autorité, ton titre, si tu es fidèle. Je ne sévirais contre toi que si tu essayais de me tromper.

La face de l'Arabe s'épanouit.

— Tu seras le *frère aîné* (1) de Ra-Moeh. Il parlera par ta bouche et verra par tes yeux.

— Bien. Demain, nous écrirons nos conventions et nous signerons, afin de prouver à tous que tu es le seul cheik des Chillouks et que la France te protège.

Enchanté en apparence, Ra-Moeh sollicita la permission de distribuer aux soldats les fruits et liqueurs dont il avait chargé ses serviteurs.

Elle lui fut octroyée, et bientôt les tirailleurs, les pagayeurs, voire même les Européens, s'abandonnèrent au plaisir de la collation.

Bien simple pourtant, le *lunch* improvisé.

---

1. Locution qui indique le respect, la soumission.

Il eût semblé mesquin aux gracieuses Parisiennes, habituées aux élégants *five o'clock tea.*

Mais pour ces échappés de la brousse, ces héros enfin arrivés au but, la joie du triomphe décorait toutes choses des plus brillantes couleurs.

Infatigable, Marchand entrait dans la cité.

Du haut des terrasses, les habitants avaient suivi la conversation de leur cheik avec le chef des étrangers.

L'apparence amicale de leur entretien les avait rassurés et maintenant ils venaient sur le pas des portes, regardaient l'officier, l'examinaient avec curiosité, mais avec un sourire aimable.

Landeroin, aussitôt mandé par le commandant, acheva la conquête pacifique de la population en annonçant au coin des rues, comme un simple tambour de ville, que les Européens n'imposeraient aucun tribut aux Chillouks. Ceux-ci seraient tenus de fournir des vivres à la mission, mais toutes leurs fournitures seraient payées.

Une heure après, les habitants et les tirailleurs fraternisaient.

La présence de la petite troupe devenait une véritable fortune pour la bourgade.

Dès l'instant où les étrangers payaient, ils assuraient un commerce considérable pour l'endroit.

Ils n'étaient plus des maîtres, mais des clients.

Et on les traita comme tels.

Pendant toute la durée de l'occupation de Fachoda, les tirailleurs sénégalais furent choyés, vécurent dans l'abondance, tandis que les régiments, amenés plus tard par le sirdar Kitchener, eurent toujours la plus grande peine à se ravitailler.

Tous les obstacles aplanis, le commandant songea à établir le signe visible de sa prise de possession.

On dressa une perche sur les bâtiments, à demi ruinés, de l'ancienne moudirieh égyptienne.

Et devant les tirailleurs alignés, le drapeau tricolore fut hissé.

Une émotion indescriptible étreignit les assistants.

Blancs et noirs avaient les yeux humides. Leur cœur battait plus vite.

Sur toutes les lèvres venaient ces mots.

— Fachoda est à nous.

Et quand retentit le commandement :
— Rompez vos rangs.
Il y eut comme une explosion.

L'enthousiasme, bâillonné jusque-là par la discipline militaire, déborda en acclamations frénétiques, auxquelles, les Fachodanais, désormais apprivoisés, répondirent sans bien comprendre peut-être ce qui se passait, mais avec le désir évident de faire beaucoup de bruit.

Ce soir-là, le commandant Marchand accepta à dîner chez le cheik Ra-Moeh.

Le repas fut aussi bon qu'il peut l'être dans une maison arabe.

Des jeunes femmes du pays, réputées pour leur talent de danseuses, avaient été conviées à réjouir les yeux de l'hôte du cheik.

Elles exécutèrent des danses, parfois grotesques et lourdes comme les *bourrées* nègres en usage sur le Haut-Nil, mais parfois aussi gracieuses et poétiques comme *le pas de l'écharpe* ou *la marche de l'Ibis* exécutées : la première, par deux personnes, la seconde par six.

Aussi, quand le commandant Marchand quitta son hôte, il était d'excellente humeur.

Il se voyait parvenu au terme de son long et périlleux voyage.

Sans combat, il occupait Fachoda, où le ravitaillement de ses soldats se ferait aisément.

En attendant les ordres du gouvernement français qu'il allait informer de son succès, tous se reposeraient de leurs fatigues, se « referaient » de leur mieux.

Or, à ce moment même, le cheik Ra-Moeh appelait auprès de lui un jeune homme du nom d'Embe, qui lui servait de secrétaire.

Agé de seize ans, le teint cuivré, ce nouveau personnage était originaire de la Haute-Egypte.

Sa face maigre, ses yeux aux regards fuyants, indiquaient la ruse, la dissimulation.

Embe avait un ascendant considérable sur l'esprit du cheik, qui ne manquait jamais de le consulter quand il était embarrassé.

Il se présenta donc devant lui.
— Embe, commença Ra-Moeh, on ne t'a pas vu ce soir.

— Parce que je me suis caché.

— Pourquoi as-tu cru devoir prendre cette précaution.

— J'ai pensé qu'il valait mieux que l'Européen français n'aperçut pas mon visage.

— Je ne te comprends pas... Dis tout ce qui est en ton esprit.

Le secrétaire baissa la voix.

— Si je me suis trompé, que le cheik me pardonne.

— Tu n'as rien à craindre, interrompit Ra-Moeh avec bienveillance. Ainsi, parle sans réticences.

— J'ai songé, ô mon maître, que le Mahdi serait irrité contre toi, qui as rendu, sans combat, la ville dont tu as le gouvernement.

Le Cheik pâlit légèrement.

— Je ne pouvais pas résister.

— Cela est évident, reprit Embe, mais le Mahdi sera cependant rempli de colère.

— Etait-il en mon pouvoir d'agir autrement?

— Non, non.

— Alors, que faire?

Que faire? Voilà la question que le rusé Egyptien attendait.

Ses yeux brillèrent et, se penchant à l'oreille de Ra-Moeh, il murmura :

— Obliger le Mahdi à rendre hommage à ta fidélité.

— L'obliger... l'obliger... tu ne doutes de rien...

— C'est facile.

— Comment cela?

— Dépêche-moi vers lui.

— Toi?

— Oui. Tu me confieras un message, par lequel tu lui manderas que des Européens venus du Sud, ont envahi le pays chillouk.

— Mais si ces Européens apprennent...

— Ils n'apprendront pas. Muni de ta lettre, je pars cette nuit même. Je fais diligence pour rejoindre le Mahdi. Il s'emporte, non contre toi, mais contre les blancs. Il envoie des guerriers nombreux. Les Européens sont anéantis, et toi, sans avoir couru aucun danger, tu passes pour le plus fidèle. le plus zélé des amis.

L'instinct de la ruse existe chez toutes les populations africaines.

Poussé ainsi, le Cheik ne résista pas longtemps.

Vers minuit, Embe, ayant enfermé la missive de son maître dans un sachet de peau, curieusement brodé, sortit de Fachoda, du côté ouest, qui n'était pas gardé.

Décrivant une large courbe, il contourna la bourgade, rejoignit en aval la rive du Nil, et s'arrêta à environ six kilomètres de là dans une ferme isolée, entourée de champs de maïs.

Là il se procura une embarcation.

Sans perdre de temps, il y prit place, gagna le milieu du courant et se laissa emporter par le fleuve.

Au matin, il était parvenu à trente ou quarante kilomètres de Fachoda et il n'avait plus à craindre d'être aperçu.

. . . .

Le commandant Marchand, pour la première fois depuis si longtemps, passa une bonne nuit.

Dès son réveil toutefois, il fit mander les capitaines Baratier et Mangin.

Ici nous cédons la parole à sir Doves, agent libre à Gaba-Schambé, qui, jusqu'à l'arrivée de sirdar Kitchener et des forces anglaises, a rôdé, invisible espion, autour de la petite colonne française rassemblée à Fachoda.

Voici l'extrait de son rapport.

. . . .

Marchand, très prudent, a fait venir les deux capitaines sur l'un des chalands amarrés le long de la berge.

Je les ai vus monter en bateau.

Mais il m'eût été impossible d'entendre.

Par bonheur, j'ai à bord du chaland, un indigène Toumbou, un porteur qui s'est enrôlé sur le Haut-Soueh, à l'instigation de l'honorable Twain (1), et dont les renseignements nous ont rendu de grands services.

Étendu au fond du chaland, il affectait de dormir.

Voici ce qu'il m'a rapporté.

Le commandant Marchand a dit à ses capitaines Mangin et Baratier :

---

1. Autre agent libre.

— Messieurs, notre situation est celle-ci : Nous avons au Nord, en face de nous, une armée anglaise, forte d'environ vingt-cinq mille hommes, plus une armée mahdiste qui compte deux fois plus de soldats.

D'autre part, les renforts que l'on a dû nous expédier de Djibouti ne sont pas arrivés.

Il y aurait donc deux choses à faire.

Remonter le Nil jusqu'à la rivière Sobat et s'informer auprès des tribus riveraines si elles ont entendu parler d'une troupe d'Européens venant de l'Est.

C'est vous, Baratier, qui devez vous charger de ce soin.

Pendant ce temps, Mangin et moi, nous établirons quelques retranchements autour de Fachoda, afin d'être prêts à toute éventualité.

N'avez-vous aucune observation à présenter.

Les deux capitaines ont répondu :

— Non, aucune. C'est bien vu.

Le conseil était terminé.

Les officiers sont alors revenus sur le rivage.

Blotti dans un champ de maïs, je les suis des yeux.

Ils se dirigent vers les anciennes fortifications égyptiennes. Est-ce qu'ils voudraient les remettre en état ?

Ce serait fâcheux, car, s'ils ne sont pas en nombre suffisant pour résister à notre armée, ils peuvent, une fois retranchés, tenir longtemps et nous tuer du monde.

C'est une troupe d'élite. Nos régiments noirs ne leur sont à aucun point de vue comparables.

En abandonnant aux Français la plus large part des bassins du Niger et du Sénégal, je crois que l'on a eu tort.

On leur a donné ainsi les meilleurs territoires de recrutement de toute l'Afrique.

C'est un danger pour l'avenir.

Notre diplomatie doit tout faire, à mon avis, pour empêcher la constitution de l'armée coloniale française.

Marchand et Mangin parcourent les retranchements. Ils discutent. Je n'ai malheureusement pas *d'oreilles* dans leur voisinage.

Évidemment ils se préoccupent de mettre la ville en état de défense.

Si l'on pouvait aviser le Mahdi et lui persuader d'envoyer quelques milliers de ses hommes contre Fachoda, cela ferait une heureuse diversion en notre faveur.

. . . .

J'ai pu, à la faveur de mon déguisement chillouk, pénétrer dans la ville. Une vieille femme, de la secte *bakel*, me cache chez elle.

Elle me croit un espion du khalife d'Ondourman. Vénérant le Mahdi, elle m'obéit aveuglément.

Baratier partira après-demain, 14 juillet, il explorera le Sobat, afin d'avoir des nouvelles de la mission Djibouti-Fachoda.

Bon voyage. *Je pense qu'il rapportera du découragement pour tout le monde.*

13 juillet. — Je ne m'étais pas trompé. *Ils* fortifient Fachoda.

Étonnants vraiment leurs soldats.

Arrivés le 11, après des fatigues extraordinaires, ils creusent, bêchent, fouillent la terre comme des troupes fraîches, après vingt-quatre heure de repos.

L'Angleterre regrettera le Niger, cela est certain.

14 juillet. — Baratier parti avec pirogues ce matin.

Il n'est pas grand; il ne représente pas la force, selon notre idéal à nous, Anglais.

Etrange chose, ces hommes petits de France qui ont une énergie surhumaine. C'est cette race petite dont il faut se défier.

Souvenons-nous que Bonaparte aussi était de taille exiguë.

. . . .

Les soldats du commandant Marchand travaillent avec acharnement.

Ils établissent un bastion, avec casemate blindée.

Certainement, ces gens songent à tenir tête à n'importe qui.

Cela est pénible de voir avancer les travaux dirigés contre nous. J'espère pourtant que les renseignements que rapportera Baratier engageront nos *bons amis* à la prudence.

Je n'en suis pas sûr, malheureusement, *car ces gens ont la folie de la bataille.*

Le mieux serait *de lancer le Mahdi sur eux. Ils s'entre-détruiraient, et plus ils se feraient de mal, plus nous aurions le cœur à la gaieté.*

19 juillet. — Cela tient du prodige. L'enceinte est remise en état.

Des fractions de tirailleurs se sont répandues dans la plaine en avant des retranchements.

Elles creusent des tranchées en arc de cercle, menaçant à la fois le fleuve et la campagne. Si cela continue, la place va devenir très forte.

20 juillet. — Un renfort pour les Français.

Des pirogues et des chalands, laissés en arrière, à cause de la difficulté de leur faire traverser les marais du Bahr-el-Ghazal, viennent d'arriver.

C'est une cinquantaine d'hommes de plus.

Cinquante fusils de renfort.

Et des fusils à tir rapide. Cela est vraiment très, très fâcheux.

. . . .

A signaler : Les populations chilloukes, à de très rares exceptions près, manifestent une sympathie marquée pour les Français.

Encouragés par la présence des tirailleurs, les habitants de Fachoda ne craignent pas de dire qu'ils espèrent que *les Anglais mangeront le Khalife et qu'ils mourront d'indigestion.*

Toute la région est animée du plus mauvais esprit.

. . . .

Pour finir, une bonne nouvelle.

Le cheik Ra-Moeh a envoyé un émissaire au Mahdi ; je viens de l'apprendre à l'instant par ma vieille hôtesse, dont le fils est au service du cheik.

Ce fonctionnaire fait bonne mine à Marchand, mais il attend de jour en jour la venue des troupes du Khalifat.

A noter.

24 juillet — Baratier revient.

Comment a-t-il pu recueillir si vite les renseignements qu'il est allé chercher. Il n'a pas eu assez de temps pour atteindre la rivière Sobat et revenir ?

. . . .

Mon hôtesse m'a ménagé une entrevue avec le cheik Ra-Moeh.

J'ai tout appris.

Décidément, ce magistrat est tout acquis à notre cause.

Cela tient sans doute au faible effectif de la troupe Marchand.

Il m'a répété à plusieurs reprises :

— Que faire avec si peu d'hommes. Il parle de protéger ma ville; il ne pourrait se protéger lui-même.

Bref, en le poussant un peu, il m'a tout raconté.

Baratier n'a pas poussé jusqu'au Sobat. Il a simplement abordé sur la rive droite du Nil et effectué une reconnaissance dans les terres.

Il a appris ainsi que la mission de Bonchamps avait battu en retraite vers l'Abyssinie.

Les révoltes des Ras dans cette contrée *ont été créées avec un rare à-propos*. Sans elles, nous aurions aujourd'hui une armée noire sur le Nil.

Et ce Marchand paraît un officier capable, qui lui aurait fait prendre les meilleures dispositions.

Baratier était furieux.

Marchand a baissé la tête, un peu pâle, mais il n'a pas prononcé une parole.

Le soir, il a dîné avec le cheik. Il semblait avoir repris son calme habituel.

Et comme Ra-Moeh, qui est curieux, lui demandait :

— Es-tu content de la reconnaissance de ton ami, le chef Baratier?

Il lui a répondu tranquillement :

— Non, car des renforts que j'attendais de l'Est ne viendront pas me rejoindre.

— Ah! a repris le cheik; alors, si les soldats du Khalife ou les Igli arrivaient ici, tu ne me protégerais pas contre eux et tu battrais en retraite.

Le commandant lui a lancé un regard dont il a été très effrayé.

— Je ne battrai pas en retraite, dit-il. Depuis trois ans, je marche sans cesse en avant, je continuerai, car, aussi bien, je ne saurais plus reculer.

— Cependant, que pourras-tu faire, avec tes deux cents hommes, si tes ennemis ont des milliers et des milliers de guerriers.

— Je puis mourir avec tous les miens.

Et, se levant brusquement, l'officier saisit le cheik par le poignet, l'entraîna jusqu'à une fenêtre, d'où l'on découvre le drapeau français, placé sur le vieux moudirieh.

— Tu vois ce drapeau, fit-il d'une voix dure.

— Oui, répliqua Ra-Moeh plus mort que vif.

— Eh bien ! Souviens-toi. Quand il tombera, tu pourras jurer qu'aucun de mes tirailleurs, aucun de mes officiers et sous-officiers n'est vivant.

C'est une *tête de fer*, cet homme-là.

Combien des nôtres périront victimes de son obstination.

Je cherche le moyen de soulever la population. Cela ferait une bonne diversion au moment d'une attaque de front.

. . . .

Obligé de rentrer précipitamment à Gaba-Schambé.

Ma présence ici a été signalée. Comment? Par qui? Je ne le sais pas.

Mais le fils de mon hôtesse est venu m'avertir.

On devait m'arrêter cette nuit.

Je vais quitter la ville. Ma pirogue est cachée dans les roseaux à deux milles au Sud. Ecrirai à Luckow de tâcher de venir me remplacer ici.

AUTOGRAPHE DU CAPITAINE BARATIER

LE CAPITAINE BARATIER (PHOTOGRAPHIE ANNONCÉE PAR LA LETTRE CI-CONTRE)

IV

L'ASSAUT DES DERVICHES

Du 24 juillet au 24 août 1898, la mission Congo-Nil s'était solidement établie à Fachoda.

De plus, les hommes, dirigés par l'état-major, avaient utilisé leurs loisirs en créant des jardins.

Abondamment arrosées, ces cultures potagères étaient déjà en plein rapport et permettaient de faire entrer force légumes frais dans l'alimentation de la garnison.

D'autre part, Marchand, toujours actif, avait organisé régulièrement ses communications avec Meschra-el-Reck et sa ligne de postes du Souèh et du M'Bomou.

De plus, il signait de nombreux traités de protectorat avec les chefs des diverses tribus chillouks, groupant tant sur le Bahr-el-Ghazal que sur les rives mêmes du Nil, une population de plus de *douze millions d'habitants* sous le pavillon de France.

Le 24 août au soir, le commandant était d'excellente humeur.

La domination française était assise de telle sorte, qu'il pensait que rien désormais ne pourrait donner matière à contestation.

Ce soir-là, il avait parlé plus que de coutume et s'était couché assez tard.

Tout dormait dans Fachoda, quand, vers deux heures du matin, un tirailleur se précipita en coup de vent chez l'officier, arriva jusqu'auprès de sa couchette et le secoua frénétiquement.

Réveillé en sursaut, Marchand étendit la main vers son revolver placé à sa portée.

Mais le Sénégalais l'arrêta.

— Toi pas tirer, commandant, toi pas tirer sur Ridsou, fils d'Atanga, le soldat à toi.

Ces paroles rendirent tout son calme au commandant.

Il se dressa sur son séant et, d'un ton sévère :

— Que viens-tu faire ici? Pourquoi n'es-tu pas auprès de tes camarades?

Le soldat secoua la tête :

— Toi pas savoir, capitaine Baratier permettre Ridsou, aller promener loin, pour voir pays. Moi suivre la rivière, à trente, cinquante kilomètres. Partout bien reçu. Français bons, Français, content recevoir.

Cela était vrai. Les relations entre les indigènes et la mission étaient telles que les tirailleurs pouvaient s'en aller, isolés, à soixante kilomètres de Fachoda, sans courir le moindre danger.

Les Anglais, au contraire, furent contraints de marcher par troupes, car tout traînard disparaissait infailliblement.

— Bien, reprit Marchand, tu avais un congé, soit. Ce n'est pas une raison pour me réveiller. Retourne à ton escouade et fais que j'oublie ton nom.

Cette admonestation paternelle lui paraissait devoir mettre fin à l'entretien.

Il n'en fut rien.

Le tirailleur tourna énergiquement sa tête noire, en déclarant avec force :

— Moi pas partir, sans moi dire avec toi ce que j'ai vu sur la rivière.

Du coup, l'officier devint attentif.

L'insistance du Soudanais indiquait une découverte grave.

— Parle.

— Eh bien. Vu bateaux de fer avec canons, et puis des chalands tout pleins de soldats.

— Des canonnières, des chalands..... c'étaient des Anglais.

— Non, pas Anglais.

— Quoi donc alors?

— Ne sais pas; des noirs pas Sénégalais, pas du Soudan non plus. Un Chillouk crie moi : Ça, soldats du Khalife, eux vouloir chasser toi de Fachoda.

— Du Khalife?

D'un bond, Marchand s'était levé. Il s'habillait tout en continuant à interroger Ridsou.

— Combien de canonnières?

— Deux, commandant.

— Et de chalands?

— Huit.

— Grands?

— Oui, grands plus beaucoup que ceux à nous. Bateaux contenir cent cinquante, deux cents soldats. Alors, moi couri vite, pour arriver avant eux. Mais eux pas loin. Et si ennemis, comme a dit Chillouk, réveiller tout le monde; donner cartouches tout plein beaucoup. Juste le temps. Bateaux pas se fatiguer comme jambes, mais avancer tout de même.

Le commandant était prêt.

Il courut chez Baratier, envoya Ridsou prévenir les autres officiers qu'il les attendrait au logis du capitaine.

Un quart d'heure plus tard, l'état-major était réuni.

Mis au courant, tous attendirent les ordres du chef.

Ceux-ci furent brefs.

Les clairons allaient sonner le réveil.

Les tirailleurs occuperaient les retranchements et les tranchées, heureusement achevés avant l'approche de l'ennemi.

Quelques éclaireurs descendraient le cours du fleuve à la rencontre des derviches.

Le commandant lui-même, avec une section, occuperait un poste fortifié en avant des tranchées.

Tout étant ainsi réglé, on attendit.

La matinée se passa sans que l'ennemi parût.

Vers midi seulement, des fumées montèrent au loin sur le fleuve.

Elles se rapprochaient rapidement.

Bientôt on distingua deux canonnières à vapeur, *Le Sofia* et *Le Tefhrich*, remorquant plusieurs chalands.

Cette flottille stoppa à deux kilomètres de Fachoda. Un canot s'en sépara aussitôt et, à force de rames, se dirigea vers la ville.

A l'avant de l'embarcation un homme se tenait debout, brandissant au-dessus de sa tête une lance, au bout de laquelle flottait un lambeau d'étoffe blanche.

C'était un parlementaire.

Mangin fut chargé de le recevoir.

Il se porta donc à environ deux cents mètres en avant des retranchements et, quand la chaloupe fut à sa hauteur, il lui fit signe d'aborder en ce point.

L'embarcation obéit et le parlementaire, un bey de l'armée du Khalife, sauta sur la rive.

Docilement il se laissa bander les yeux.

Mangin lui prit le bras et le conduisit ainsi, en dehors du retranchement, sous un bouquet de palmiers où le commandant Marchand attendait l'envoyé.

Parvenu en ce point, le mahdiste fut débarrassé du mouchoir assujetti sur ses yeux.

C'était un grand gaillard aux traits accentués. Sa peau très foncée, l'éclat de son regard audacieux frappaient tout d'abord.

On devinait en cet homme une âme courageuse et violente.

Il salua Marchand par ces paroles :

— A toi, chef des blancs, salut.

Le commandant répondit :

— A toi, visiteur de *ma ville*, salut.

Les yeux du parlementaire lancèrent un jet de flamme, à l'audition de ces mots : *ma ville* sur lesquels l'officier français avait appuyé à dessein.

Mais ce fut d'un ton calme qu'il reprit :

— L'erreur obscurcit ton esprit, la ville de Fachoda est au Khalife.

Un sourire passa sur les lèvres du commandant.

— L'ayant conquise, je suis certain qu'elle est à moi.

— Conquérir ne suffit pas, gronda le bey, il faut pouvoir conserver.

— Je ferai de mon mieux.

L'envoyé parut alors comprendre qu'il devait s'expliquer davantage.

— Je suis venu au nom du Khalife, reprit-il. Il ne désire pas ta mort. Mais en occupant Fachoda, tu le coupes de Gaba-Schambé où sont rassemblés ses approvisionnements.

— Je le regrette. Cependant j'ai hissé sur cette ville le pavillon de mon pays, et je ne saurais l'abattre sans l'ordre de mon gouvernement.

— Tu veux donc la guerre ?

Marchand parut réfléchir, puis d'une voix calme :

— Es-tu chargé de me l'annoncer ?

Le bey fut surpris par la riposte.

— Tu ne songes pas, dit-il, que la lutte est inégale.

— Pardon, j'y ai pensé.

— Tu as sous tes ordres à peine deux cents hommes.

— C'est vrai.

— Deux mille guerriers sont en face de toi.

— Deux mille, répéta le commandant. Je te remercie de m'apprendre ce chiffre.

Et comme le parlementaire, quelque peu interloqué, gardait le silence.

— Est-ce tout ce que tu désirais me dire ?

— C'est tout.

— Alors retourne vers celui qui t'envoie et rapporte-lui ma réponse. Fachoda est maintenant à la France, et les soldats que contient la ville ne la rendront à personne.

Le messager s'inclina.

Puis étendant la main en signe de menace.

— Que le sang qui va couler retombe sur ta tête et marque les tiens au front jusqu'à la quatrième génération.

Sur un signe du commandant, Mangin replaça le mouchoir sur les yeux du mahdiste et, le reprenant par le bras, le ramena à l'endroit où stationnait le canot qui l'avait apporté.

Là, le madhiste bondit dans la barque et, comme elle s'éloignait du rivage.

— Adieu, dit-il, toi qui vas mourir.

Le capitaine haussa les épaules et rejoignit Marchand.

La bataille était imminente.

Chacun le sentait. De leurs postes de combat, officiers et tirailleurs suivaient du regard le léger canot qui se rapprochait rapidement de la flottille madhiste.

Il l'atteignit enfin et disparut derrière la coque de l'un des vapeurs.

Un quart d'heure s'écoula.

Puis, soudain, une volute de fumée blanche se développa à l'avant du *Sofia*; une détonation retentit et, quelques secondes plus tard, un obus éclatait à gauche du retranchement, sans atteindre personne.

La canonnade continua, tandis que plusieurs chalands ralliaient la rive et y débarquaient les soldats enfermés dans leurs flancs.

A peine ces troupes se mirent-elles en mouvement que le commandant fit ouvrir le feu.

Sous la pluie de balles, les assaillants hésitèrent.

Ils se tapirent dans des champs de maïs qui, nous l'avons dit, forment la principale culture de la région.

Cette fusillade nourrie troublait les projets des mahdistes.

A bord du *Sofia*, le chef de l'expédition, le marabout Alder, appela aussitôt le bey qu'il avait dépêché le matin vers les Français.

— Tu as vu leurs retranchements, demanda-t-il.

— Oui. Tout en transmettant tes ordres à ces blancs, j'ai examiné de mon mieux.

— Eh bien ?

— Il m'a semblé qu'ils avaient surtout fortifié leur position au Nord.

— Au Nord, dis-tu.

— Oui, ils supposent ainsi barrer la route du fleuve.

— Barrer, les fous, ils n'ont pas d'artillerie.

— Je n'ai rien aperçu de semblable.

Le marabout leva la main.

— Cela, j'en suis certain, mes espions m'ont renseigné à cet égard.

Puis après un instant de réflexion :

— Nous allons remonter le Nil.

— Bien.

— Au passage, nous foudroierons la ville avec nos canons, nous la couvrirons d'obus.

— Cela détournera l'attention des blancs et permettra à nos troupes de débarquement de se porter en avant.

— Je l'espère. Les quatre chalands qui restent nous suivront. Les guerriers qu'ils transportent seront mis à terre au sud de la cité.

— Et, pris entre deux feux, nos ennemis seront écrasés. Je leur ai promis la mort en ton nom.

Déjà le marabout allait donner ses ordres.

Le bey l'arrêta.

— Nous allons passer bien près des retranchements des Français !

— Aurais-tu peur ? ricana Alder.

— Peur, je ne connais pas cette chose. Je voulais seulement te dire, noble représentant du Khalife, que les fusils de ces gens portent loin. Vois à quelle distance leurs projectiles atteignent nos guerriers.

— Quelle est ta pensée ?

— Leurs balles ne traverseront-elles pas la coque de nos chalands.

Le marabout éclata de rire.

— Nos chalands sont en fer, les balles rebondiront inoffensives sur cet obstacle.

Elevant ses mains au-dessus de sa tête en forme de coupe, le bey s'inclina profondément, puis il murmura :

— Agissons donc ainsi qu'Allah te l'inspire.

Des signaux furent aussitôt échangés.

Les quatre chalands, encore garnis de soldats, pris à la remorque par le *Sofia* et le *Tefhrich*, s'ébranlèrent lourdement.

Toute la flottille s'avança vers Fachoda.

Les pièces des deux canonnières faisaient rage.

Des obus ronflaient dans l'air, s'abattaient sur les maisons, sur les murailles.

Des éclatements vibraient.

Une averse de fonte couvrait Fachoda.

Mais les derviches avaient en face d'eux le commandant Marchand et deux cents tirailleurs armés d'excellents fusils.

De suite, le chef de la mission avait compris la nouvelle, tactique des ennemis.

Ils avaient bien raisonné.

Attendant des adversaires venant du Nord, le commandant avait accumulé de ce côté les moyens de défense.

Comme le temps et les travailleurs lui avaient manqué, tout naturellement la partie sud de la ville s'était trouvée négligée.

Dans cette direction, une troupe assaillante ne rencontrerait pas d'obstacles sérieux.

Si les mahdistes parvenaient à débarquer en amont de Fachoda, la colonne de Marchand serait fatalement vaincue par un ennemi si supérieur en nombre.

Mais, à ses qualités de courage et de volonté, l'officier joint un rare sang-froid.

Il n'hésite pas.

C'est sur le Nil qu'est le véritable danger.

C'est à la flottille qu'il s'agit de faire face avec toutes ses forces disponibles.

Il appelle un sergent qui est à dix pas de lui.

— Sergent !

Le gradé s'approche vivement :

— Mon commandant !

— Prenez huit hommes, jetez-vous dans les maïs... et un feu d'enfer. Il faut faire croire aux troupes débarquées qu'elles se heurtent à une force considérable.

— Bien, commandant.

— Et tenez bon jusqu'à ce que nous en ayons terminé avec les embarcations.

— Compris, commandant. Si l'on ne tient pas c'est qu'on sera mort.

C'est Bernard qui prononce si simplement ce mot héroïque.

Il court au retranchement.

Il va lever une escouade.

Et, entraînant ses huit hommes dans ses traces, il disparaît avec eux dans les hautes tiges feuillues des maïs, que leurs longs épis font pencher vers le sol.

Cependant Marchand a transmis ses ordres aux chefs des divers détachements.

Les fusils cessent de prendre pour objectif la colonne de débarquement.

Ils se dirigent vers la flottille.

Mais les Sénégalais ne tirent point.

On leur a dit d'attendre le coup de sifflet du commandant.

Et ils attendent impassibles, tandis que les vapeurs mahdistes approchent, continuant une canonnade endiablée.

Deux hommes tombent, grièvement blessés.

Un autre s'abat à son tour sur le sol.

On attend toujours.

Les bateaux ne sont plus qu'à quatre cents mètres. Ils vont arriver en face des tranchées.

Des chalands part une fusillade nourrie.

Deux Soudanais encore sont atteints.

Les hommes sentent la colère les envahir.

Soudain un coup de sifflet strident déchire l'air. C'est le signal. Enfin !

Les deux cents fusils s'abaissent d'un même mouvement.

Deux cents détonations se confondent en une seule, formant un coup de tonnerre.

Et comme une volée d'oiseaux meurtriers, les balles s'envolent en sifflant.

Ah ! c'est un joli remue-ménage à bord des vapeurs et des chalands.

Ces derniers résonnent comme des chaudrons sous le choc des balles qui, contrairement aux prévisions du marabout Alder, les traversent aisément.

Atteints derrière ce rempart de tôle, qu'ils jugeaient invulnérable, les mahdistes s'affolent.

Leur feu devient irrégulier, de plus en plus mal dirigé.

Ils ne font plus aucun mal à leurs adversaires.

Et la nappe de balles arrive toujours, trouant les coques, les cheminées, hachant les bancs, les agrès.

Alder ordonne de forcer de vapeur.

Les cheminées des canonnières vomissent des torrents de fumée noire.

La marche de la flottille s'accélère. Elle passe devant Fachoda ; elle est passée.

Est-ce que, malgré tout, le plan du chef derviche va s'exécuter jusqu'au bout.

Non. Le commandant veille.

D'un regard, il s'assure que les huit hommes, conduits par le sergent Bernard, tiennent toujours en échec la colonne que l'ennemi a jetée à terre en aval.

Sa physionomie s'éclaire.

Cette poignée de soldats fait son devoir avec une ardeur, une intelligence digne de tous les éloges.

Embusqués dans un champ de maïs qui dissimule leur petit nombre, ils font un feu d'enfer, se déplaçant sans cesse, donnant à l'adversaire l'impression d'une troupe dix fois plus nombreuse.

Les mahdistes n'ont pas avancé d'un pas.

Alors le commandant élève la voix:

— Cinquante hommes avec moi.

En un instant il les a autour de lui.

— Pas gymnastique, ordonne-t-il encore.

Les Soudanais jettent l'arme sur l'épaule et, le chef de la mission à leur tête, ils traversent Fachoda au pas de course.

Les voici de l'autre côté de la ville.

La flottille mahdiste arrive. Elle prend ses dispositions pour débarquer.

Mais le détachement amené par Marchand ouvre le feu.

De nouveau les balles sifflent, s'abattent, ricochent au milieu des soldats du Khalife.

Les mouvements des canonnières deviennent indécis.

D'abord elles veulent remonter le courant, avec une allure plus accélérée.

Les balles françaises accompagnent le mouvement.

Stupéfait, déconcerté par cette résistance à laquelle il ne s'attendait pas, le marabout Alder commande de revenir en arrière.

Les vapeurs, les chalands virent sous la fusillade.

Le virage est terminé. Un cri de joie monte vers le ciel, les mahdistes se croient sauvés.

Erreur.

La grêle de balles les poursuit.

Marchant en tirailleurs le long du rivage, les Soudanais

s'arrêtent de loin en loin, visent avec attention, lâchent leur coup de fusil et repartent en courant.

Devant la ville, le feu redouble.

Mangin a posté tous les soldats disponibles dans les maisons qui bordent le fleuve.

Et pour comble de malheur, un projectile détraque la machine du *Sofia*.

La canonnière reste en panne.

Le *Tefhrich* vient à toute vitesse à son secours.

Mais alors les chalands demeurent immobiles.

C'est la plus merveilleuse cible que des tireurs puissent rêver.

Et les Sénégalais s'en donnent à cœur joie.

La mort fauche infatigablement dans les rangs derviches.

Les soldats du Mahdi, démoralisés, terrifiés, s'affolent.

Chacun veut se coucher au fond des embarcations, où, semble-t-il, on est moins exposé.

Malheureusement il n'y a pas de place pour tout le monde.

Les Derviches se battent entre eux.

Ils tirent leurs couteaux pour conquérir les places convoitées.

Et ils amoncellent des morts, sur les morts que font sans trêve les balles françaises.

Enfin le *Sofia* peut se remettre en marche.

La flottille repart.

Là-bas, les guerriers amenés à terre au début de l'action, rallient les vapeurs avec leurs chalands.

Pas si vite cependant qu'ils ne soient salués par quelques feux de salve qui leur abattent beaucoup de monde.

Et l'expédition mahdiste fuit.

Les bateaux décroissent, décroissent; ils se perdent à l'horizon.

Le marabout est désespéré. Il a été vaincu, ses navires sont avariés et il laisse sur le champ de bataille sept cents de ses soldats.

Il est cinq heures du soir.

Les Fachodanais qui, durant le combat, sont restés prudemment chez eux, sortent alors.

Ils accourent auprès des « *lions français* ».

Ils les félicitent, les embrassent.

Les femmes veulent transporter les blessés.

LE DÉTACHEMENT AMENÉ PAR MARCHAND OUVRE LE FEU....

C'est un enthousiasme général.
C'est à qui apportera des pâtisseries du pays, des rafraîchissements aux vainqueurs.
Et en même temps, tous marquent une sorte d'ahurissement.
Comment deux cents hommes ont-ils pu mettre en fuite six mille mahdistes ?
Rien n'est donc impossible aux Français.
Le fourbe Ra-Moeh lui-même vient leur apporter ses comments.
Avec ses serviteurs, chargés de victuailles, il se présente vant le commandant, lui débite un interminable discours il le compare au Lion, au Soleil, au Dattier.
Toute l'éloquence orientale y passe.

Du reste, le succès de cette journée devait avoir un résultat meilleur encore que ne le supposait le chef de la mission lui-même.

L'exagération chillouk faisait maintenant des Français des êtres invaincus et invincibles, on allait en avoir la preuve.

Le soir même de la victoire, tandis que les Sénégalais et les auxiliaires Yaconcas, au visage tatoué, donnaient la sépulture aux morts, un cavalier arriva au galop dans la ville.

C'était un nomade, enveloppé d'un long burnous flottant.
Il se fit indiquer la demeure du commandant.

Renseigné, il s'y rendit, descendit de cheval à la porte, jeta la bride aux mains d'un gamin qui regardait et pénétra dans la maison.

Marchand était à table.

L'indigène le salua d'une de ces révérences de grand style dont les Arabes ont le secret.

— Tu es le commandant français ? dit-il ensuite.
— Oui. Et toi, qui es-tu ?
— Je suis Akbar, secrétaire du sultan chillouk Fadel.
— Tu m'apportes un message.
— Oui.
— Donne.

Le courrier tendit à l'officier un pli, portant le sceau du sultan chef-général de toutes les tribus chilloukes, et suzerain de Ra-Moeh, cheik du district de Fachoda.

La missive, traduite aussitôt par Landeroin, disait en substance que Fadel avait pensé longtemps qu'Allah était avec le Mahdi.

Mais, en présence du succès remporté le jour même par les Français, il avait compris son erreur.

L'œil d'Allah s'était détourné du Khalife, pour se poser avec douceur sur les Européens venus du Sud.

Cela, afin d'indiquer aux Croyants quelle était la volonté de Celui qui est le plus Grand.

Lui, Fadel, ne résisterait pas à l'appel divin.

Dès le lendemain, il se présenterait à Fachoda et il signerait avec le chef blanc un traité d'amitié et d'alliance.

Il le reconnaîtrait comme son suzerain.

Dire la joie du commandant est impossible.

La décision du sultan Fadel était la consécration définitive, officielle, indiscutable de tous les traités conclus déjà avec les cheiks des divers districts du pays chillouk.

Sans tarder il répondit à Fadel, l'assurant de son affection et du plaisir qu'il aurait à le voir le lendemain.

Le courrier, sans vouloir se rafraîchir, ni se reposer, repartit aussitôt.

Le lendemain, au milieu du jour, une cavalcade imposante arriva à Fachoda.

Deux cents guerriers, armés de lances, faisaient caracoler leurs chevaux.

En tête du cortège chevauchait fièrement le sultan Fadel, au-dessus de la tête duquel quatre cavaliers soutenaient un dais d'étoffe verte.

Marchand reçut le dignitaire avec courtoisie.

Mangin, Baratier, le lieutenant Fouque entouraient le commandant.

Après échange des longues politesses africaines, le traité, préparé par les soins du chef de la mission Congo-Nil, fut lu solennellement par Landeroin, puis par un secrétaire ou *Kogé* du sultan.

Après quoi, les signatures furent apposées.

Ce fut une joie générale.

La France semblait établie à jamais sur les rives du Nil.

Tout, tout ce qui avait été demandé au commandant, ce qui avait été indiqué comme but à cet énergique officier, était réalisé.

Avec des moyens insuffisants, il avait fait ce que nul avant lui n'avait pu même esquisser.

Dans son esprit, il restait bien un point noir :

L'armée anglaise, concentrée autour de Khartoum.

Mais avec sa bonne foi de soldat, il pensait que l'Angleterre ne pourrait que s'incliner devant le fait accompli.

Pauvre grande âme d'officier, il n'était point en état de comprendre les louches compromissions de la diplomatie !

En attendant, l'enthousiasme de tout le monde allait croissant.

Et pour mettre le comble à la satisfaction générale, le 29 août, à trois heures du soir, on signalait au loin le *Faidherbe* et les chalands.

Guidés par Germain, les bateaux lourds avaient pu, à leur tour, sortir des marais du Bahr-el-Ghazal et atteindre le Nil.

C'était le dernier bonheur de ceux qui, depuis trois ans, avaient lutté incessamment pour la fortune, pour l'honneur de la Patrie française.

En tout cas, la présence de la flottille consolidait la situation.

Elle apportait des munitions en abondance, ce qui, chacun s'en rendra compte, est la denrée de première nécessité pour une troupe isolée qui n'a à espérer aucun secours, aucun renfort, et ne doit compter que sur ses propres ressources.

La réception fut des plus chaleureuses.

Officiers, soldats s'embrassaient, se complimentaient.

Et il y avait bien de quoi.

Un instant, Marchand avait craint que les embarcations, laissées en arrière avec Germain, ne réussissent pas à sortir des barrages herbeux du Bahr-el-Ghazal.

Ces lignes, empruntées à une correspondance de Germain, prouvent que ces appréhensions n'étaient pas dénuées de fondement.

Elles démontrent aussi le merveilleux entrain qui animait tout le monde.

. . . .

« Je t'informe donc que, le 29 août, je suis arrivé à Fachoda, après une traversée de quarante-deux jours depuis Fort-Desaix.

« Nous avons mis 22 jours pour traverser 30 kilomètres de marais — un océan d'herbes et de boue ; 22 jours, pendant lesquels il est tombé 19 tornades, 22 jours que moi et mes tirailleurs nous avons passés dans la vase jusqu'aux épaules, piqués par les fourmis rouges, mordus au sang par les sangsues, enlevant à pleins bras la vase putride et les herbes accumulées dans le chenal. Un travail de Romains! La nuit, couchant empilés dans les pirogues, littéralement dévorés par des moustiques géants et transis de froid sous les violentes tornades.

« C'est miracle que le *Faidherbe* soit sorti de là. L'émotion causée par notre arrivée est indescriptible. Ce n'est pas de la joie, c'est du délire, c'est de la folie !

. . . .

Délire ! folie !

Riez, espérez, braves gens.

La désillusion cruelle vous attend.

Vous avez tout vaincu : les hommes, les forêts, la fièvre, les marécages.

La fourberie diplomatique aura raison de vous, pauvres héros !

Elle vous guette, prête à étouffer dans votre gorge le chant de victoire que vous entonnez, ignorants, vous qui êtes braves et loyaux, du danger terrible, souterrain, qui grossit dans la nuit, qui va faire que le sol s'entr'ouvrira sous vos pas.

Pauvres héros ! chantez victoire !

V

LA BATAILLE D'ONDOURMAN.

Victoire inutile, car les tentacules de la pieuvre britannique allaient bientôt se refermer sur la vaillante troupe du commandant Marchand.

C'est ici le lieu de faire l'historique rapide de la lente conquête (?) de l'Egypte par Albion.

Le premier acte de la captation se joua en novembre 1875.

Le gouvernement britannique, mettant à profit les embarras financiers du trésor khédivial, acheta au prix de 3.976.583 livres sterling (99.414.575 fr.) toutes les actions du canal de Suez, dont le souverain était détenteur.

C'était la main mise sur les finances égyptiennes.

Les patriotes de la vallée du Nil ne s'y trompèrent pas et, dès ce moment, ils se préparèrent à la lutte, dans laquelle leur courage devait finalement être vaincu par la ruse et la duplicité britanniques.

Le 11 avril 1882, Arabi, colonel démissionnaire de l'armée du Khédive, assisté de ses fidèles amis, Aly et Abdullah, organisa une émeute.

L'Angleterre et la France qui, à cette époque, n'était pas encore évincée du pays des Pharaons, ripostèrent par une démonstration navale.

Mais au même moment, Derviche-Pacha, envoyé par le Sultan qui, on le sait, est suzerain de la vallée du Nil, Derviche-Pacha, envoyé pour rétablir l'ordre, encouragea les patriotes égyptiens désireux de se soustraire à l'ingérance anglaise.

Le résultat de sa mission ne se fit pas attendre. Une bagarre sanglante se produisit, au cours de laquelle *plusieurs agents consulaires trouvèrent la mort.*

Un journal du Bosphore prétendit à cette époque que

Derviche-Pacha avait reçu 50.000 livres sterling (1.250.000 fr.) pour arriver à cela.

La chose est vraisemblable, car l'aventure servit merveilleusement les Anglais.

En effet, l'Europe réunit une grande conférence internationale, sous la présidence de l'ambassadeur d'Italie, avec mission de rétablir la paix en Egypte.

En réalité, cette conférence, habilement amenée par la Grande-Bretagne, était dirigée contre la France.

Ayant adhéré au Congrès, celle-ci se trouvait en présence de l'Allemagne, de l'Autriche et de l'Italie absolument hostiles, et de la Russie, flottante alors entre deux politiques : l'une aboutissant à l'alliance française, l'autre à l'alliance allemande.

Du fait même du Congrès et de sa situation dangereuse en face de la Triplice, la France avait les mains liées.

Et le journal satirique *The Punch*, avec un sens très exact des choses, publia une caricature qu'il est bon de rappeler.

Elle représentait une table sur laquelle était un énorme pâté, portant l'inscription : Egypte.

Assis de chaque côté, se voyaient deux personnages figurant : l'un, le Français, l'autre l'Anglais.

Le premier était étroitement ficelé. Le second pointait sur le pâté un énorme couteau, une gigantesque fourchette.

La légende suggestive disait :

— Mon cher ami Jacques Bonhomme (1), je suis très marri de vous voir aussi empêché ; excusez-moi toutefois si, moi qui ai les mains libres, je mange un morceau.

Et tandis que l'on bavardait à la Conférence européenne, l'Angleterre expédiait en Egypte une flotte, commandée par l'amiral Seymour, lequel venait croiser devant Alexandrie et avisait les autorités qu'à la moindre tentative de désordre il bombarderait la ville.

Dès lors Albion s'était acquis une position prépondérante.

Divisée surtout par la question d'Alsace-Lorraine, le Congrès ne pouvait rien faire.

---

1. On sait que la caricature a adopté différents prénoms pour désigner les nations. Ainsi Jacques Bonhomme signifie France, John, l'Angleterre, Jonathan, les Etats-Unis, Ivan, la Russie, etc., etc.

Il dut l'avouer.

Aussitôt, l'Angleterre déclara qu'elle agirait seule. Elle arracha au Sultan l'autorisation de débarquer des troupes en Égypte.

Et quand elle l'eut obtenue, elle proclama que, *forcée par les circonstances d'opérer seule dans la vallée nilotique, elle avait le devoir de prendre toutes mesures utiles pour assurer le ravitaillement et la relève de ses régiments.*

La première de ces mesures fut l'occupation par l'amiral Seymour du canal de Suez, qui devint ainsi le *canal anglais.*

La farce était jouée, il n'y avait plus qu'à continuer.

C'est Arabi, le patriote, qui est fusillé par les soldats anglais.

C'est l'armée égyptienne qui est dissoute, puis reformée en bataillons indigènes avec cadres saxons.

Un instant la domination britannique fut mise en péril.

Les officiers égyptiens licenciés, les marabouts dépossédés par les missions évangéliques s'enfuirent en Nubie. Ils se répandirent dans cette immense région du Darfour, du Kordofan, trois fois plus vaste que la France.

Une formidable insurrection éclata.

Mohammed-Ahmed, *fils d'un menuisier comme le commandant Marchand*, se mit à la tête des insurgés, avec le titre de Mahdi ou Prophète.

Donc, en mai 1881, le Mahdi leva l'étendard de la révolte; les Baggaras, peuplade située à l'ouest du Nil-Blanc, lui fournirent ses premières troupes.

Sa proclamation rallia presque tous les chefs de l'islamisme, sauf un cependant, Mohammed-Saleh, qui communiqua le factum au gouverneur du Soudan, Rouf-Pacha.

Les débuts ne furent pas heureux pour le Mahdi. Il subit plusieurs échecs, qui pourtant ne l'empêchèrent pas de marcher en avant, et en janvier 1883, il s'empara d'El-Obeid.

D'accord avec le Khédive, l'Angleterre résolut d'organiser une expédition importante.

On forma une armée composée ainsi :

    8.000 hommes d'infanterie;
    130 hommes de cavalerie;
    6 batteries.

On leur adjoignit quelques centaines de bachibouzouks.

Le véritable chef de ces troupes fut le colonel Hicks, qui forma son état-major de 42 officiers européens. Les troupes anglo-égyptiennes furent d'abord dirigées sur Souakim, puis, le 13 février 1883, elles partirent pour Khartoum.

Le premier combat eut lieu à Assalia. Les insurgés qui barraient la route furent repoussés et cette victoire permit de traverser le Nil à Khartoum. Un peu en avant de cette dernière ville, le colonel Hicks établit son quartier général, à Ondourman.

Tout d'abord, il tenta de reprendre El-Obeid, position assez importante. Mais sa base d'opération était instable et peu sûre, et, le 3 novembre, il se laissa surprendre dans les défilés de Kashgil. Le combat dura trois jours (3, 4, 5 novembre) et fut acharné. Au fanatisme, les troupes anglaises opposèrent une fermeté impassible et se laissèrent massacrer, sauf un soldat, prussien d'origine, qui se sauva en désertant.

A peine cette nouvelle était-elle connue, qu'on enregistrait déjà un second désastre. Dans les gorges au sud de Souakim, le capitaine Moucrieff avait été anéanti par les montagnards soulevés, avec la troupe de 500 hommes qu'il commandait.

Dès lors les échecs, les massacres, les redditions se succèdent avec une rapidité effrayante.

Baker part de Souakim en janvier 1884, il est mis en déroute et sa colonne presque anéantie aux environs de Tokar, à El-Teb, le 4 février. Tokar se rendit et fut immédiatement occupée par les troupes mahdistes commandées par le beau-frère même du prophète : Osman-Digma.

L'émotion fut grande en Europe et surtout en Angleterre lorsqu'on connût cette série de désastres. L'armée du colonel Hicks avait été repoussée partout. De nombreux et importants détachements avaient été massacrés. Aucune ville du Soudan n'avait résisté au fanatisme des soldats du Mahdi.

Gordon, longtemps au service de la Chine et de l'Egypte, entra alors en scène ; il devait diriger l'évacuation du Soudan, mais il se jeta dans Khartoum. On sait comment il y soutint un siège héroïque et comment il y périt après avoir, selon sa propre expression, « fait de son mieux pour l'honneur de son pays ».

Le Soudan était définitivement perdu.

Cependant les Anglais étaient hantés du désir de relier

leur colonie du Cap à l'Egypte, qu'ils considéraient déjà comme un pays conquis. Quel rêve pour eux, qu'un chemin de fer qui irait du Cap au Caire ! Ils se remirent à l'œuvre ; ils tâchèrent d'entourer le Soudan de territoires alliés, d'où la tentative de convention anglo-belge et l'occupation d'une partie de l'Abyssinie par les Italiens.

Puis leurs agents libres, lancés à foison, répandirent l'or parmi les libres tribus du Soudan.

On acheta tout ce que l'on put acheter. C'était *à la cavalerie de Saint-Georges* que l'on voulait devoir le succès définitif.

Mais la formation de la mission Congo-Nil, ses premiers succès modifièrent les plans du gouvernement britannique.

On a vu comment *avait été créé de toutes pièces* le dernier soulèvement mahdiste.

Il n'était qu'un prétexte à la formation d'une armée puissante sur le Nil afin, *qu'en tout état de cause*, les Anglais eussent la supériorité du nombre.

Deux mille hommes, armés de fusils à tir rapide, eussent eu raison des bandes du Khalife.

On en rassembla *trente mille*, avec de l'artillerie, de la cavalerie, sous les ordres de Kitchener, qui prit le titre de *sirdar*, lequel correspond en égyptien au grade de général.

De la sorte, l'expédition *anglaise semblait égyptienne*.

Avec une adresse remarquable, les Anglo-Saxons n'avaient pas voulu négliger même ce détail de mise en scène, le titre du chef de l'armée.

Tandis que la mission Marchand se frayait péniblement un passage à travers les régions inconnues du centre africain, l'armée du sirdar remontait le Nil, à petites journées.

Des canonnières reconnaissaient le fleuve.

On établissait à mesure le chemin de fer, continuant la grande ligne du Nil dont le point terminus est Alexandrie.

Les sections techniques assuraient en même temps les communications télégraphiques.

Ainsi les Anglais gagnèrent Berber, puis Karthoum, ancienne cité, aujourd'hui à peu près ruinée, et qui a été détrônée par Ondourman, créée à l'Est.

Ce fut en ce point que le sirdar Kitchener reçut le rapport de M. Doves, l'agent libre, rapport qui lui apprit l'arrivée à

Fachoda du commandant Marchand et l'occupation de la bourgade.

La nouvelle lui causa un accès de rage incroyable.

Tous les calculs britanniques étaient déjoués par la ténacité, la persévérance, l'abnégation d'une poignée de Français.

Cela était inadmissible.

Il fallait chasser ces intrus.

Et pour cela, tout d'abord, se débarrasser des bandes mahdistes que *l'on avait créées* et qui allaient être massacrées, après avoir inconsciemment fait le jeu des Anglais.

L'armée du Madhi était cantonnée dans les vastes plaines nues, arides, qui entourent Ondourman.

Brusquement, dans les derniers jours du mois d'août 1898, les régiments anglais reçurent l'ordre de se mettre en marche.

On traversa rapidement la distance qui sépare Kartboum d'Ondourman et, le 2 septembre, on était en vue des masses mahdistes.

Au lever du jour, les canons *Maxim* ouvrirent le feu.

La bataille d'Ondourman commençait.

Ce fut un massacre.

Les mahdistes, avec une rare intrépidité, marchèrent à l'ennemi en rangs serrés, mais, *mal armés, en terrain absolument découvert*, ils ne purent pas même aborder les troupes du sirdar.

Les fusils à tir rapide, les obus Maxim pénétraient dans ces masses humaines, y traçant des sillons sanglants, amoncelant les cadavres et les blessés.

Dix fois, les soldats du Khalifat revinrent à la charge, avec un héroïsme, un mépris de la mort au delà de tout éloge.

Pas un ne put arriver à quatre cents mètres du front de bataille anglais.

Le soir, les contingents mahdistes, broyés par cet ouragan de fer, laissant sur le terrain vingt-deux mille six cents hommes, se débandèrent, s'enfuirent, renonçant à la lutte impossible.

Selon leur doctrine fataliste de bons musulmans, leur entreprise était condamnée, puisque Allah n'avait pas permis qu'ils prissent contact avec leurs adversaires.

Mais il n'était pas suffisant pour Albion d'avoir ainsi « saigné » les malheureux que l'on avait soulevés.

Il fallait, par une de ces scènes d'horreur, dont les Anglais sont coutumiers, répandre la terreur dans toute la vallée niliaque.

C'est alors qu'eut lieu la « boucherie d'Ondourman ».

Les Anglais passèrent la nuit sur leurs positions, sans qu'un brancardier dépassât les lignes des sentinelles pour aller porter secours aux blessés dont les gémissements s'élevaient, en un affreux murmure, de la plaine ensanglantée.

Au jour, les bataillons noirs furent formés sur le front de bataille de la veille, et on leur ordonna de marcher en avant.

C'était les obliger à traverser le terrain couvert de morts et de blessés.

C'était condamner tous ceux qui respiraient encore *à être achevés*.

Car l'usage des troupes noires est constant.

Les blessés ne sont jamais épargnés.

Quelques lignes, tracées par des plumes britanniques, ont dépeint l'horrible scène, qui fait donner par des compatriotes mêmes du sirdar le nom de *Charnier d'Ondourman*, à la plaine où la rencontre a eu lieu.

Voici ce que raconte un témoin oculaire, M. E.-N. Bennett, correspondant de la *Gazette de Westminster*.

Celui-ci accompagnait la brigade indigène du colonel Lewis, et il s'exprime ainsi dans un long article, publié par la *Contemporary Review*.

De pauvres diables, à l'agonie, avaient rampé jusqu'à l'ombre étroite d'un rocher ou d'un arbrisseau; ils furent frappés jusqu'à la mort ou criblés de balles; les meurtriers, dans leur brutalité irresponsable, avaient peur à ce point des Derviches, même abattus, qu'ils tiraient à plusieurs reprises sur des cadavres, avant d'oser les dépouiller. Les pillards étaient si maladroits que leurs balles ricochaient dans toutes les directions et que quatre hommes de Warwicks passent pour avoir été mis par eux hors de combat. C'est un scandale que des scènes aussi révoltantes aient été permises sous les yeux d'un général anglais.

Le carnage ne fut pas seulement l'œuvre des valets arabes. *Des ordres furent donnés de tuer les blessés.*

Les Derviches, gisant sur le sable, étaient hachés à coups de baïonnettes ou percés avec leurs propres lances; ceux qui, à quelque distance des lignes, étaient capables, pour leur malheur, d'avancer ou de se retourner, servaient immédiatement de cible. Les coups de feu étaient parfois tirés de si près sur les blessés que l'odeur de leur chair brûlée soulevait littéralement le cœur. Les Soudanais, enchantés de cette

LEURS AGENTS LIBRES, LANCÉS A FOISON...

besogne, passaient continuellement leurs baïonnettes à travers des corps absolument inconscients, qui avaient cessé de donner signe de vie.

Les cas, extrêmement rares, où nos hommes ont été atteints par des blessés ne motivaient pas la destruction, ordonnée indistinctement. On peut admettre le droit strict pour nos soldats de frapper un Derviche à terre, qui les ajuste avec son fusil ou fait mine de leur envoyer un coup de lance; il n'est pas de justification pour la boucherie des vaincus sans armes ou impuissants sur le sol.

Il en fut pourtant ainsi après la bataille d'Ondourman. Des

madhistes, avec bras et jambes brisés, absolument sans armes, furent achevés par les baïonnettes, tués sans pitié. Ces exécutions, indignes de vrais soldats, ne furent pas uniquement le monopole des troupes noires : *nos propres soldats anglais y prirent part.*

LE DRAPEAU FRANÇAIS HISSÉ A FACHODA

J'ai remarqué un magnifique vieillard à barbe blanche couché auprès d'un petit buisson, démonté par une balle à la jambe, à quelques mètres de son fils, un garçon de dix-sept ans, qui avait la jambe droite déchirée par une balle : ni le père, ni l'enfant n'avaient d'arme d'aucune sorte : pourtant un highlander sortit des rangs et plongea sa baïonnette dans la poitrine du vieux. La victime demanda en vain miséricorde, saisissant la baïonnette, rougissant ses mains avec son sang dans un chétif effort pour empêcher un second coup. Aucun camarade, aucun officier ne tenta de l'arrêter.

Et le 29 septembre, le lieutenant Winston Churchill écrivait au *Morning Post*, une lettre dont nous extrayons ces déclarations.

« Beaucoup de Derviches sont venus à nous, jetant leurs armes, levant les mains au ciel et demandant grâce.

« Mais les lois de la guerre n'admettent pas le droit d'un ennemi battu à obtenir quartier.

« Le vainqueur n'est pas obligé d'accepter la soumission.

« Ce peut être un acte de charité, mais non une obligation. »

Le résultat de telles doctrines fut que les pillages et les meurtres continuèrent pendant plusieurs jours après la bataille.

Et cela avec un tel entrain, une férocité si ardente, que le sirdar, malgré son désir de partir aussitôt pour Fachoda, dut retarder son départ.

Le 9 seulement, avec cinq canonnières et des chalands contenant deux régiments noirs, Kitchener s'embarqua à Karthoum.

Le 15, il arrivait à Rentch, à trois cents milles au Sud, où était établi le camp des Derviches.

Il l'enleva de vive force, s'empara de tout ce qu'il contenait et expédia le même jour à lord Cromer, à Londres, un rapport où se trouve le récit suivant :

« Au fort de l'action les canonnières échangèrent quelques coups avec le vapeur *Saphia* ou *Sofia*, faisant partie de la flottille du Khalife.

« Le feu de ce dernier fut bientôt éteint et nos soldats montèrent à bord.

« Onze grands chalands, abrités dans une crique, furent également capturés.

« Plusieurs de ces bateaux étaient criblés de trous. On eût dit qu'ils avaient servi de but, dans un tir à la cible.

« Comme je m'en étonnais, le chef derviche Rekni, amené prisonnier devant moi, me raconta que, le mois précédent, il avait envoyé deux vapeurs et huit chalands, chargés de soldats, contre une troupe d'Européens qui ont occupé Fachoda, bourgade située entre Rentch et le confluent du Bahr-el-Ghazal avec le Nil.

« Ces étrangers, m'affirma Rekni, avaient déployé sur la ville un pavillon qui lui était inconnu.

« J'en demandai la description et n'eus aucune peine à reconnaître le drapeau français.

« C'est bien la mission Marchand qui est là-bas.

« Les rapports de mes agents m'avaient d'ailleurs déjà fixé à ce sujet.

« Je demande à mon prisonnier quelques détails sur sa rencontre avec les Français.

« Rekni se lamente.

« Il a perdu sept cents hommes.

« Ces gens-là sont des diables et ils ont des fusils terribles *qui tirent* sans s'arrêter.

« Il avait écrit au Khalife pour demander des renforts ; mais le général derviche n'a pu lui en envoyer.

« Notre victoire d'Ondourman l'en a empêché.

« C'est là un point à noter, *car il démontre que notre action a sauvé la vie de Marchand et de tous ceux qui l'accompagnaient.* »

C'est en effet sur cette phrase que les Anglais ergotèrent à perte de vue un peu plus tard.

Quoi qu'il en soit, le sirdar ne perdit pas de temps.

De nouveau la flottille anglaise reprit sa navigation.

Partout sur les rives du Nil, les populations terrifiées par la journée sanglante d'Ondourman, dont les détails horribles avaient été portés de tribu en tribu par des coureurs, se soumettaient.

Elles rongeaient leur frein, elles grinçaient des dents en se courbant devant le vainqueur.

Mais elles sentaient toute résistance inutile.

Résister, c'était se condamner à l'anéantissement.

Et, la haine au cœur, une haine dont tôt ou tard, l'Angleterre sentira le poids, les indigènes saluaient les Anglais, ces maîtres nouveaux, déjà aussi détestés que les anciens tyrans turcs.

Partout des drapeaux anglais étaient hissés en grande cérémonie.

Et ce serpent ondulant de pavillons rouges s'allongeait chaque jour vers Fachoda.

Cela était menaçant et terrible.

Là-bas, une poignée d'hommes groupés autour d'une flamme tricolore.

Ici une armée nombreuse, tout un peuple ligués pour écraser les héros de la mission Congo-Nil.

Si grande était la disproportion des forces, que les noirs ressentirent comme une pitié pour ceux qui s'étaient établis à Fachoda.

La sympathie, nous l'avons dit, existait entre nos tirailleurs et les populations.

Le 17 septembre, *quarante et un coureurs* furent dépêchés au commandant Marchand, par un pareil nombre de villages.

Ces messagers lui annonçaient l'approche du sirdar, relataient le nombre de bateaux, de soldats, de canons que l'Anglais avait à sa disposition.

Tous conseillaient aux Français de battre en retraite devant des forces aussi supérieures.

Tous parlaient avec épouvante des massacres d'Ondourman.

Et dans leur ignorance naïve du droit des gens, ils disaient :

— Le Mahdi avait cinquante mille guerriers. Vingt-six mille sont restés là-bas dans la plaine. Morts tous, car l'Anglais n'a pas voulu faire de prisonniers. Songe un peu, toi, qui as si peu de soldats, au sort qui t'est réservé si l'Anglais t'atteint.

Et ils restaient stupéfaits, lorsque le commandant leur répondait.

— Nous pouvons mourir, nous; mais notre drapeau est celui d'un grand pays qui nous vengera si nous succombons.

Cependant, un des premiers informés fut le cheik Ra-Moch.

Ce cauteleux personnage prétexta une tournée à faire aux environs et sortit de Fachoda, à cheval, accompagné par son oncle, son frère et son fils.

Une fois hors de la vue des Français, tous quatre mirent leurs montures au galop et descendirent vers le Nord, pendant environ vingt kilomètres.

C'est ainsi qu'ils atteignirent le village de Babiou.

La flottille du sirdar venait d'y arriver.

Les quatre Chillouks sollicitèrent aussitôt une audience qui leur fut accordée sans difficulté.

Conduits en présence de lord Kitchener, ils se prosternèrent, le front dans la poussière, et le supplièrent de les protéger contre leur peuple, *auquel les Français avaient bien cer-*

tainement versé un philtre enchanté, car en dehors d'eux, toute la population aimait les conquérants de Fachoda.

En profond politique, le sirdar répliqua :

— C'est un philtre sans doute, car les Français sont des sorciers. Mais nous, Anglais, sommes des guerriers. Nous les chasserons et nous aurons pitié des pauvres Chillouks qu'ils ont trompés.

Puis il offrit des rafraîchissements à ses visiteurs.

Il les congédia ensuite en leur conseillant de rentrer le soir même à Fachoda, afin de ne pas éveiller la défiance du commandant Marchand et de ne pas attirer sur eux la colère de ce *sorcier* (1).

Conformément à cette invitation, les Chillouks revinrent à Fachoda.

Ils trouvèrent la ville en mouvement.

Averti de l'approche des Anglais, le commandant Marchand avait pris toutes les dispositions utiles pour résister à une attaque.

Il n'avait pas de canons, ses tirailleurs étaient à peine au nombre de cent quatre-vingts.

Peu importe, il tiendrait là jusqu'au bout.

Il s'agissait de défendre le pavillon de France.

Et, comme il l'avait écrit dans une lettre que nous avons cité plus haut, il pensait, en soldat de France, qu'il faut accomplir son devoir jusqu'au bout parce que, le devoir rempli, on peut toujours mourir.

Baratier, Mangin se multipliaient.

Dans les tranchées, sur les retranchements, les Sénégalais préparaient des caisses de cartouches.

Et les habitants, aimant *leur garnison*, tout comme les villes de la métropole, les aidaient dans la mesure de leurs moyens.

Ils rassemblaient des vivres.

Bien plus, une délégation vint offrir au commandant Marchand, si la guerre se prolongeait, de cultiver et d'arroser les jardins créés par la mission, afin d'assurer le ravitaillement en légumes frais.

Comme on le voit, ces indigènes, que la venue des Français avait tant effrayés, s'étaient métamorphosés en amis.

---

1. *Livre bleu anglais* et *Saturday Review*.

La fermeté, la bonté du commandant avaient tout l'honneur de cette transformation.

D'un accord unanime, les Fachodanais l'avaient supplié de rendre la justice.

Chaque jour, ceux entre qui s'élevait une contestation se présentaient devant Marchand qui, avec son sens droit, sa perception extraordinaire du juste et de l'injuste, prononçait ses arrêts.

Si grande est la puissance de la justice que jamais il ne s'était élevé de réclamations.

Ceux que l'officier avait condamnés exécutaient leur peine sans murmures.

Telle était, le 18 septembre, la situation de la mission Congo-Nil, que l'on a représentée comme précaire.

Dénuée de tout, d'après des racontars intéressés, la mission vivait en réalité dans l'abondance et tout le pays chillouk reconnaissait sa suzeraineté.

VI

A DIVONNE-LES-BAINS

Comment le nom de la coquette station balnéaire vient-il se mêler au récit de la défense de Fachoda?

Il semble qu'il n'y ait aucun lien autre la bourgade nilotique et Divonne-les-Bains.

Erreur!

Toute exploration met en jeu des ressorts multiples, et l'on n'en saurait donner tous les aspects, sans faire *un peu de politique générale*.

Le 4 septembre 1898 d'ailleurs, Son Altesse Abbas-Himli, khédive d'Egypte, était en villégiature à Divonne.

Il occupait la villa Beaujeu, avec son ministre de la police et son médecin; ce dernier, Anglais de naissance et placé près du souverain *par la confiance britannique*.

La lettre que l'on va lire donnera une idée de la façon dont Abbas-Himli accueillit la nouvelle de la victoire d'Ondourman.

Alors que l'Angleterre tout entière tressaillait d'aise, le Khédive fut peiné, démontrant ainsi, une fois de plus, combien l'expédition *Anglo-Egyptienne*, organisée par l'Angleterre, était peu *égyptienne* au sens réel du mot.

Voici la lettre en question.

Divonne, 5 septembre 1898.

Mon cher ami,

Tu avais raison le soir où, avant mon départ, tu soutenais que les Egyptiens ressentiraient la plus vive joie si les troupes mahdistes écrasaient l'armée de Kitchener.

Ils comprennent, disais-tu, que les Anglais victorieux les

opprimeront davantage, et qu'il sera d'autant plus difficile de secouer leur joug qu'ils auront gagné plus de batailles.

Comme c'est vrai.

J'en ai eu la preuve hier.

Je te raconte la chose en manière d'amende honorable.

Hier, vers neuf heures du matin, j'étais entré dans le petit pavillon où se trouve la bibliothèque de l'Etablissement thermal.

Tout en cherchant un volume, je bavardais avec le très aimable bibliothécaire, M. Le Pailleur, lequel me racontait qu'il avait dû se produire des événements graves en Egypte, car le Khédive avait reçu, une heure plus tôt, un télégramme, daté du Caire, et contenant plus de *quatre cents mots*.

J'étais appuyé contre la fenêtre qui s'ouvre sur l'arrière du pavillon.

Au-dessous de moi, j'apercevais un banc, abrité sous les rameaux d'un magnifique pommier.

C'était un coin charmant, isolé dans le parc de l'établissement, isolé à ce point que je le voyais pour la première fois.

J'en fis la remarque à M. Le Pailleur qui me répondit en souriant :

— Bien d'autres l'ont découvert depuis longtemps.

— D'autres ? questionnai-je.

Tu sais combien je suis curieux, tu juges que la phrase de mon interlocuteur m'avait fait dresser l'oreille.

— Le Khédive vient ici tous les jours.

— Lui... Pourquoi ?

— Je n'en sais rien. Mais il affectionne ce petit coin. Et quand il peut se débarrasser de son médecin, il s'asseoit là durant des heures.

Je lui coupai brusquement la parole.

Un homme venait de paraître dans le jardin et se jetait sur le banc.

J'avais reconnu Abbas-Himli.

C'était le Khédive qui se montrait juste au moment où l'on parlait de lui.

Je le considérais, quand il tira de sa poche un carré de papier bleu que je reconnus pour être une dépêche.

Il y jeta les yeux, lut lentement, avec des gestes rageurs.

Enfin il froissa le papier, et les poings serrés, parut menacer un ennemi imaginaire.

— Qu'y a-t-il donc dans cette dépêche, murmurai-je très intrigué ?

M. Le Pailleur s'était approché et regardait aussi.

Soudain un autre personnage accourut auprès du souverain égyptien.

— Bon, grommela le bibliothécaire, le médecin n'a pas tardé à le relancer.

L'Anglais parlait avec volubilité.

Le Khédive haussa les épaules. Sans répondre un mot au docteur, il lui tourna le dos et s'éloigna, tenant toujours dans sa main le télégramme froissé.

Il semblait fou de colère, absolument hors de lui.

Eh bien, dans la journée, nous apprîmes la bataille d'Ondourman, le triomphe de Kitchener, l'écrasement des mahdistes.

Voilà les nouvelles qui avaient tant irrité Abbas-Himli.

Pauvre prince !!

Encore un prisonnier des Anglais, celui-là. Il supporte leur joug avec peine. Un de ces jours il tentera de se révolter et alors... On meurt vite quand on ne comprend pas l'honneur d'être protégé par les Anglo-Saxons.

Mais je tombe en plein tragique, et je voulais seulement te faire connaître une petite observation curieuse.

Je m'arrête. Ecris-moi. Parle-moi de tout et surtout de toi,

Et serre la main que te tend affectueusement,

Ton ami,

Charles.

Ce petit tableau, reproduit par un spectateur, est dédié à certains anglophiles qui prétendent l'Egypte heureuse de la domination britannique.

Le fait se passe de commentaires.

VII

MARCHAND ET KITCHENER

Le 19 septembre au matin, le commandant Marchand venait, selon sa coutume, d'inspecter les retranchements et les campements des divers fractions de sa petite troupe.

Il rentrait en suivant le rivage, regardant sa flottille amarrée le long de la berge, quand son attention fut éveillée par un petit vapeur portant à l'arrière un large pavillon anglais.

Que voulait dire cela ?

A pas précipités, il se rendit à sa demeure.

Devant la porte, gardé à vue en quelque sorte par le capitaine Mangin, se tenait un officier anglais, grand, blond, sec et raide.

— Mon commandant, fit seulement Mangin, une lettre pour vous.

Marchand toisa l'Anglais.

— Vous avez une lettre pour moi.

— Oui, répliqua le Saxon d'un ton cassant, une lettre du sirdar Kitchener, commandant en chef l'armée anglo-égyptienne, gouverneur général de tous les territoires baignés par le Nil.

Non moins sèchement, l'officier français répliqua :

— Sauf des provinces chilloukes et du Bahr-el-Ghazal sur lesquelles flotte le drapeau français.

L'Anglais s'inclina froidement et tendit au commandant la lettre dont l'enveloppe était ornée d'un large sceau.

Le commandant la prit, l'ouvrit d'un coup de pouce et, sans que son visage exprimât la moindre émotion, il lut les lignes suivantes :

Bablou, 18 septembre 1898.

Monsieur,

J'ai l'honneur de vous informer que, le 2 septembre, j'ai

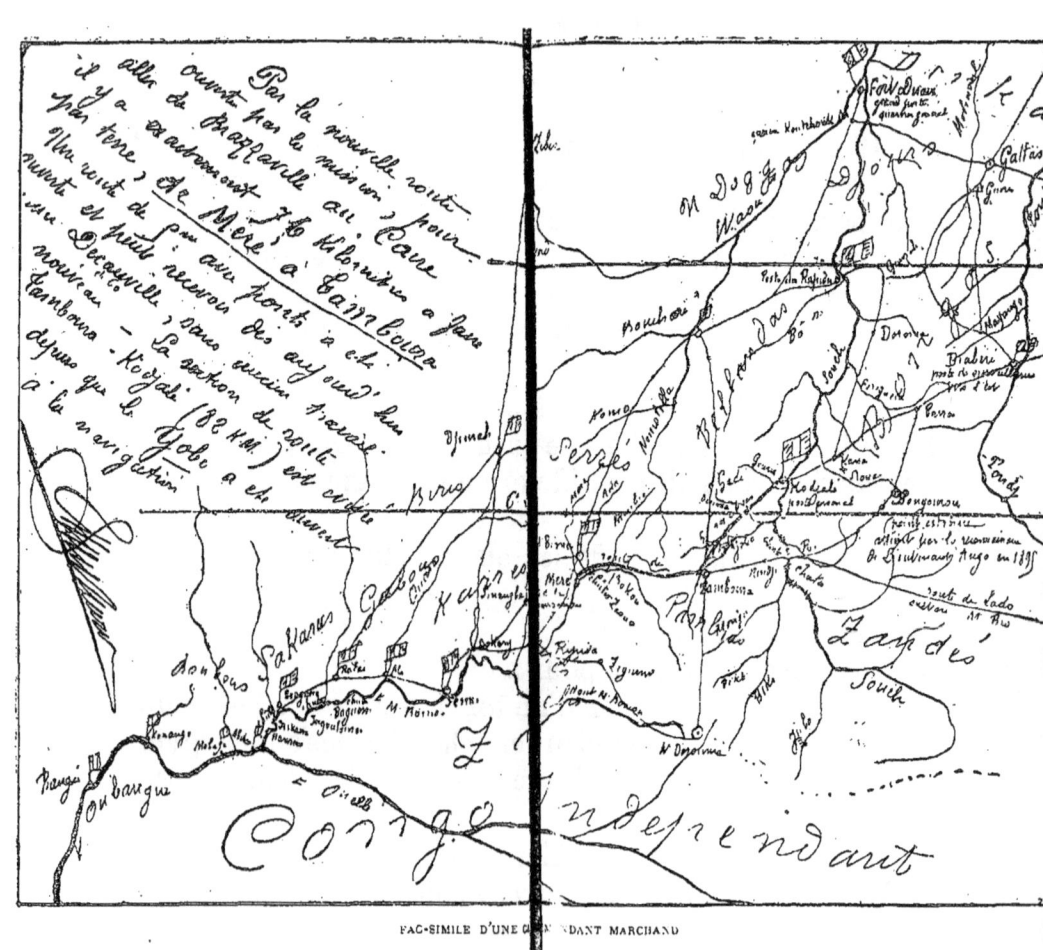

FAC-SIMILE D'UNE [...] DANT MARCHAND

attaqué le Khalife à Ondourman et, ayant détruit son armée, j'ai réoccupé le pays.

Peu après, j'ai quitté Ondourman avec une flottille de cinq canonnières et une force considérable de troupes anglaises et égyptiennes pour me rendre à Fachoda.

En route, à Rentch, j'ai rencontré les Derviches, je les ai attaqués et, après un combat léger, je me suis emparé de leur campement et de leurs bateaux.

L'émir en chef a été fait prisonnier.

Il m'a confirmé que, conformément aux ordres du Khalife, il était allé dernièrement à Fachoda pour chercher du blé et que là il y a eu un combat entre ses gens et des Européens quelconques, ensuite il était revenu à Rentch d'où il avait envoyé chercher des renforts à Ondourman, avec l'intention de chasser les Européens de Fachoda.

Pendant qu'il attendait leur arrivée, nous l'avons attaqué.

Considérant comme probable la nouvelle de la présence des Européens à Fachoda, j'ai cru de mon devoir de vous écrire cette lettre pour vous prévenir des événements qui ont eu lieu dernièrement et vous informer de ma prochaine arrivée à Fachoda.

Signé : KITCHENER.

Le messager attendait toujours.

Enfin le commandant leva les yeux et, avec le plus aimable sourire :

— C'est bien, monsieur, veuillez dire à votre général que je lui ferai connaître ma réponse.

L'officier n'avait rien à ajouter.

Sa mission était remplie.

Il salua militairement, puis, pivotant sur ses talons, il se dirigea vers l'embarcation que le chef de la mission Congo-Nil avait remarquée un instant plus tôt.

Bientôt la chaloupe anglaise regagnait le milieu du courant et s'éloignait dans la direction du Nord.

Marchand ne l'avait pas quittée des yeux.

— Eh bien, commandant ? demanda enfin Mangin.

Sans un mot, le chef lui tendit la lettre.

— Lisez, mon cher ami. Faites lire également à vos camarades. Vous les rassemblerez ici. Pendant ce temps, je vais rédiger la réponse qu'attendent ces Anglais.

Mangin s'élança sans tarder à la recherche des officiers de la mission.

A tous, il communiqua la lettre si impertinente dans son laconisme, que le général anglais avait fait tenir à Marchand.

Certes il se sentait le plus fort.

Il était assuré en outre d'être soutenu par son pays tout entier.

Sans cela, il n'eût jamais parlé sur ce ton, tout au moins inconvenant.

La lecture de son message provoqua chez tous les officiers une explosion de colère.

Une armée anglaise approchait.

Evidemment on ne pouvait l'empêcher d'emporter la ville de Fachoda.

Eh bien, on tiendrait jusqu'au bout.

On avait de la dynamite. On ferait sauter les maisons, les cabanes.

On s'ensevelirait sous les ruines avec les vainqueurs.

Et Germain, dans un accès de lyrisme, s'écria :

— Sur notre tombe on inscrira : Ils étaient deux cents ; ils sont morts en en tuant dix fois plus à l'ennemi. C'est, pardieu, la plus belle épitaphe pour des soldats.

Cependant tous s'assemblèrent à l'endroit indiqué par le commandant Marchand, que Mangin alla prévenir de leur arrivée.

Le capitaine trouva son chef occupé à terminer sa lettre.

— Je suis à vous dans un instant, dit celui-ci.

Et, prenant une enveloppe, il y inscrivit la suscription :

Monsieur le Général Kitchener,
à Babiou
(Haut-Nil).

En même temps il parlait :

— Mangin, vous commanderez de corvée huit Sénégalais et un sergent indigène pour porter cette missive. Il est inutile de faire marcher des Français pour cela.

— De suite, mon commandant ?

— Oui, de suite. Aussitôt que vous connaîtrez ma réponse, ils partiront.

— Bien, j'y vais de ce pas.

— C'est cela. Chargez un gradé de recruter les hommes nécessaires, car je tiens à vous avoir comme auditeur.

Le capitaine sortit, s'acquitta rapidement de la mission qui lui avait été confiée.

Puis il rejoignit ses camarades qui discutaient avec animation.

Au même moment, Marchand parut sur le seuil.

A sa vue, les conversations cessèrent.

Un grand silence se fit.

Tous ces hommes, liés par les dangers affrontés en commun depuis trois années, sentaient qu'une heure décisive allait sonner.

Jamais, à aucune époque, la mission française n'avait rencontré péril aussi grand.

Jamais la fermeté n'avait été aussi nécessaire qu'en ce moment.

Le commandant promena autour de lui son regard clair.

— Vous êtes tous là, mes chers camarades, et tous vous avez pris connaissance de l'étrange lettre, à moi adressée par le général anglais Kitchener.

Ils répondirent oui d'un signe de tête.

— Bien. Voici ce que je crois bon et convenable de lui répondre.

Lentement, avec une nuance d'ironie dans la voix, le chef lut :

« Fachoda, 19 septembre.

« Mon général,

« J'ai l'honneur de vous accuser réception de votre honorée, datée de Babiou, 18 septembre.

« J'ai appris avec le plus vif plaisir l'occupation d'Ondourman par l'armée anglo-égyptienne, la destruction des bandes du khalifat et la disparition définitive du madhisme dans la vallée du Nil. Je serai, sans doute, le premier à présenter mes biens sincères félicitations françaises au général Kitchener, dont le nom incarne depuis tant d'années la lutte de la civilisation aujourd'hui victorieuse contre le fanatisme sauvage des partisans du mahdi.

« Permettez-moi donc, mon général, de vous les présenter

respectueusement, pour vous d'abord et pour la vaillante armée que vous commandez.

« Ce devoir bien agréable rempli, je crois devoir vous informer que, par ordre de mon gouvernement, j'ai occupé le Bahr-el-Ghazal jusqu'à Meschra-el-Reck et au confluent du Bahr-el-Dgebel, puis le pays chillouk, de la rive gauche du Nil-Blanc jusqu'à Fachoda, où je suis entré le 10 juillet dernier.

« Le 25 août, j'ai été attaqué dans Fachoda par une expédition derviche, composée de deux vapeurs que je crois être le *Chiben* et le *Kao-Kao*, montés par 1.200 hommes environ avec de l'artillerie. Le combat, engagé à six heures quarante du matin, s'est terminé à cinq heures du soir par la fuite des deux vapeurs que le courant sauva, avec ce qui restait de monde à bord. La plupart des grands chalands remorqués furent coulés et le *Chiben* fortement avarié.

« A la suite de cette affaire, dont la première conséquence comportait la libération du pays chillouk, j'ai signé avec le sultan, le 3 septembre, un traité plaçant le pays chillouk de la rive gauche du Nil-Blanc sous le protectorat de la France, sauf ratification par mon gouvernement.

« J'ai envoyé expédition du traité en Europe, d'abord par la voie du Sobat et de l'Abyssinie, puis par le Bahr-el-Ghazal et Meschra-el-Reck, où mon vapeur *Le Faidherbe* se trouve actuellement, avec l'ordre de m'apporter des renforts que je jugeais nécessaires pour défendre Fachoda contre une seconde attaque de Derviches, plus forte que la première, et que j'attendais vers le 25 courant. Votre arrivée l'a empêchée.

« Je vous présente donc mes souhaits de bienvenue dans le Haut-Nil et prends bonne note de votre intention de venir à Fachoda, où je serai heureux de vous saluer au nom de la France.

« Signé : Commandant Marchand,
« *Gouverneur pour la France des pays chillouks*
« *et des territoires du Bahr-el-Ghazal.* »

Le sourire reparut sur toutes les physionomies.
Le commandant avait si bien rendu ce qu'il y avait de colère et de dédain dans le cœur de tous.
Ainsi le général anglais avait pu croire qu'il lui suffirait d'annoncer sa venue avec des forces supérieures, pour que la

petite troupe française se retirât devant lui, abandonnant la position conquise au prix de tant d'efforts.

Il comprendrait qu'il s'était trompé.

Personne ne lâcherait pied.

On se défendrait jusqu'à la mort, léguant à la France le devoir de venger ses enfants tombés pour elle autour de Fachoda.

Chez ces hommes, unis par trois années de luttes continuelles, il ne pouvait pas y avoir de divergence d'opinion.

Pour l'honneur, ils étaient venus ici, sur les berges du Nil. Pour l'honneur, ils y resteraient coûte que coûte.

Autant dormir l'ultime sommeil à Fachoda que vivre ailleurs.

Marchand serra toutes les mains tendues vers lui, puis de sa voix calme et grave :

— Mangin, dit-il, veuillez faire porter cette lettre de suite. L'embarcation de notre messager descendra la cours du fleuve, jusqu'à ce qu'elle rencontre la flottille anglaise.

Le capitaine interpellé prit la missive, puis il gagna le rivage.

Déjà les hommes commandés étaient embarqués.

Les avirons parés, ils attendaient le moment de partir.

Le sous-officier indigène reçut le message et le canot, enlevé vigoureusement, fila comme une flèche vers le Nord, tandis que la brise agitait gaiement le drapeau flottant à l'arrière.

Une barque allant à la rencontre de cinq canonnières, c'était bien là l'image des forces des Français et des Anglais sur le Nil.

Après la longue marche à travers la brousse, l'inconnu, quelques héros se trouvaient en présence d'une armée.

Dans la partie terrible qui allait se jouer, l'Angleterre s'était assuré une telle supériorité numérique que l'issue de la lutte n'était pas douteuse.

Et cependant, personne parmi les membres de la mission n'envisagea la possibilité de fuir la bataille.

Ces preux avaient simplement, sans gestes et sans phrases, fait le sacrifice de leur vie.

Cependant le canot s'éloignait toujours.

Depuis longtemps son équipage avait perdu de vue Fachoda et ses palmiers, quand l'un des noirs signala en avant des masses sombres couronnées de panaches de fumée.

Ces masses grandirent rapidement.

Bientôt on distingua la cuirasse des navires et la gueule menaçante des canons pointés dans la direction où le drapeau français avait été déployé.

Les canonnières avait une allure triomphale.

On eût crut que ces coques d'acier empruntaient l'insolence, la morgue de ceux qui les montaient.

Elles semblaient dire :

— Le Nil nous appartient ; aucune nation n'est en état de nous en disputer la possession ; nous écraserons ceux qui seront assez follement braves pour se dresser en travers de notre route.

Et le petit canot, insouciant comme un oiseau de France, avance toujours, sous la menace des pièces d'artillerie.

Il est bien français le petit canot.

Il a la vaillance ironique de Gavroche narguant les balles ; un grand cœur dans un corps frêle.

Et pourtant il a un équipage de noirs, de ces noirs que, dans notre Paris ironique, nous raillons ; auxquels nous accordons une place un peu plus élevée qu'aux chiens, un peu moins haute qu'aux chevaux.

Ces noirs-là sont des Français.

Ils aiment passionnément leurs officiers qui, pour eux, sont l'incarnation vivante de la patrie.

Ils aiment et ils se dévouent.

Et ils disent parfois, avec cette poésie troublante des peuples neufs :

— Couleur di peau ça pas signifier beaucoup, si sang il est toujours rouge.

C'est vrai. Ils ont le sang rouge comme nous et ils sont prêts à le verser pour notre cause.

Sachons nous souvenir. Sachons aimer nos frères noirs.

Ils approchent. Ils hèlent les navires anglais.

On leur indique le *Fatah*, sur lequel le sirdar Kitchener a pris passage.

Les canonnières stoppent.

Le sergent indigène saute sur le pont.

Il salue militairement le généralissime anglais et lui présente la lettre du commandant Marchand.

Kitchener la prend, il l'ouvre, il la lit.

Un geste mécontent lui échappe.

Évidemment il se dit à part lui :

— Ces Français sont fous.

Mais une sorte de respect le pénètre pour ces braves qui narguent son armée, sa puissante artillerie.

Il est soldat aussi, et peut-être que s'il n'était porteur d'ordres formels de l'amirauté, il s'inclinerait.

Peut-être, disons-nous, car il ne laisse rien paraître de ses sentiments.

Il salue le sous-officier pour lui indiquer que l'entrevue est terminée.

Et tandis que le noir descend dans son canot, l'officier anglais fait un geste.

— *Go ahead*... en avant, crie le capitaine de la canonnière.

La flottille reprend sa marche à toute vapeur, laissant en arrière la barque française dont l'équipage pagaie avec rage.

. . . .

Là-bas, sur les remparts de Fachoda, Marchand et ses officiers sont rassemblés.

Ils regardent vers le Nord, d'où les ennemis doivent fondre sur eux.

Ils voient les canonnières, les chalands garnis de soldats.

C'est l'Angleterre qui marche contre la France.

Que voulez-vous?

Depuis Jeanne d'Arc, c'est toujours la même chose. Seulement l'Angleterre a plus d'or aujourd'hui.

Une à une les canonnières stoppent un peu en aval de Fachoda. Les chalands se rangent sous la protection de leurs canons.

Toujours calme, Marchand descend vers le rivage. Germain l'accompagne.

Par son ordre une embarcation est là, les rameurs à leur poste.

Les officiers s'asseoient à l'arrière et le commandant désigne de la main le *Fatah*, sur lequel il a reconnu le fanion du général anglais.

Le bateau glisse sur l'eau, laissant en arrière un sillage qu'aplanit bien vite le courant.

Il vient se ranger le long de la canonnière.

A la coupée, le sirdar attend.

Derrière lui sont alignés plusieurs officiers anglais, raides, froids, compassés.

Une échelle descend vers l'embarcation française.

Le commandant et le capitaine Germain la gravissent.

Les voici sur le pont, face à face avec leurs adversaires.

Tous portent la main à leur coiffure, échangeant le salut militaire.

La scène est pleine de grandeur.

Est-ce un duel à mort qui commence ainsi ?

Le sirdar fait un signe.

Des soldats avancent aussitôt des fauteuils pliants et les officiers anglais reculent de quelques pas, isolant ainsi leur chef et ses hôtes.

Un instant Marchand et Germain considèrent le sirdar Kitchener.

Et enfin le commandant se décide à rompre le silence.

— Je suis heureux, dit-il, de vous renouveler mes félicitations ; votre victoire d'Ondourman, mon général, est le triomphe de la civilisation.

L'Anglais demeure impassible.

Puis il daigne desserrer les lèvres.

— Je suis très sensible à votre approbation. Moi-même, j'ai à proclamer l'admiration que m'inspire votre magnifique traversée de l'Afrique.

Les officiers français s'inclinent.

— Jamais, poursuit le sirdar, œuvre pareille n'a été accomplie. Et nous autres, Anglais, continue-t-il avec une légère ironie, nous autres, qui connaissons l'Afrique mieux que personne, nous avons douté du succès.

Avec le même ton de persiflage contenu, Marchand riposte :

— Vous m'étonnez, mon général. Je croyais votre service de renseignements parfaitement établi.

Le sirdar feint l'étonnement, puis lentement :

— Et vous trouvez-vous bien à Fachoda, commandant ?

— Aussi bien que possible. Après une promenade à travers les marais du Bahr-el-Ghazal, c'est une délicieuse villégiature.

— Oui, on peut s'y reposer, se remettre de ses fatigues.

— Comme vous le dites si bien, mon général.

La conversation affecte un tour amical, mais elle ne le conserve pas longtemps.

Brusquement le sirdar demande :

— Comptez-vous vous y arrêter longtemps ?

Ah çà ! il n'a donc pas compris les termes de la lettre que lui a adressée le chef de la mission.

Ou bien la considère-t-il comme nulle et non avenue.

Aussi, le regardant bien en face de ses yeux clairs, Marchand répond-il d'un air détaché.

— J'y resterai jusqu'au moment où mon gouvernement jugera à propos d'envoyer des troupes de relève.

C'était net.

Le sirdar eut un haut-le-corps :

— Prétendez-vous dire, s'exclama-t-il avec une vibration dans la voix, prétendez-vous dire que vous considérez Fachoda comme ville française ?

A son tour le commandant parut étonné.

— Pardon, fit-il, je ne comprends pas bien sans doute. Vous me demandez si je crois être à Fachoda en pays français ?

— En effet je vous le demande.

— La réponse est simple ; si vous voulez porter votre regard sur ce point...

Et sa main s'étendait dans la direction du moudirieh :

— Vous apercevrez, continua-t-il, un drapeau flottant au haut d'un mât. Peut-être les couleurs ne se distinguent-elles pas à cette distance. En ce cas, je vous apprendrai qu'elles sont les couleurs de France.

Il fit une pause et acheva :

— Elles abritent toujours une terre française.

Les trois hommes gardèrent le silence.

Evidemment Kitchener se recueillait avant de démasquer les prétentions de la Grande-Bretagne.

Puis brusquement il prit son parti.

Après tout il était le plus fort, pourquoi se condamner à être poli ?

Et sèchement il prononça :

— Je pense que vous ne refuserez pas d'abattre ce drapeau ?

— Pourquoi cela, dit tranquillement le commandant, évitant ainsi de répondre à la question.

— Parce que l'Angleterre, au nom du Khédive, a pris possession de toute la vallée du Nil.

— Pas de Fachoda, j'imagine.

— Et que, acheva le sirdar sans tenir compte de l'interruption, je devrais considérer la présence de vos troupes à Fachoda et dans la vallée du Nil, comme une violation directe des droits de l'Egypte et de la Grande-Bretagne.

— C'est une façon d'envisager les choses, déclara philosophiquement le chef de la mission Congo-Nil.

Le sirdar serra les lèvres et lentement :

— D'après mes instructions, je dois protester dans les termes les plus énergiques contre l'occupation de Fachoda et le déploiement du drapeau français dans les Etats du Khédive.

— Et moi, reprit Marchand sans se départir de son calme, j'ai obéi aux instructions précises de mon gouvernement ; j'ai occupé Fachoda et le Bahr-el-Ghazal. Soldat, j'ai rempli la mission dont on m'avait chargé ; il me faut donc attendre les ordres de mon gouvernement pour toute action ou tout mouvement ultérieurs.

Cette déclaration si loyale aurait dû mettre fin à l'entretien.

Devant l'affirmation de l'officier français, le sirdar n'avait qu'à s'incliner et à faciliter à son adversaire les moyens de communiquer avec son gouvernement.

Mais il entrait dans la tactique britannique de placer la France en face du fait accompli.

Aussi Kitchener renoua l'entretien.

— Vous êtes soldat comme moi, commandant. Vous exécutez les ordres à vous donnés, c'est fort bien. Vous ne sauriez donc trouver mauvais que, moi aussi, je conforme mes actes aux prescriptions de l'Amirauté.

A cette question insidieuse, Marchand tressaillit.

Il comprit que son ennemi allait démasquer ses batteries, qu'il allait faire valoir la raison du plus fort, mais sa sérénité n'en fut pas diminuée.

— Puis-je connaître ces prescriptions, général ?

Il ne disait plus comme tout à l'heure « mon général », le « mon », pronom courtois, n'était déjà plus de mise.

— Je vais vous les communiquer, reprit froidement le sirdar.

Et du ton cassant qui paraissait lui être habituel :

— Il m'a été enjoint de rétablir l'autorité égyptienne dans le moudirieh de Fachoda.

— Actuellement sous l'autorité française, interrompit le commandant.

Mais Kitchener haussa les épaules :

BIBLIOTHÈQUE DE DIVONNE-LES-BAINS, OU LE KHÉDIVE ABBAS-HIMLI APPRIT LA BATAILLE D'ONDOURMAN

— Simple apparence, grommela-t-il.
— Apparence, pardon !
— Vous vous êtes installé ici, commandant, uniquement parce que la présence de mon armée occupait au Nord les masses derviches. Sans cela les guerriers du Khalifat se fussent tous rués sur vous et vous auraient certainement écrasé, vous et les vôtres. Morts, vous n'auriez pu vous prétendre les maîtres de Fachoda : or, de par la logique, vous être tous décédés, et votre occupation ne saurait être prise au sérieux par personne.

Les paupières du commandant Marchand battirent.

L'extraordinaire raisonnement sur lequel la diplomatie anglaise voulait s'appuyer pour mener à bien la monstrueuse spoliation qu'elle méditait ; ce raisonnement venait d'être formulé pour la première fois.

VUE DE FACHODA LORS DE SON OCCUPATION PAR LA MISSION MARCHAND

Et les officiers français avaient senti une angoisse leur serrer le cœur.

Ils avaient deviné dans quelle impasse les poussait la perfidie anglaise; perfidie préméditée, car, durant les négociations qui s'engagèrent bientôt entre les cabinets de Paris et de Londres, lord Salisbury, appuyé par une formidable campagne de presse, se borna à répéter sur tous les tons :

— Il n'y a pas d'occupation française du Bahr-el-Ghazal, de Fachoda. La mission Congo-Nil doit être supposée détruite par les Derviches. Plus de mission, partant plus d'occupation.

Toutefois Marchand ne céda pas.

Il se contraignit à sourire et gaiement.

— Ma foi, général, vous avez le don de la plaisanterie. Permettez-moi seulement de faire remarquer que, pour des trépassés, mes soldats et moi-même sommes en assez bonne santé.

Arrogant, le sirdar s'écria :

— Je ne plaisante jamais.

— Pourtant.

— Je vous tiens pour disparus, et je crois que vous ne vous opposerez pas à ce que je conforme ma conduite aux ordres de l'Amirauté.

Et comme Marchand secouait la tête :

— Veuillez réfléchir, commandant, avant de prendre une décision. Comparez les forces dont nous disposons l'un et l'autre.

— J'ai comparé avant de me rendre auprès de vous, répliqua tranquillement Marchand.

— Bien. Alors vous vous êtes rendu compte que je dispose de troupes...

— Dix fois supérieures en nombre, oui, général, je m'en suis rendu compte.

— En cas de conflit, qu'arrivera-t-il ?

Le visage du sirdar rayonna d'une joie méchante, tandis que ses lèvres formulaient cette dernière question :

Mais plus paisible que jamais, le commandant dit :

— Il est presque certain que nous serons vaincus.

— Vous ne risquerez donc pas une lutte par trop inégale ?

Un éclair passa dans les yeux noirs de Marchand. Son visage énergique s'anima, son front large sembla se nimber d'une auréole.

— Vous vous méprenez, général, fit-il d'une voix vibrante. De ce que la lutte est sans issue, il ne s'en suit pas que l'on doive la fuir.

— Que voulez-vous dire ?

— Qu'avant toute chose, il faut conserver l'honneur.

— L'honneur... mais il ne commande pas une folie.

— Il commande le sacrifice, général.

Contrarié de cette résistance, à laquelle il ne s'attendait certainement pas, le sirdar fronça les sourcils; menaçant, il demanda :

— Alors, si je prends mes dispositions de combat?...

Marchand, déjà apaisé, répondit simplement:

— Je me soumettrai à l'inévitable. Je dirai à mes compagnons: Vendons notre vie le plus cher possible, et soyez assuré, général, que tous, officiers et soldats, feront de leur mieux.

— Mais vous avez deux cents fusils contre deux mille.

— Quand la cible est plus large, les coups portent mieux.

— Vous manquez d'artillerie.

— Nous avons un drapeau.

— Le plus léger espoir de vaincre vous est interdit.

— Nous avons la certitude de bien mourir.

Immobile, muet, le capitaine Germain assistait frémissant à cette émouvante discussion du soldat sans peur contre l'ennemi déjà virtuellement vainqueur.

D'un mouvement irraisonné, il saisit la main de Marchand et l'appuya sur son cœur.

Le chef de la mission le regarda avec émotion, puis s'adressant au sirdar :

— Vous le voyez, général, lui aussi pense comme moi.

Décidément l'intimidation n'aurait pas raison des Français.

L'officier britannique le comprit.

Et changeant brusquement de ton.

— Je voulais seulement établir nettement nos positions respectives ; mais mon amour de l'humanité m'empêchera de créer une situation pouvant conduire à des hostilités.

Il respira longuement et poursuivit:

— Je suis prêt à mettre à votre disposition une de mes canonnières, pour vous transporter, vous et les vôtres, vers le Nord.

— Me suis-je si mal expliqué, interrompit Marchand, que vous me croyiez capable d'accepter votre proposition.

— Il me semble...

— Je suis soldat, général. Un poste est confié à ma garde. Je ne dois l'abandonner que si mon pays m'en donne l'ordre.

Et après un silence.

— J'utiliserais volontiers l'un de vos vapeurs pour envoyer à Alexandrie et de là, en France, l'un de mes officiers qui rendrait compte de la situation au gouvernement français.

— Je ne puis souscrire à cette demande...

— Alors les choses resteront en l'état.

Le sirdar se souleva à demi, comme pour rompre l'entretien.

Mais il se ravisa et tendant la main au commandant:

— Je vous approuve. A votre place, je n'agirais pas autrement. Nos gouvernements apprécieront.

Pour nous, nous sommes des soldats.

Nous ne connaissons que notre consigne.

On vous a ordonné de hisser le drapeau français sur Fachoda, vous l'avez fait.

De même je suis chargé de planter le pavillon anglais sur la même ville.

Vous avez obéi en ce qui vous concerne.

J'estime devoir obéir également.

Je ne pense pas que vous vous considériez comme autorisé à m'empêcher d'arborer mon pavillon sur Fachoda?

Insidieuse était l'interrogation.

Le commandant en eut conscience à l'instant même.

Le terrain choisi par le sirdar était excellent.

Refuser d'acquiescer à sa requête, c'était prendre la responsabilité d'un conflit et placer le gouvernement français en mauvaise posture.

L'admettre avait, il est vrai, l'inconvénient de répandre l'incertitude dans l'esprit des populations chilloukes.

Mais il n'y avait pas à hésiter. Entre deux maux, il fallait choisir le moindre.

Et, non sans tristesse, Marchand murmura:

— Non, je ne me crois pas autorisé à cela.

— J'en étais sûr, s'écria le sirdar.

De nouveau il secoua la main du commandant qui se laissa faire sans conviction, puis il fit un signe.

Aussitôt l'un des officiers anglais sortit du groupe qui, de loin, avait suivi toute la scène.

Celui-ci portait les insignes de colonel.

— Je vous présente M. le colonel Wingate, fit cérémonieusement Kitchener.

Et les officiers français ayant répondu par un salut correct mais froid.

— Si vous le jugez bon, le colonel choisira, de concert avec celui de vos compagnons que vous voudrez bien désigner, l'emplacement où seront arborées les couleurs anglaises.

La figure du commandant Marchand se contracta légèrement.

Pourtant cette émotion ne dura qu'une seconde.

Le chef de la mission Congo-Nil appuya la main sur l'épaule de son compagnon.

— Monsieur le capitaine Germain, dit-il, vous voudrez bien vous entendre à ce sujet avec M. le colonel Wingate.

Tous étaient debout.

On échangea un froid salut et les officiers français redescendaient dans le canot qui les avait amenés.

Un quart d'heure plus tard, une chaloupe quittait le *Fatah*.

Elle amenait à terre le délégué du sirdar.

Germain se porta à sa rencontre et reçut le colonel au débarqué.

Tous deux parcoururent le retranchement, tandis qu'à deux cents mètres de la tranchée occupée par les tirailleurs, les chalands anglais déversaient sur le rivage un flot humain.

Les deux mille hommes du sirdar se rangeaient en face des deux cents Sénégalais du commandant Marchand.

Cependant Germain discutait avec Wingate.

En fin de compte, ils choisirent pour l'érection du drapeau anglais un bastion en ruines dans la partie sud des vieilles fortifications, à environ cinq cents mètres du moudirieh sur lequel se balançait le pavillon tricolore.

Ceci fait, Wingate retourna auprès du sirdar rendre compte de sa mission.

Le capitaine Germain, de son côté, rejoignit son chef.

Alors, impuissants, rongeant leur frein, pâles et les yeux luisants de colère, les Français assistèrent à la cérémonie de la prise de possession de Fachoda.

Les troupes anglaises s'étaient massées en face du bastion désigné.

Plusieurs soldats, dirigés par des sous-officiers, y plantèrent solidement un mât, au haut duquel le pavillon fut hissé.

Alors les régiments britanniques présentèrent les armes.

Et comme les Français, noirs et blancs, regardaient les dents serrées, une détonation violente éclata sur le Nil.

Tous tournèrent les yeux de ce côté.

Une fumée bleue montait lentement au-dessus de l'une des canonnières.

Et soudain un jet de flamme jaillit de ses flancs d'acier, de nouveau une explosion ébranla l'atmosphère.

Puis les autres vapeurs se mirent de la partie.

Les Anglais saluaient le drapeau d'une salve de vingt et un coups de canon.

Sur les terrasses des maisons, dans les rues, les Fachodanais s'abordaient inquiets, ne comprenant rien à ce qui se passait.

Les Français comprenaient, eux, et leur cœur saignait.

Enfin l'artillerie se tut.

Les troupes se disloquèrent.

Et là-bas, sur le bastion ruiné, le drapeau égyptien flotta seul, suprême raillerie du plus fort.

Puis un mouvement se produisit.

Une partie des soldats britanniques se rembarquaient.

Le sirdar venait de nommer le major Jackson gouverneur de Fachoda pour l'Angleterre.

Il lui laissait un bataillon d'infanterie, quatre canons et une canonnière.

Mais avant de quitter lui-même le pays, il adressa au commandant Marchand une lettre, par laquelle il protestait, au nom des gouvernements égyptien et anglais, contre toute occupation par la France, d'un territoire quelconque dans la vallée du Nil.

Il avisait en même temps le chef de la mission que, *ayant arboré le drapeau égyptien sur Fachoda, le gouvernement de ce pays était formellement repris par l'Egypte et que le Kaimaikan Jackson-Bey en était nommé gouverneur à la date du 19 septembre.*

Comme on le voit, le sirdar abusait de la supériorité de ses forces pour commettre une véritable trahison, pour violer cyniquement la parole donnée.

Il avait été convenu, dans l'entrevue des deux officiers,

que chacun arborerait son drapeau *comme soldats exécutant leur consigne*, et que, *les gouvernements auraient ensuite à discuter sur la validité de cet acte*.

Or, à peine son pavillon hissé, le sirdar fait litière de ses promesses.

Il affirme que l'Egypte a repris *formellement* possession du moudinieh de Fachoda.

Il n'y a plus de discussion possible.

Cela ne lui suffit pas.

Une sorte d'armistice a été conclu entre les adversaires.

L'Anglais en profite pour remonter le Nil avec les quatre canonnières et les chalands qui restaient disponibles.

Le 20 septembre, il arrive au confluent du Sobat et du Nil-Blanc.

En ce point, il arbore le drapeau égyptien et y installe un fortin auquel il donne pour garnison un demi-bataillon d'infanterie, des canons Maxim et une canonnière.

Puis il occupe le Bahr-el-Ghazal.

Et ayant ainsi, au mépris des règles les plus élémentaires du droit des gens, coupé la ligne de ravitaillement de la mission Congo-Nil, il décrète que le transport du matériel de guerre et des vivres par le Nil est interdit à toute embarcation naviguant sous un autre pavillon que le pavillon anglais.

Le but était d'affamer la mission Marchand et de la mettre dans l'impossibilité de renouveler ses munitions.

Au retour, il passa par Fachoda et avisa ironiquement le commandant des dispositions qu'il venait de prendre.

Il avait déjà du reste envoyé un vapeur à Ondourman, afin de télégraphier à Londres que la mission Congo-Nil se trouvait dans une situation lamentable, sans munitions et sans vivres.

Et, sans doute pour se réserver la possibilité de se vanter de son humanité, il expédia à Marchand une caisse de vin.

Pour ne pas demeurer en reste de politesse, Marchand envoya à son tour au sirdar, au moment où celui-ci s'embarquait, une provision de légumes frais et une gerbe de fleurs, avec cette lettre d'une courtoisie exquise et d'une ironie bien française :

Mon général,

Je viens d'apprendre que vous avez laissé une caisse de

bouteilles de vin ; je suis profondément touché de cette délicate attention, quoique nous soyons abondamment pourvus de tout. Permettez-moi de vous offrir, en échange amical, le modeste produit de nos jardins, dont vous devez probablement manquer à Ondourman.

Veuillez agréer, etc.

MARCHAND.

Et puis, le sirdar disparut remontant vers le Nord, allant chercher la moisson d'honneurs et *d'argent* que les Anglais, ivres d'orgueil et de joie, ne lui marchandèrent pas.

Cet homme qui avait vaincu des bandes mal armées, sans pertes appréciables, fut proclamé un héros. On le félicita de la façon dont il avait traité les *bandits français de Fachoda*.

Nul éloge, nulle récompense ne semblaient assez grands pour lui.

Et pendant ce temps, les deux cents braves de la mission Congo-Nil demeuraient à Fachoda, l'arme au pied, en face du bataillon anglais commandé par le major Jackson.

C'étaient les tracasseries journalières de deux pouvoirs rivaux, se heurtant à tout instant.

La situation était rendue plus pénible encore par la morgue anglaise. Le succès décisif leur semblait si certain, que vraiment ils eussent regretté de refréner leur insolence.

Mais le commandant, inébranlable dans son devoir, opposait à toutes les piqûres d'épingles, à toutes les taquineries, un sang-froid stoïque.

Maintenant sans doute les gouvernements délibéraient.

Il ne fallait pas créer de difficultés au cabinet français en écoutant les conseils de la colère.

Non, on aurait, et jusqu'au bout, le plus grand des courages, celui de supporter les pires blessures, celles qui font saigner l'amour-propre.

Et l'on offrirait ces souffrances nouvelles à la France, la patrie bien-aimée.

VIII

LE DUEL PARIS-LONDRES

En Europe, comme dans la vallée du Nil, les Anglais avaient brutalement formulé leur ultimatum :

Aucun Français dans le bassin nilotique.

Aux arguments de M. de Courcel, notre ambassadeur à Londres, aux notes émanant du ministère des Affaires étrangères, lord Salisbury, parlant au nom du Royaume-Uni de Grande-Bretagne, répondait simplement :

— Le Nil appartient à l'Egypte, nous avons rétabli la suzeraineté du Khédive dans tous ses Etats, il nous est impossible de frustrer ce souverain en abandonnant une part quelconque des territoires sur lesquels s'étend son autorité légitime.

Demandait-on une compensation, au cas où l'on abandonnerait Fachoda, le premier ministre anglais répliquait avec les apparences de la plus vertueuse indignation.

— On ne peut admettre l'idée d'une compensation pour la restitution d'une chose dont on s'est indûment emparé.

Toute la presse britannique hurlait la menace contre la France.

Les feuilles gallophobes publiaient complaisamment les tableaux comparatifs des unités de combat des flottes anglaise et française.

Il résultait de ces compilations que le Royaume-Uni pouvait mettre en ligne trois navires contre un ; qu'en cas de conflit, la marine française serait anéantie à coup sûr.

Nos gouvernants le savaient mieux que personne.

Aussi tâchaient-ils seulement d'éveiller dans le cœur des hommes d'Etat anglais quelques sentiments de justice.

Peine perdue.

La France n'était pas en état de faire la guerre, il n'y avait donc pas à la ménager.

Et les articles violents se reproduisaient chaque jour.

Et les arsenaux anglais étaient pris d'une fièvre d'armements.

Sur toute la côte britannique on travaillait sans repos, sans trêve, afin d'augmenter encore les chances d'écraser la *nation amie*.

Nous soulignons ces deux mots avec intention.

Par une ironie cruelle, les publicistes anglais désignaient ainsi la France.

Et, jouets d'une aberration incompréhensible, il se trouvait des Français, il s'en trouve encore pour préconiser l'alliance avec l'Angleterre.

Je sais bien que, dans toute association, il y a un trompeur et un trompé; mais enfin une nation digne de respect doit s'efforcer de n'être ni l'un ni l'autre.

Bref, la question paraissant insoluble, les cabinets décidaient que l'un des officiers de la mission Congo-Nil serait appelé à Paris, afin d'y remettre le rapport du commandant Marchand et d'assurer ainsi une base sérieuse de discussion.

Averti, Marchand désigna le capitaine Baratier.

Celui-ci gagna le Caire, Alexandrie.

Il s'embarqua à bord du vapeur *Sénégal* où, par suite d'une coïncidence assez bizarre, le sirdar Kitchener avait également pris passage.

Voici comment une aimable femme, épouse d'un fonctionnaire de l'administration indo-chinoise, raconte ses impressions en voyant les deux hommes en présence.

La lettre adressée à une amie a dû être tronquée, car elle contenait des confidences toutes personnelles. Nous remercions cependant la destinaire de nous avoir autorisé à en publier les extraits qui suivent.

« Cela a été drôle au possible. »

A l'heure du déjeuner, le sirdar est arrivé des premiers.

Il s'est installé à table en homme doué d'un appétit exigeant.

Si bien que j'ai pu l'examiner tout à mon aise, car il n'avait d'yeux que pour son assiette.

Eh bien, il ne m'a pas plu, mais là pas du tout.

— Heureusement, vas-tu t'écrier. Il ne manquerait plus à mon amie qu'une passion pour le sirdar, alors que son mari étouffe à Hanoï au milieu des jaunes Tonkinois.

Rassure-toi, la vue du vainqueur d'Ondourman n'a pas mis en péril mon attachement à mes devoirs.

Il n'est pas mal, mais son visage est dur.

Et puis, et puis surtout, il y a dans toute sa personne quelque chose de terre à terre...

Vois-tu, ce général-là doit manquer d'idéal.

Donc, il mangeait de bon appétit quand un jeune capitaine français, au dolman bleu tout battant neuf, entra dans le salon.

Il regarda autour de lui, aperçut une place libre et s'y installa, juste en face de M. Kitchener.

C'était le capitaine Baratier.

C'est très vrai ce que l'on disait à la résidence.

Il a l'air jeune, très jeune.

Et bien que bronzé par son voyage d'Afrique, on s'étonne de voir sur ses manches les trois galons.

Je doutais de la petite anecdote, contée par M. Rissier, au dîner qui a précédé mon départ, maintenant je ne doute plus.

A propos, tu n'étais pas à ce dîner, donc tu ne connais pas l'anecdote et tu dois déjà penser :

— Elle est folle, ma bonne chère amie. Toujours la même.

Je veux te prouver, chère médisante, que je jouis de toute ma raison et je te narre la chose.

Il paraît qu'avant de rejoindre la mission Marchand, le capitaine Baratier avait l'air d'un véritable... gosse ; passe-moi le mot... tu sais que je suis de l'avis du docteur Monpati et que j'approuve l'usage modéré de l'argot quand il augmente l'intensité de l'impression...

J'ai l'air d'une *pionne*, c'est ridicule... admets *gosse* sans explication.

Donc le capitaine était à Alger.

Déjà chevalier de la Légion d'honneur, il se promenait en civil sur le port avec le petit ruban rouge à la boutonnière

Un agent de police l'aperçoit.

Le digne gardien dévisage le promeneur.

| Déclaration du 5 Août 1890 | 5° | 10° | 15° | E | 20° | 25° | 30° | Le Caire |

Il se déclare que c'est là un enfant qui s'amuse à jouer avec l'insigne sacré de la Légion d'honneur.

Bref il arrêta le capitaine et lui intima l'ordre de retirer son ruban, parce que *on ne joue pas avec ces choses-là*.

Explications, excuses... Pourquoi donc t'ai-je raconté cela?

Ah oui! pour te dire que l'histoire me paraît vraie, maintenant que je connais Baratier.

Donc le capitaine s'installe.

Il a un petit mouvement de surprise en voyant Kitchener.

Celui-ci à son tour aperçoit l'officier français.

Tous deux se lèvent, se saluent, puis se rasseoient.

Cela m'a impressionnée.

Ça a l'air tout simple, et bien! il y a là-dedans une grandeur... une... Enfin c'est la chose militaire, ça se sent.

J'étais à deux places de distance et je tendais les oreilles.

Je me demandais si les rivaux allaient se parler.

Parfaitement, ils se sont parlé.

— Monsieur le capitaine Baratier, je crois, a dit le sirdar.

— Lui-même, mon général.

— Je suis plus heureux de vous voir ici qu'à Fachoda, car nous ne sommes plus adversaires et je puis, sans arrière-pensée, vous déclarer l'admiration que j'éprouve pour la mission Marchand et pour vous-même.

Le capitaine s'est mis à rire.

— Bon! Mon général, vous m'embarrassez.

— En quoi?

— En ceci : si je ne vous félicite pas de votre victoire d'Ondourman, j'agirai en malappris, et si je vous félicite, après vos compliments, j'aurai l'air d'un monsieur qui passe le séné en échange de la rhubarbe.

Tout le monde a ri et moi plus que les autres.

C'était si drôle cette façon de ne pas féliciter cet affreux Anglais qui nous ennuie à Fachoda.

D'autant plus que nous devrons céder, j'en ai bien peur.

C'est peut-être parce que je suis la fille d'un officier, mais cela m'horripile d'être obligé de céder.

Non, non, ne ris pas, méchante chérie, je n'ai pas mauvais caractère, puisque tu grondes toujours et que je me soumets comme une amie bien sage.

Mais abattre notre drapeau!...

Ah! si j'étais un homme, quel bon petit soldat je ferais.

Enfin le ciel en a décidé autrement.

Donc, le sirdar qui n'avait pas compris la plaisanterie, — les Anglais ça ne comprend rien — reprend d'un air aimable.

— Et vous allez à Paris, capitaine ?

— Comme vous à Londres, mon général.

Il vous avait un air en répondant, ce petit capitaine.

J'avais envie de l'embrasser.

Mais j'ai pensé que tu aurais crié à l'inconvenance et j'ai muselé mon patriotisme.

— Vous êtes en congé ?

— Non, mon général, en mission.

— Ah !

— Oui, je porte à mon gouvernement le rapport du commandant Marchand.

— Oh! oh!

Cela interloque le sirdar.

Mais il se remet et... tu vas voir s'il est terre à terre.

— Ce sont des éléments de discussion diplomatique que vous emportez là.

— Je le crois, mon général.

— Pensez-vous donc que la France songe à maintenir l'occupation de Fachoda.

Tu vois si c'était maladroit.

Seulement, le capitaine l'a rappelé à l'ordre, va... il est charmant.

— Ma foi, mon général, je ne sais à quoi songe la France, mais je puis vous affirmer que si cela ne dépendait que de moi, un seul drapeau flotterait sur la ville... le mien.

Du coup, le sirdar s'est rendu compte qu'il s'était engagé dans une mauvaise voie et il a détourné la conversation.

— Vous serez bien reçu en France.

— N'ayant rien fait de mal, je suis en droit de l'espérer.

— C'est juste.

— Mais le commandant Marchand, vous-même serez récompensés.

— Nous le sommes.

— Comment cela ?

Le capitaine montra sa boutonnière.

— Oui, oui, fit lourdement l'Anglais, une décoration...

certainement c'est agréable ; mais il est bon aussi d'être à l'abri du besoin. Je pense que vous obtiendrez une grosse somme d'argent.

— Une somme d'argent?

— Oui, en Angleterre, cela ne manque jamais. Ainsi, à la nouvelle de la victoire d'Ondourman, la reine m'a conféré le titre de lord et m'a crédité sur le trésor d'une somme de sept cent cinquante mille francs.

Et, Baratier le considérant avec une expression inexprimable, il ajouta :

— Et vous?

— Moi, répondit le capitaine, si l'on m'offrait de l'argent, je refuserais et tous mes chefs ou camarades refuseraient comme moi. Notre mission n'avait rien de commercial, elle n'a pas besoin de rapporter de gros dividendes.

Hein ! Est-ce gentil?

. . . .

Nous entrons à Marseille, ce 26 octobre.

Ah oui! il a été bien reçu notre petit capitaine.

Je dis notre, parce qu'il nous a toutes conquises par sa bonne humeur, sa simplicité.

Et il faut l'entendre parler de son commandant.

Il a pour lui un véritable culte.

Ç'a été une fête pour tous quand M. Jullemin, envoyé par le ministère des Affaires étrangères, est venu saluer Baratier et lui a annoncé sa nomination au grade d'officier de la Légion d'honneur.

Et la foule donc, tu n'as pas une idée des cris.

— Vive Marchand! Vive Baratier.

Il paraît qu'il est descendu à l'*Hôtel des Colonies*, et que l'on ne peut plus circuler dans la rue, tant la presse est grande.

Oui certes, l'enthousiasme des Marseillais fut énorme ainsi que l'indique l'aimable correspondante dont nous venons de lire les impressions.

Les délégations se succédaient.

Le colonel Faure Durif présentait au jeune officier plusieurs membres de la Société de Géographie.

Les élèves de l'Ecole supérieure de la Marine lui offraient une croix d'officier de la Légion d'honneur.

Puis venaient le Comité d'Egypte, le Comité d'Ethiopie, de nombreux Comités coloniaux.

Le jeune homme eut à peine le temps d'embrasser sa mère et son frère avant de prendre le train pour Paris.

Il partait le cœur plein d'espoir.

Hélas! le 4 novembre, il devait quitter la France, désespéré, les larmes aux yeux, le cœur saignant.

IX

L'AGONIE MORALE

Le commandant Marchand, depuis le départ de Baratier, *ne vivait plus* selon l'énergique expression populaire.

A certains moments, il espérait que son rapport communiqué au gouvernement français, permettrait au ministre des Affaires étrangères de réfuter victorieusement les assertions de lord Salisbury.

Puis il se souvenait de l'opposition systématique que les agents anglais lui avaient faite pendant toute la traversée de l'Afrique.

Et le doute le reprenait.

Ce lui était une souffrance poignante, une angoisse atroce de voir, à cinq cents mètres l'un de l'autre, les drapeaux égyptien et français agités par le vent embrasé du milieu du jour.

Lequel devait disparaître ?

Lequel devait s'humilier, s'abaisser devant l'autre ?

Il ne parlait plus. Le sourire n'éclairait plus sa physionomie.

Tout son être était là-bas, en France, auprès de ceux qui discutaient au nom du pays avec la perfide Angleterre.

Les jours lui semblaient interminables.

Il les comptait, cherchant à calmer sa douloureuse impatience par le raisonnement.

— Aujourd'hui Baratier est à Marseille; demain il sera à Paris, se disait-il.

A la fin, il ne put plus supporter l'attente.

Il remit le commandement de Fachoda aux capitaines Mangin et Germain, puis il s'embarqua sur le *Faidherbe* qui prit, à toute vapeur, la route du Caire.

A Ondourman, à Berber, à Atbara, le commandant rencontra de la part des officiers anglais un accueil courtois.

Mais cette correction même de ses ennemis prenait l'apparence d'une ironie mordante.

A Atbara, il laissa son vapeur.

Il monta en chemin de fer et, à travers le désert lybique, un train anglais l'emporta vers Ouady-Halfa, Chellal, Assouan, Le Caire.

Il ne devait pas aller plus loin.

Une députation de la très importante colonie française, établie dans la capitale égyptienne, vint le visiter.

Dans un éloquent discours, on lui exprima l'admiration ressentie par tous pour le héros de l'exploration africaine.

Tous ces cœurs français battaient à l'unisson.

Mais quand il lui fallut répondre, sa voix s'étrangla dans sa gorge.

Il serra les mains tendues vers lui en murmurant :

— Je ne trouve pas de mots pour vous remercier. Je souffre trop. Mais nous avons une pensée commune qui contient tout. Amis, compatriotes, disons ensemble : Vive la France !

Et, avec un recueillement religieux, du ton de la plus ardente prière, tous répétèrent à demi-voix :

— Vive la France !

Ah ! ce séjour au Caire ! Quelle torture !

Pas de nouvelles certaines.

Des articles de journaux concluant tantôt à l'occupation, tantôt à l'évacuation de Fachoda.

Et puis, des conversations avec des officiers, des négociants anglais qui tous affirmaient tranquillement, en gens pratiques que le négoce a mis en garde contre les entraînements du rêve :

— Fachoda, c'est un marais. Bien certainement on ne se battra pas pour cela.

L'honneur ! l'honneur qui avait soutenu le courage des membres de la mission durant la cruelle expédition, l'honneur était donc inconnu à ces gens-là.

— Un marais, on ne se bat pas pour ça.

Et lui, au fond du cœur, sentait que l'on se fait tuer pour ça, quand, au-dessus du marais, flotte le drapeau.

Oh ! voir des figures étrangères, entendre des phrases banales, cela lui était insupportable à ce vaillant, tout vibrant encore de l'incroyable voyage, du but touché, atteint, et qui peut-être dans sa main crispée allait se fondre, se dissoudre, disparaître comme une fragile bulle de savon.

Alors, il partait, descendait vers Boulaq, sortait de ce faubourg.

Il allait le long du Nil, miroir liquide que le ciel plaquait d'azur.

Il cherchait un endroit solitaire, où il lui fut permis de rester seul avec sa pensée.

Quand il l'avait trouvé, il s'asseyait à terre, au bord de l'eau courante, et son âme s'envolait vers le pays lointain où se jouait la destinée de sa conquête.

Quel rêve l'emportait dans le temps et dans l'espace.

Il se revoyait enfant, grandissant dans la petite maison où son père exerçait l'humble profession de menuisier.

La demeure lui apparaissait avec son enseigne vermoulue sur laquelle on déchiffre encore l'inscription :

MARCHAND,

menuisier.

Et puis, au dehors, la petite place de forme irrégulière, où il jouait avec ses petits camarades, tandis que dans l'atelier le rabot grinçait, accumulant sous l'établi les frisons de copeaux.

Et les odeurs embaumées du sapin, du chêne, du noyer, remplissant la maison.

Tout cela lui revenait, doux souvenir dont son cœur endolori était mollement bercé.

Et puis des larmes roulaient sur ses joues.

C'est qu'une figure se détachait sur le fond brumeux du songe.

Une forme chère, à laquelle il a dit le dernier adieu.

Une forme que la réalité ne lui permettra plus de voir.

Sa mère, simple et vaillante compagne de l'artisan, dont l'affection a fait de ses fils des tendres et des courageux.

Elle est là, debout sur le seuil, elle étend les bras, sa voix résonne dans le silence.

— Allons, gamins, assez de toupies pour aujourd'hui; venez dîner.

Et puis le tableau change.

C'est la salle à manger, le buffet de noyer supportant les plats à fleurs, la table au milieu de laquelle fume la soupière, et la bonne odeur de soupe, et le cliquetis des cuillers dans les assiettes.

Cela aussi s'évanouit.

Le futur explorateur a grandi.

Intelligent, actif, on lui a promis un brillant avenir.

Et son père s'impose les plus durs sacrifices pour lui faire faire ses études dans ce vieux collège de Thoissey, fondé au XVIIe siècle par Anne-Marie-Louise d'Orléans, duchesse de Montpensier.

Comme les tableaux d'un kaléidoscope, sa jeunesse studieuse défile devant ses yeux.

Les classes avec leurs bancs, leurs pupitres marbrés de taches d'encre.

La chaire du professeur qu'occupent successivement des ombres amies, auxquelles on n'a jamais songé depuis que l'on erre dans les solitudes du Continent noir, et qui se représentent maintenant pour panser les blessures de l'esprit, qu'elles ont façonné, pétri dans le sentiment du devoir.

Après cela, ce sont les cours de récréation.

La terre dure et poussiéreuse pendant les jours brûlants de l'été.

Des gamins galopent, ainsi que des poulains échappés, soulevant dans leur course un nuage de poussière.

Tous, tous, il les reconnaît.

Voici Joseph Maidou, le fils de l'épicier qui s'est marié avec la petite Ninette Fauchey, la nièce du patron de l'hôtel du *Cheval blanc*.

Ah! il courait bien, Joseph. Il avait surtout une spécialité de décrire à toute vitesse des crochets brusques...

Maintenant il a pris du ventre. Il est père de famille.

Et cet autre... C'est Prosper Landrin.

Il était joufflu, frais et rose.

Maintenant il est blême, voûté, maigre, son crâne est chauve.

Il est avocat; c'est vrai, mais il ne peut plaider à cause d'une petite toux sèche.

Son père lui a fait faire son Droit à Paris; il ne s'en remettra jamais.

Et d'autres, d'autres encore passent, farandole joyeuse et fugitive du souvenir.

Marchand a grandi encore.

Il cherche sa voie.

Pour débuter, il entre comme clerc chez maître Blondel, notaire.

Encore un bon homme, ce notaire; seulement il ne peut comprendre que son clerc ait horreur de rédiger des actes et qu'il préfère aller promener sa rêverie sur les rives verdoyantes de la Saône.

Non, décidément, Marchand n'est pas taillé pour le notariat.

Depuis quelques mois, il met des sous de côté.

Il achète des cartes, toujours de la même partie du monde.

Et le soir, dans sa chambre, à la clarté d'une petite lampe fumeuse, il reste penché sur ces papiers où est figurée la forme de l'Afrique.

On rirait bien dans le pays, si le jeune homme disait que le Continent noir exerce sur lui une attraction formidable.

Il regarde, il regarde encore.

Il apprend tout ce que l'on peut apprendre sur ces pays immenses.

Nul ne connaît comme lui, leurs montagnes, leurs immenses cours d'eau, leurs déserts.

Il a deux frères, l'un déjà grandet, l'autre tout petit; le petit qui viendra le recevoir sur le quai de Toulon au retour du grand voyage qu'il fera.

L'itinéraire n'est pas encore fixé dans son esprit, mais il a juré qu'il ferait l'expédition étonnante, riche en résultats pour cette France qu'il aime passionnément.

C'est à son cadet qu'il fait ses premières confidences.

L'enfant ne sait pas garder le secret.

Et Marchand revoit la scène où ses parents l'adjurent de ne pas se laisser emporter vers la chimère africaine.

Il y a dix-sept ans de cela.

A cette époque, l'idée d'un vaste empire africain était regardé comme une utopie irréalisable.

Et le jeune homme, ému par les prières, promet de ne pas se lancer de suite dans l'inconnu.

Dix-huit ans. Il s'engagera.

Le voici, petit soldat d'infanterie de marine.

La caserne et sa monotonie, les stations aux colonies avec

la chaleur accablante, les pluies diluviennes, tout lui revient à l'esprit.

L'ENSEIGNE DE VAISSEAU DYÉ

Il se bronze, son corps s'accoutume aux souffrances.
Sur ses manches il a la sardine d'or. Il est sergent.
Le décor change encore.
Il est à Saint-Maixent.
L'un des premiers, il a forcé l'entrée de la seconde école française d'officiers.

Et puis une grande joie.

Toute la famille heureuse et fière. Les bonnes gens de Thoissey s'émerveillent.

Il est sous-lieutenant.

L'EMPEREUR MÉNÉLICK

Marchand va enfin réaliser son rêve.

En août de la même année, il est envoyé vers la lutte, vers la bataille, au Soudan. Peut-être les premiers mois, occupés à des reconnaissances ou à des escarmouches, lui portèrent-ils quelque désillusion, mais le 18 février 1889 est pour lui un grand jour. Il fait partie de la colonne qui doit donner l'assaut à Koundiau.

Dans cette lutte qui rappelle les guerres passées puisqu'il faut faire brèche et escalader des retranchements, Marchand reforme les troupes un instant hésitantes, les enlève par son courage et pénètre le premier dans la place.

Abattu par un coup de feu, il se relève et, tout ensanglanté, combat. Porté à l'ordre du jour, il est décoré. Pendant les interruptions de la lutte, de soldat Marchand devient explorateur et il fait preuve de réelles qualités scientifiques. Ne détestant rien autant que l'inaction, il explore le Niger sur une canonnière, relève une partie de son cours et n'abandonne cette utile tâche que pour prendre le commandement d'un fort avancé. De cette position au reste, il continue sa mission. C'est à lui en grande partie que nous devons la reconnaissance du Soudan et du Niger et le relevé exact des côtes du lac Débo. A Koura, en septembre, il est attaqué par ces terribles Touaregs qui ont déjà massacré Crampel, et qui doivent assassiner Morès. Après de sanglants combats où sa petite troupe périt presque entièrement, il parvient à battre en retraite sur Kabara, harcelé, privé de tout, attaqué sans cesse, presque sans nourriture et sans sommeil.

Il faut remarquer ici que c'est la destinée de cet homme héroïque, d'échapper toujours au milieu des dangers, le plus souvent blessé.

Et cette destinée, il la justifie par son indomptable énergie.

De retour au fort qu'il commande, il accomplit un de ces tours de force qu'on croit trop communément réservés aux seuls Américains ; il surveille et mène à bien en deux mois, la construction d'une route de 250 kilomètres. Ces travaux et ses hardies explorations ont facilité et éclairé la marche du colonel Archinard.

Après tant de fatigues, il a besoin de quelque repos, et il rentre en France ; mais les natures comme la sienne ne résistent pas à l'attrait de l'action. Le colonel Archinard étant entré en campagne contre Nioro, Marchand s'embarque aussitôt et devient chef de colonne. On s'empare de la capitale ; mais notre vieil ennemi Ahmadou parvient à s'enfuir, Marchand se lance à sa poursuite. Cependant sa connaissance de la région le rend plus utile comme guide et éclaireur du corps expéditionnaire et il revient indiquer la route du Niger. A la prise de Diéna, en février 1881, Marchand est dangereusement blessé, on le croit même en danger de mort. Mais à encore, sa nature de fer et son énergie farouche sauvent cette homme réservé à de plus grandes aventures, et comme lieu de convalescence, il demande et obtient d'aller à Bamakou, position avancée et dangereuse.

Ici commence une nouvelle phase de la vie de Marchand, phase curieuse, car ce soldat va se montrer diplomate habile et avisé.

En effet, le poste qu'il va occuper auprès du roi Tieba exige des qualités de capitaine en même temps qu'une finesse à la Talleyrand. Tieba, à la vérité, est bien un allié, mais nul parmi les potentats africains n'est plus fourbe, plus dissimulé, moins sûr que celui-ci. Toujours prêt à trahir, il peut fort bien un jour s'emparer de Marchand lui-même, qui est, pour ainsi dire, à sa merci.

La mission est à la fois des plus difficiles et des plus périlleuses. L'habileté de Marchand fait pourtant merveille. Samory, notre vieil ennemi, qui devait tomber quelques années plus tard aux mains du capitaine Gouraud et du lieutenant Jacquin, vient de se révolter. Le colonel Humbert est chargé de diriger contre lui la colonne expéditionnaire.

Marchand entraîne Tieba à faire campagne.

Celui-ci, allié des Français en apparence, veut en réalité contrarier nos opérations.

Marchand est perdu en plein pays ennemi, éloigné de ses troupes et isolé des envoyés du colonel Humbert.

Pris entre les troupes de Tieba et celles de Samory, il résiste énergiquement.

Il obtient de Tieba, à force de courage, une petite troupe qu'il conduit à marches forcées au-devant de la colonne française.

En passant, il enlève Kokouna et Taxakoro, obtient l'alliance de Dialakoro, roi de Nafana.

Alors, il attaque Samory.

Il va le vaincre, mais Phou, fils de Tieba, chargé d'exécuter les projets de trahison de son père, l'abandonne au milieu de la nuit, après avoir mis le feu aux tentes françaises.

Blessé, Marchand est surpris par l'incendie.

Il se traîne péniblement hors des flammes et s'échappe à demi-mort.

Par bonheur son nouvel allié Dialakoro lui reste fidèle.

Il lui offre un refuge à Kountini.

De là, comme l'aigle prêt à fondre sur la proie, le blessé, tout en guérissant, surveille Tieba qui prépare une nouvelle expédition, *avec l'aide des Anglais*.

Il explore le pays et, tout à coup, par une inspiration d'audace qui devait bouleverser le prince félon, il se rend seul à Sikasso, capitale des Etats de Tieba.

Ainsi il entasse explorations sur expéditions, jusqu'au jour où, sûr de lui, sentant qu'il est prêt à accomplir l'œuvre géante qui étonnera le monde, il sollicite le commandement d'une mission qui reliera le Congo au Nil.

Il a voué sa vie à cette tâche française.

Il a l'éloquence de ceux qui croient. Il triomphe de toutes les résistances, brise à force d'énergie et de loyauté les obstacles *qu'en France même* les Anglais jettent en travers de la route.

Enfin il part.

Le navire qui l'emporte s'éloigne des côtes de France.

Elles se perdent au loin dans le brouillard gris de l'horizon.

Au revoir, France, ton fils va travailler pour toi, pour ta grandeur, pour ta fortune, plus encore pour ta gloire et ton honneur.

Il revit maintenant les longs mois de la montée du Congo, de l'Oubanghi, du M'Bomou.

Il revoit le Soueh, le Fort-Desaix, le terrible marais du Bahr-el-Ghazal.

Oh! cet obstacle que d'autres avant lui ont essayé de franchir !

Ils s'y sont enlisés. Une expédition de six cents hommes a été dévorée par cet océan de vase et d'herbes aquatiques.

N'importe, on passera.

Et l'on passe, et l'on gagne le Nil ; on atteint Fachoda.

Victoire !

Hélas ! non. L'éternel ennemi a préparé, lui aussi, sa conquête.

Marchand et sa petite troupe sont en présence d'une armée. Deux cents hommes ont à lutter contre vingt-cinq mille.

Le visage du commandant redevient sombre. Le rêve de sa vie est fini. Il rentre à cette heure dans la réalité du moment.

Ses doutes, ses transes le reprennent.

Ah! Baratier, Baratier, pourquoi ne revenez-vous pas?

Quelle influence vous retient donc dans ce Paris lointain, où doit se consommer le triomphe ou la ruine?

Est-il donc si long d'expliquer nos droits acquis à force de dévouement ?

Plus les jours passent, plus l'angoisse du commandant augmente.

Le silence du capitaine le brise.

S'il avait de bonnes nouvelles, une solution favorable, il câblerait à Alexandrie, au Caire.

Mais non, il ne peut câbler.

La ligne télégraphique ne se continue pas jusqu'à Fachoda.

Et l'officier ignore que son chef est là, au Caire, qu'il pourrait chaque jour le tenir au courant de ses démarches.

Nous voici arrivés au 5 novembre.

Le commandant se rend au télégraphe.

Il adresse une dépêche angoissée à Baratier.

Et il attend la réponse le soir, le lendemain.

Mais la journée s'achève sans amener la réponse désirée.

Aux questions de Marchand, les employés répètent invariablement :

— Une dépêche de France, pour le commandant Marchand ? Nous n'avons pas vu cela. Rien... Toujours rien.

Et le chef de la mission Congo-Nil s'exaspère.

Il ignore que Baratier a quitté Marseille le 4 ; que maintenant il est à bord d'un paquebot marchant à toute vitesse vers Alexandrie et dont l'hélice puissante se tord sous les eaux comme si elle partageait l'anxiété fiévreuse du passager, l'attente désespérée de celui qui est resté au Caire.

Les jours passent encore.

Le commandant maintenant s'est dit :

— Baratier doit être en route.

Il adresse à Alexandrie des télégrammes au capitaine Baratier, à bord de tous les paquebots venant de France.

— Je suis au Caire. Dès votre arrivée, accourez.

Enfin un après-midi, vers quatre heures, le commandant, brisé par la lutte intérieure qu'il soutient, descend vers le fleuve.

La brise fraîche du soir va souffler ; elle rafraîchira son front brûlant, elle apaisera le bouillonnement de son sang, qui court, ruisseau de lave, dans ses veines.

Il va. Oh ! s'il pouvait rêver, rêver toujours, ne plus se souvenir de l'odieux point d'interrogation qui l'opprime.

Il va.

Et soudain il s'arrête interdit.

Il vient de recevoir comme un grand coup au cœur.

Là-bas, en avant, à six cents mètres, cet homme qui vient à sa rencontre...

Est-ce qu'il voit bien? Est-ce que ses yeux troubles ne le trompent pas.

Il a cru reconnaître Baratier.

Il se penche, il regarde encore, tendant toute sa volonté pour voir, pour bien voir.

L'homme se rapproche toujours.

C'est Baratier, c'est lui.

Enfin!

Le capitaine n'est plus qu'à cent mètres.

Lui aussi a aperçu son chef. De loin il le salue.

Mais comme ce salut est contraint. Qu'a donc le pétulant officier dont l'exubérance, la gaieté sont proverbiales dans toute l'armée.

Il est raide, guindé, grave... Parbleu! on dirait qu'il est triste, lui!

Triste, Baratier...?

Mais alors.....?

Un voile de deuil se tend sur l'esprit du commandant Marchand.

Le capitaine n'est plus qu'à vingt pas.

Dans une ardente interrogation, le chef de la mission tend vers lui ses mains frémissantes.

Il a mis toute son âme dans ce geste.

Doit-il garder son drapeau à Fachoda, ou bien lui faut-il battre en retraite, abandonner la partie aux Anglais?

Et Baratier baisse la tête.

Pour répondre, il n'a trouvé que ce mouvement. Il courbe le front comme les coupables et les vaincus.

Marchand a un rugissement sourd.

D'un coup sec il rejette la tête en arrière, cambrant le buste, les lèvres entr'ouvertes comme si la respiration lui avait manqué soudainement.

Ses bras sont étendus rigides à droite et à gauche, et ses mains crispées tremblent.

Il y a tant de douleur, tant d'angoisse effrayante dans son attitude, que Baratier s'arrête un instant éperdu, ne sachant plus que faire!

Vingt pas séparent les deux hommes.

Ils sont là, l'un en face de l'autre, immobiles, croisant leurs regards ; leurs visages contractés, leur pâleur disent que la fatalité antique s'est appesantie sur eux.

Et tout à coup le capitaine bondit en avant.

Dans une course folle, il rejoint le commandant. Il veut parler ; mais aucun mot ne sort de ses lèvres.

Il essaie encore inutilement, puis soudain, il jette ses bras autour du cou du chef bien-aimé et il pleure sur son épaule.

Et lentement des larmes coulent sur les joues de Marchand. Il a compris.

C'est la reculade, c'est la défaite, c'est l'abandon du Nil, c'est l'agonie de son rêve.

Dans une muette étreinte ils se disent :

— Nous sommes deux à souffrir ; chacun de nous pleure sur le cœur d'un ami.

Puis, énergiques et fiers, ils dominent leur émotion. Ils se prennent le bras et lentement, sombres et taciturnes, ils regagnent le logis provisoire où Marchand a vécu ses dernières heures d'espoir.

Ah ! ils comprennent bien, les vaillants officiers.

Ils n'accusent pas la France qui les abandonne.

Ils savent que la patrie les sacrifie à des nécessités inéluctables.

Elle ne peut s'engager dans une guerre avec l'Angleterre. Elle a cédé, ce que les diplomates britanniques avaient prévu, calculé à l'avance.

Ils savent bien que le Rhin doit prendre le pas sur le Nil.

Mais ils souffrent comme un père qui voit mourir son enfant.

Au petit on a tout donné, son cœur, son âme, son temps, sa pensée. Le père lui a offert ses fatigues, ses tristesses, ses joies.

Il est l'avenir.

Il est l'espoir.

C'est en lui que l'on retrouvera le bonheur dont sa chère présence vous a obligé à vous sevrer. C'est par lui qu'on redeviendra jeune, brillant ; par lui que l'on réussira, que l'on triomphera, que l'on goûtera toutes les satisfactions.

Et tout à coup passe un courant d'air empesté.

L'idole s'abat frappée à mort. Un microbe, un invisible poison a arrêté chez l'enfant les ressorts de la vie.

Le petit lit blanc sera vide désormais.

A la porte, lugubres, pendent les tentures noires.

Un cortège, un trou dans la terre, bientôt comblé ; et puis la nuit, l'envol du rêve... la solitude pour le père... car il est encore père... on l'appellera toujours ainsi... et ce père n'a plus d'enfant.

Voilà ce que ressentent Marchand et Baratier.

Voilà ce dont leur cœur se gonfle, se gonfle comme s'il allait se briser.

Ils ont un impérieux besoin de mouvement, de fuite.

S'ils restaient là, il leur semble qu'ils deviendraient fous.

Dès demain ils partiront.

Et, au point du jour, des officiers anglais qui se promènent aux abords de la gare d'où partent les trains pour Chellal et le Sud, voient passer deux hommes à l'aspect tragique.

C'est le chef de la mission Congo-Nil et le capitaine Baratier qui retournent là-bas, à Fachoda, dire à leurs compagnons de fatigues, de dangers.

— Tout est consommé !

Ah ! l'horrible torture que ce retour, en vaincus, à travers ces plaines, ces oasis, ces déserts, sur ce Nil qu'un trait de plume à fait anglais.

Partout des postes abrités sous les couleurs anglo-égyptiennes, partout des chants de victoire.

Tous savaient la renonciation de la France.

Tous se félicitaient avec des airs de bravoure, comme s'ils avaient vaincu en combat loyal l'ennemi auquel traîtreusement ils avaient volé l'empire égyptien, l'ennemi qu'ils avaient surpris, alors qu'il pansait encore la blessure toujours saignante que l'invasion lui a faite aux flancs.

Atbara, Berber, Karthoum défilèrent sous les yeux mornes des officiers français.

Ils avaient retrouvé le *Faidherbe* à Atbara, et ils s'étaient embarqués, avec un plaisir douloureux, sur ce brave petit vapeur qui n'emporterait plus désormais leurs espérances évanouies, mais dont le pont étroit, imperceptible point dans l'immense vallée anglaise, était du moins demeuré français.

X

ADIEU, NIL !

Le 5 décembre, le *Faidherbe* mouillait en face de Fachoda.

Depuis une heure il avait été signalé.

Sur la rive, officiers, tirailleurs s'étaient rassemblés pour le recevoir.

Tous les yeux suivaient avec anxiété le petit vapeur, qui apportait la réponse à la question sans cesse présente à la pensée des vaillants compagnons de Marchand.

Le bateau stoppe.

Marchand et Baratier descendent sur le rivage.

Tous les entourent.

Déjà leurs visages graves, la tristesse qui émane d'eux ont appris à tous la cruelle vérité.

Mangin murmure :

— C'est donc vrai ?

Et le commandant, inclinant la tête, prononce d'une voix sourde :

— Il faut partir !

Il faut partir... il faut partir... Ces paroles volent parmi les groupes de tirailleurs.

Les faces noires grimacent, les yeux ont des lueurs sanglantes en se fixant là-bas sur les troupes anglaises qui, de loin, regardent curieusement comment les Français accepteront l'événement.

Depuis cinq jours, ils connaissent la vérité, mais ils ont gardé le secret.

Comme l'écrivait à sa famille le jeune lieutenant Hobson : *Ils avaient voulu laisser à Marchand le plaisir d'annoncer la nouvelle à ses compagnons.*

Les Sénégalais ont tous leurs fusils.

Leurs mains noires se crispent sur le fût du Lebel.

On sent qu'il suffirait d'un geste pour qu'ils se ruent sur les Anglais.

Non. Il ne faut pas.

La mission doit partir correctement, sans faire de folies qui engageraient le gouvernement français.

De ce jour, on commença les préparatifs de départ.

La colonne ne regagnerait pas la France par le Nil.

C'eût été le chemin le plus direct, le plus facile, mais c'était la voie anglaise.

Non, on passerait par le Sobat, l'Abyssinie, le Harrar, Djibouti.

Par là au moins, avant d'atteindre des terres françaises, on marcherait au milieu de peuples libres du joug britannique.

Le 10, tout était prêt.

Le lendemain, tous les hommes valides s'embarqueraient sur le *Faidherbe* et les chalands.

Neuf personnes seulement resteraient à Fachoda, jusqu'au moment où elles seraient en mesure de gagner le Caire, Alexandrie et la France.

C'étaient des malades auxquels il eût été imprudent d'imposer de nouvelles fatigues.

L'adjudant de Prat.

Le sergent Bernard.

Sept tirailleurs, dont l'un devait mourir en route, à l'hôpital anglais d'Ondourman.

La soirée fut pénible.

Pour la dernière fois, on campait sur ce territoire conquis au prix de tant de peines.

Quelques heures encore, et l'on partirait comme une tribu d'autrefois, exilée de ses champs, de ses cabanes, par la volonté d'un puissant envahisseur.

On irait droit devant soi, en fugitifs qui attendent tout de la bienveillance de leurs hôtes de rencontre.

Jusque-là on avait poussé de l'avant en conquérants.

On prenait possession des forêts, des plaines, des fleuves au nom de la France.

Maintenant la marche triomphale était finie.

C'était la retraite sombre qui allait commencer.

Marchand et ses officiers étaient groupés sur le rempart. Ils regardaient le ciel indigo parsemé d'étoiles, et peut-être ils songeaient qu'au milieu des constellations, ils auraient voulu voir luire éclatant un astre momentanément éclipsé, l'étoile de la France.

Car au fond du cœur de tous les énergiques, de tous les fiers, de tous les nobles esprits de notre race, sommeillent les vieilles traditions gauloises.

Elles sortent de leur torpeur aux jours de tristesse.

Et alors nous levons les yeux et nos âmes, dédaigneuses de la terre, montent aux étoiles puiser dans leur clarté les énergies de l'avenir.

Pas une parole n'était prononcée.

A quoi bon ?

Tous n'éprouvaient-ils pas la même angoisse. Tous ne sentaient-ils pas, dans un même frisson, passer les dernières heures françaises de ce coin de terre, de ce large fleuve dont les eaux inconscientes coulaient vers l'Egypte anglaise.

Et soudain des pas sonnèrent dans le silence.

Un officier britannique, conduit par un tirailleur, s'approchait.

Sa silhouette raide se dessinait dans la nuit bleue.

D'un geste, le Sénégalais désigna le commandant qui s'était retourné et regardait.

L'Anglais s'approcha de lui, salua correctement et, sans parler, tendit un pli au chef de la mission Congo-Nil.

A la lueur d'une allumette bougie, Marchand lut.

La missive était écrite de la main de Jackson-Bey, gouverneur pour le Royaume-Uni de moudirieh de Fachoda.

Averti que la mission quitterait le pays le lendemain, le major proposait au commandant d'amener les forces anglaises auprès du drapeau français pour lui rendre les derniers honneurs.

Avec un crayon que lui présenta le capitaine Germain, Marchand traça sur le papier :

« Je vous remercie de votre courtoisie, mais, vous le comprendrez, le deuil s'accorde mal avec les manifestations bruyantes. »

Et le messager, chargé de cette réponse si digne dans son laconisme, s'éloigna.

. . . .

L'aube du 11 décembre éclaire le paysage.

Six heures à peine.

Le *Faidherbe* est sous pression.

De sa cheminée noire s'échappent, par bouffées, des fumées blanches.

Autour du moudirieh ruiné, sur lequel un vent assez fort fait claquer le pavillon de France, les tirailleurs sont rangés, l'arme au pied.

Au loin, curieux mais non hostiles, les Anglais massés observent.

Le commandant Marchand arrive, suivi de ses officiers.

Un instant il s'arrête, contemple longuement le drapeau, puis il a un geste de résignation douloureuse.

Il lève la main.

Aussitôt les clairons sonnent.

Un sous-officier va à la perche qui sert de hampe au drapeau.

Un silence profond, puis un léger grincement.

C'est la poulie de drisse qui commence à tourner.

Et lentement, lentement, le pavillon descend.

Le voici à la portée du sous-officier.

Celui-ci le plie religieusement.

De toutes les poitrines s'échappe un soupir rauque; sur toutes les joues il y a des larmes.

C'est fini.

Les couleurs de France ne se mireront plus dans les eaux du Nil.

Et, alors, une sorte de hâte s'empare de tous. Les escouades se disloquent, marchent vers le rivage.

On embarque, abrégeant les adieux des malades qui restent là, à Fachoda.

A huit heures, tout le monde est à bord, tout est paré.

La sirène du *Faidherbe* lance un signal. Cela est lugubre. On dirait un sanglot qui court sur les eaux, s'éloigne, s'éteint.

La flottille s'ébranle.

Elle défile devant les maisons blanches que, quatre mois plus tôt, on a saluées comme le terme du voyage.

Comme on était heureux ce jour-là... et que cela est loin.

On a dépassé les dernières habitations.

Sur la berge, le bataillon du major Jackson est aligné.

Il présente les armes.

Et les bateaux s'éloignent toujours (1)

Le lendemain, 12 décembre, les derniers Français quittaient à leur tour Fachoda. Ils revenaient vers la patrie, conduits par l'adjudant de Prat qui a raconté ainsi leur retour :

FRANCE ! ESPOIR !

« Dès que la flottille a eu disparu, le commandant anglais a pris possession de l'ancienne citadelle de Fachoda que les Français avaient eu le temps de fortifier et de mettre en état de défense. On aurait pu résister sérieusement. Le drapeau

1. Nous avons adopté ici la version officielle; mais d'après divers documents, les choses se seraient passées très différemment. Notre souci d'exactitude nous fait un devoir de placer ici cette simple observation.

anglais fut aussitôt hissé à côté du drapeau égyptien, sans aucun éclat, sans aucune cérémonie.

Il est évident que les Anglais ont voulu ménager l'amour-propre et aussi la douleur des malades qui étaient laissés à Fachoda En un mot, les soldats anglais se sont montrés très corrects, il convient de leur rendre cette justice. L'occasion en est si rare.

Le détachement des malades, au nombre de neuf — un tirailleur est mort en route — parti le 12 décembre à bord de la canonnière égyptienne *Nasser*, arriva le 18 à Ondourman. C'es là que l'adjudant de Prat apprit la mort du brave tirailleur qui, ne pouvant continuer le voyage, avait été reçu à l'hôpital anglais.

Avec une profonde émotion l'adjudant de Prat a raconté ce douloureux incident, a fait à ce propos l'éloge de ces braves tirailleurs sénégalais qui ont montré, dans les circonstances les plus pénibles de l'expédition, le courage le plus remarquable.

Très grands sont les services rendus par eux. Aussi, officiers et sous-officiers ne les traitaient pas en subalternes, mais en camarades, en amis. Ils ont réellement conscience de la grandeur du pavillon français, qu'ils aiment déjà autant que nous-mêmes.

Le détachement séjourna jusqu'au 22 à Ondourman où il fut reçu par le major de la garnison, qui lui montra beaucoup d'égards. Les officiers et sous-officiers anglais avaient préparé plusieurs réceptions. Dans l'une d'elles, la *Marseillaise* fut chantée par les soldats anglais en l'honneur de leurs hôtes.

Le 23, on partit à bord du bateau postal *Akasich* pour Atbara; où l'on arriva le 25. Le chemin de fer transporta le détachement à travers le désert de la Nubie, et le 27, il arrivait à Ouadi-Alfa.

Le 28, les rapatriés quittaient Chel-Al et arrivaient, le 29, au Caire. En passant à Louqsor, l'adjudant de Prat trouva un télégramme du ministre de France au Caire, l'invitant à y faire un séjour. L'adjudant profita de cette invitation, car le détachement était très fatigué. Les soldats français furent très bien traités par M. Pagnon, un de nos compatriotes, directeur de l'hôtel de Louqsor, qui les entoura de soins, et par M. Legrain, inspecteur des antiquités.

Le détachement arriva ainsi, le 3 janvier, au Caire, complètement rétabli et remis de ses fatigues.

Les huit hommes atteignent enfin la Méditerranée.

Ils s'embarquent sur l'*Orénoque*, sont accueillis à Marseille par des ovations enthousiastes.

Peu après, l'adjudant de Prat épousait la douce fiancée qui l'avait attendu pendant son long voyage.

Il donnait ainsi raison au sous-officier, dont nous avons transcrit le journal dans le premier volume de la mission Marchand (Congo-Nil) et qui disait :

— Je pense à Louise, mon capitaine a dans son portefeuille un portrait de femme. Le Congo-Nil, c'est donc une mission d'amoureux.

Eh oui ! petit sous-off, l'amour, le vrai, celui que ressentent les braves gens comme toi, cet amour est encore du dévouement, et il sied bien à ceux qui savent jouer leur existence pour l'honneur.

. . . .

Cependant la flottille de Marchand gagnait le Sobat.

La traversée du pays jusqu'à Djibouti a été racontée par les officiers de la mission ; rien n'est plus consolant que de répéter leurs paroles.

Le 20 décembre, le *Faidherbe* s'engage dans le Baro ; le bois est rare, la navigation difficile : des bancs, du sable, des seuils rocheux ; on talonne à chaque instant. Toute la journée du 6 janvier est employée à aveugler une voie d'eau : l'arrière du *Faidherbe* a donné sur une roche ; nouvelle avarie le lendemain. Le bateau marche encore une heure ou deux ; mais le fleuve devient impraticable ; l'eau est basse et les rapides par trop nombreux. Marchand se décide à abandonner ses embarcations et à gagner par terre la frontière d'Ethiopie.

On parlemente avec le chef des Yambas, Ouriette ; ce chef a déjà reçu des cadeaux de la mission de Bonchamps ; il connaît la générosité des blancs et espère tout d'une caravane si bien approvisionnée. Il fournit des porteurs. On lui confie la flottille : le vapeur, les chalands, les baleinières ; il doit surveiller tout particulièrement le vieux serviteur, le *Faidherbe*.

« La mission, avançant péniblement sur la rive droite du Baro, arrive, le 23 janvier, au pied des contreforts éthiopiens qui dominent les terres basses, les vallées de la Djouba et du Baro. Le 24 au soir, Marchand entre à Bouré, le premier poste abyssin qui garde la plaine. La colonne avait marché prodigieusement vite, si vite que les docteurs français de Couvalette et Chabaneix, qui faisaient de rudes étapes depuis trente-cinq jours, arrivent juste à temps pour recevoir le commandant. On s'embrasse, on se félicite, et l'émotion étreint tous les cœurs, en songeant à ce qu'on laisse derrière soi, après avoir tant souffert pour le conquérir !

La mission a passé une quinzaine de jours à Boure, pour organiser sa caravane et elle fut reçue en grande pompe à Gore par Dedjaz Tessamma. Tous les chefs et tous les guerriers avaient revêtu leurs costumes d'apparat. Rien ne saurait donner une idée exacte de la large hospitalité offerte par le dedjaz éthiopien qui sera bientôt certainement nommé ras par Ménélick.

Tous les officiers de la mission se montrent émus, au souvenir des témoignages d'amitié qui leur furent si généreusement prodigués. Le commandant Marchand reçut, comme présents, un magnifique cheval gris-clair tout harnaché d'argent et les insignes du plus haut commandement militaire en Éthiopie, la lance d'honneur et le bouclier d'or. Chacun des officiers français reçut deux mules richement harnachées.

Tessamma offrit également des bêtes de somme pour le transport des bagages.

Le commandant Marchand donna en échange les canons de la flottille française, ce qui ravit le dedjaz.

Les vivres offerts par les chefs éthiopiens étaient si abondants, que les troupes de la mission ne parvenaient jamais à les consommer. Sur tout le parcours des territoires placés sous l'autorité de Tessamma, les Français trouvèrent, au bout de chaque étape, des baraquements construits à neuf pour leur coucher. Les boissons étaient aussi abondantes que les comestibles, le tetche (hydromel), était versé à discrétion.

Entre Gore et Addis-Abbaba, la marche de la colonne fut une suite continuelle d'ovations enthousiastes, les dames abyssines étaient les premières à acclamer nos officiers.

La campagne du Tigré étant terminée et le ras Mangacha Johannes ayant fait sa soumission, le Négus pensait être en sa capitale pour souhaiter la bienvenue et féliciter les braves de Fachoda; mais l'armée abyssine marche lentement; l'empereur n'était pas rendu, le 10 mars, quand Marchand fit son entrée à Addis. Le gouverneur de la ville, le vieux ras Dargué, le ras des ras, oncle de l'empereur, envoie son armée sur la route pour rendre les honneurs à la mission. Les Abyssins accourent en foule et veulent voir les blancs « qui marchent depuis trois années », la poignée de Français qui a battu les Derviches. — Toute la colonie française est là, notre ministre en tête; sur toutes les figures on sent la vraie sympathie, la fierté aussi, car on a droit d'être fier quand on a pour frères de tels héros !

Le ministre salue la mission au nom de la France; l'émotion redouble quand une toute mignonne fillette, Yvonne Savouré, chargée d'exprimer au commandant les sentiments de la colonie, s'avance avec une gerbe de fleurs... Mais elle a oublié totalement son compliment et sauve la situation en sautant au cou de Marchand, qui embrasse Yvonne et sa mère. Puis viennent les présentations : M. Ilg, le ministre de Ménélik; le général Vlanof, envoyé de Russie; le capitaine Ciccodicola, ministre d'Italie, nous souhaitent la bienvenue et, très courtoisement, le lieutenant Harrighton, l'agent anglais, présente aussi ses félicitations à ses camarades de l'armée française.

L'empereur ne rentra de l'expédition faite dans le nord de ses États qu'aux premiers jour d'avril. Dès le lendemain, Ménélick reçut la mission en grande cérémonie, l'audience solennelle eut lieu dans la grande salle du palais, malgré le deuil récent de la Cour.

La compagnie des tirailleurs sénégalais manœuvra devant Ménélick aux applaudissements de tous les chefs éthiopiens assistant à cette parade. Le commandant Marchand obtint plusieurs audiences privées.

Tous les officiers de la mission ont obtenu un grade dans l'ordre impérial d'Ethiopie, selon les règles hiérarchiques habituelles.

La mission quitta Addis-Abbaba le 8 avril.

Au nom de l'empereur, le dedjaz Tessamma avait conféré au commandant Marchand le droit de haute et basse justice sur tous les sujets éthiopiens rencontrés entre Gore et Addis-Abbaba.

A Baltohi, à 70 kilomètres de la capitale, Ménélick fit

appeler au téléphone le commandant et lui conféra à nouveau les droits souverains qu'il avait reçus du dedjaz.

La colonne partit du Harrar le 3 mai. Elle se trouvait déjà très loin de la ville, quand le commandant fut avisé que l'empereur Ménélick désirait communiquer avec lui, une dernière fois, par le téléphone. Le chef de la mission n'hésita pas à rebrousser chemin et il fit, pendant la nuit, une étape à cheval de soixante-dix kilomètres pour rejoindre ses troupes à Guildessa. Atto Marcha, chef des douanes éthiopiennes à Guildessa, offrit une escorte d'honneur pour traverser le désert de Dalle-Malle. Il avait réuni une centaine de chameaux pour le transport complémentaire des vivres et des bagages, de manière à ne pas surcharger les mules données par Tessamma.

A Dayago, sur les confins du désert, une pluie diluvienne surprit la caravane. Toutes les rivières débordaient; un torrent se gonfla en quelques minutes à tel point qu'il fallut s'arrêter sur la rive.

Les indigènes, selon la tradition orientale, ont vu une intervention du ciel dans cette abondance de pluie. Leur respect pour le commandant Marchand prit un caractère religieux, et ils vinrent en foule lui présenter leurs hommages.

A Djibouti, le commandant Marchand devait trouver le croiseur *Le D'Assas* envoyé par le gouvernement pour le transporter en France.

Le lieutenant de vaisseau Ridoux, l'un des plus brillants officiers de notre marine, commandait le navire.

On sait le retour, les acclamations du peuple tout entier et ce cri, le plus éclatant hommage qui puisse être rendu à un homme :

— Vive la France! Vive Marchand! Vive l'honneur!

Oui, vaillants à l'âme sans peur, vaillants pétris d'honneur et de désintéressement, vous qui reveniez avec la tristesse de la retraite, le cœur de toute une nation s'offrant à vous, présent sublime et douloureux d'une époque de détresse, ce cœur a dû vous consoler.

Vous avez retrouvé ce peuple, toujours le même, enthousiaste et généreux, et sa voix a dû vous rendre l'espoir des destinées futures !

Vous vous êtes dit peut-être :

— La première partie de la guerre africaine est terminée,

mais ce n'est là qu'une étape dans l'histoire débutante du Continent noir.

Que la nation, qui veut la France grande, demande que l'on se prépare aux conflits de l'avenir.

Que l'armée coloniale soit formée, mise en état d'agir.

Que notre infériorité navale soit compensée par la construction de torpilleurs sous-marins Goubet, grâce auxquels les géants des flottes ennemies seront repoussés bien loin de nos côtes métropolitaines ou coloniales (1).

Que *l'on aime la patrie, enfin, d'une tendresse assez grande, assez absolue pour mettre l'intérêt français au-dessus des mesquins appétits personnels.*

Comme vous qui venez de prêcher d'exemple, je crois à l'avenir du plus brave et du plus loyal des peuples, et pour conclure, je réunis, prière fervente, ces deux mots que votre admirable épopée fait monter de tous les cœurs vers les lèvres de Gaule :

FRANCE, ESPOIR

FIN DE LA MISSION MARCHAND
(FACHODA)

Le volume suivant aura pour titre :

LA MISSION DU GÉNÉRAL GALLIENI
(PACIFICATION DE MADAGASCAR)

1. Une flotte de 200 torpilleurs Goubet annihilerait la puissance maritime anglaise et 200 Goubets couteraient 25 millions, juste le prix *d'un seul cuirassé.*

TABLE DES MATIÈRES

	Pages
I. — L'exploration du Bahr-el-Ghazal	7
II. — Fasch'aouda et Fachoda	19
III. — Chez les Chillouks	33
IV. — L'assaut des Derviches	49
V. — La bataille d'Ondourman	65
VI. — A Divonne-les-Bains	79
VII. — Marchand et Kitchener	83
VIII. — Le duel Paris-Londres	105
IX. — L'agonie morale	115
X. — Adieu, Nil!	129

En vente dans toutes les Salles des Dépêches de la PETITE GIRONDE

LES MAITRES DU ROMAN

Collection DENTU

CUREL et FAYARD Frères, Éditeurs, PARIS

40 cent. au lieu de 60 cent. le volume.

La Librairie DENTU, en créant cette nouvelle collection de volumes — *Les Maîtres du Roman*, — ne s'est proposé qu'un but, celui de vulgariser, par des publications faites dans de bonnes conditions matérielles, au meilleur marché possible, les œuvres de nos romanciers les plus distingués, et de constituer ainsi une Bibliothèque populaire vraiment digne de ce nom. Les ouvrages déjà publiés dans cette merveilleuse collection sont signés : Belot, de Bornier, Champfleury, Claretie, Daudet, Dubut de Laforest, Paul Féval, Arsène Houssaye, Lamartine, Paul Margueritte, Catulle Mendès, Xavier de Montépin, Musset, Richebourg, André Theuriet, etc., etc.

Les volumes de la Collection DENTU contiennent 300 à 320 pages d'un élégant format de bibliothèque dont l'exécution typographique est irréprochable.

N°	Auteur	Titre	
1	Élie Berthet	Le Charlatan	1 vol.
2	Alfred Assollant	Léa	1 —
3	Louis Collas	Le Fils du garde-chasse	1 —
4	Dubut de Laforest	La Baronne Emma	1 —
5	Charles Joliet	La Novice de Trianon	1 —
6	Louis Jacolliot	L'Affaire de la rue de la Banque	1 —
7	Paul Perret	Le Saint de bois	1 —
8	Louis Noir	Les Compagnons de Buffalo	1 —
9	A. Lapointe	Le Roman d'un médecin	1 —
10	Adolphe Belot	Folies de jeunesse	1 —
11	E. Giraud	Mademoiselle Besson	1 —
12	Élie Berthet	Sœur Julie	1 —
13	F. du Boisgobey	Une Affaire mystérieuse	1 —
14	Charles Diguet	Secret d'alcôve	1 —
15	De Lescure	L'Abbesse de Chelles	1 —
16	Mary Summer	Aventures d'une femme galante au XVIIIe siècle	1 —
17	Alexis Bouvier	Le Mouchard	1 —
18	Léopold Stapleaux	Le Roman d'un père	1 —
19	Émile Richebourg	Amours villageoises	1 —
20	Catulle Mendès	La Demoiselle en or	1 —
21	Guy de Charnacé	Le Chasseur noir	1 —
22	Catulle Mendès	L'Argent de Papiol	1 —
23	Charles Mérouvel	Fleur de Corse	1 —
24	Catulle Mendès	La Petite Impératrice	1 —
25	Philibert Audebrand	Les Mariages manqués	1 —
26	Jules Mary	La Fiancée de Jean-Claude	1 —

27 Millevoye et Etiévant.	Le Petit Bossu............	1 vol.
28 Alfred Assollant.....	Hyacinthe................	1 —
29 Paul Margueritte....	Maison ouverte...........	1 —
30 Gustave Claudin.....	Les Caprices de Diomède....	1 —
31 Jules de Gastyne....	L'Affaire du général X......	1 —
32 Louis Noir.........	Une Revanche de Vidocq....	1 —
33 Léon Cladel........	Ompdrailles..............	1 —
34 André Theuriet.....	Le Secret de Gertrude......	1 —
35 Alfred Assollant....	Un Mariage au couvent.....	1 —
36 Dubut de Laforest....	Mademoiselle Tantale......	1 —
37 Pierre Zaccone......	Mémoires d'un commissaire de police. Tome I. La Lanterne rouge................	1 —
38 Adolphe Belot......	Une Affolée d'amour.......	1 —
39 Pierre Zaccone......	Mémoires d'un commissaire de police. Tome II. L'Enveloppe noire.................	1 —
40 Gaboriau..........	Le Capitaine Coutenceau....	1 —
41 Théodore Reinach....	Looking Backward(100ansaprès).	1 —
42 Constant Guéroult...	Le Juif de Gand..........	1 —
43 Henry de Kock.....	Le Château du bonheur....	1 —
44 Alexis Bouvier.....	La Grande Commune.......	1 —
45 Ponson du Terrail...	Le Capitaine Coquelicot....	1 —
46 Adolphe Belot......	Courtisane..............	1 —
47 Georges Beaume.....	La Proie................	1 —
48 Xavier de Montépin...	Une Passion.............	1 —
49 Paul Féval........	Le Roman de minuit.......	1 —
50 Charles Joliet......	Bérengère...............	1 —
51 Maurice Drack.....	Madame Lise.............	1 —
52 Ponson du Terrail...	Diane de Lancy..........	1 —
53 Camille Lemonnier...	Le Mort.................	1 —
54 Alfred Assollant....	Un Millionnaire..........	1 —
55 Louis Jacolliot......	Le Père la Fouine.........	1 —
56 Adolphe Belot......	La Petite Couleuvre, suite et fin d'Affolée d'amour.......	1 —
57 Émile Richebourg....	40,000 francs de dot.......	1 —
58 Auguste Lepage.....	Maître Normand notaire.....	1 —
59 Oscar Méténier.....	Outre-Rhin..............	1 —
60 Pierre Zaccone......	Les Aventuriers de Paris....	1 —
61 Henri de Bornier....	Le Jeu des Vertus.........	1 —
62 Charles Vincent.....	Lina...................	1 —
63 Maurice Montégut...	La Faute des autres.......	1 —
64 Charles Beaumont...	Le Cahier de Marcel.......	1 —
65 Léon Cladel........	Kerkadec...............	1 —
66 Paul Perret........	Histoire d'un honnête homme..	1 —
67 Albert Le Roy......	Le Mariage de Laure......	1 —

68 Jean Blaize	Les Planches	1 vol.
69 Catulle Mendès	La divine Aventure	1 —
70 Achille Mélandri	La Gouvernante	1 —
71 Camille Lemonnier	Un Mâle	1 —
72 Xavier de Montépin	La Maîtresse du Mari	1 —
73 Gourdon de Genouillac	L'Homme au nez coupé	1 —
74 Dubut de Laforest	Les Dames de Lamète	1 —
75 G. de La Landelle	Un Corsaire sous la Terreur	1 —
76 Bertol-Graivil	Victime d'amour	1 —
77 Alfred Assollant	Les Crimes de Polichinelle	1 —
78 De Lescure	Les Maîtresses du Régent	1 —
79 Camille Debans	Guy de Saint-Guy	1 —
80 E. Montagne et L. Gallet	Jeanne de Soyans	1 —
81 E. Montagne et L. Gallet	Saltimbanques	1 —
82 Louis Jacolliot	Un Policier de génie	1 —
83 Léopold Stapleaux	La Langue de Mme Z.	1 —
84 Mie d'Aghonne	La Reine des Batailles	1 —
85 Jacques de Martels	Les Tentations de l'abbé	1 —
86 Lucien Descaves	Une Vieille Rate	1 —
87 Georges Peyrebrune	Les Roses d'Arlette	1 —
88 Jules de Gastyne	Premières Caresses	1 —
89 Emmanuel Gonzalès	Les Gardiennes du trésor	1 —
90 Etienne Enault	Histoire d'une Conscience	1 —
91 Paul Alexis	Le Collage	1 —
91 bis Paul de Musset	Une Vie du diable	1 —
92 Arsène Houssaye	La Couronne de bleuets	1 —
93 Vast Ricouard	La Négresse	1 —
94 Jules Claretie	Mlle Cachemire	1 —
95 Chincholle	La Ceinture de Clotilde	1 —
96 Théodore de Graves	Les Drames de l'épée	1 —
96 bis Alfred Assollant	Deux Amis en 1792	1 —
97 Eugène Muller	La Mignonette	1 —
98 Emile Faure	Les Dernières favorites	1 —
99 Carette (Mme)	Passion	1 —
100 Edmond Lepelletier	Le Capitaine Ango	1 —
101 Mie d'Aghonne	Le Vampire aux yeux bleus	1 —
102 Paul Féval	La Cosaque	1 —
103 Mary Summer	Scandales d'hier	1 —
104 Alfred Assollant	Mémoires de Gaston Phœbus	1 —
105 Champfleury	Les Souffrances du Professeur Delteil	1 —
106 Ch. Joliet	Le Train des Maris	1 —
107 A. Lapointe	Les Sept hommes rouges	1 —
108 Champfleury	La Pasquette	1 —
109 Alfred Assollant	Le Docteur Judassohn	1 —
110 F. du Boisgobey	Le Pignon maudit	2 —

LES GRANDS EXPLORATEURS

Toutes les mains sont tendues, tous les yeux tournés vers les vaill[ants] explorateurs qui vont au loin augmenter le patrimoine du pays.

L'instant nous paraît venu de raconter l'histoire des efforts faits par [la] pléiade de héros qui se voilent modestement sous cette appellation : Explorateurs.

Ce n'est pas du roman que nous voulons présenter au public ami. C'es[t la] vérité plus saisissante cent fois que les œuvres d'imagination. C'est la phy[sio]nomie exacte des paysages, des habitants, des dangers bravés, que n[ous] prétendons donner, tant par l'illustration que par le récit.

Le *Commandant Marchand* ouvre la série de nos **Grands Explorateu**[rs].

Pour mener à bien la tâche que nous nous imposons, nous avons [fait] appel à la plume autorisée de PAUL D'IVOI, dont tous nos lecteurs connaiss[ent] les œuvres où la fantaisie est doublée de la plus curieuse documentation.

Les *Voyages* de PAUL D'IVOI : *Les cinq sous de Lavarède*, *S[ir] Simplet*, *Cousin de Lavarède*, *Jean Fanfare*, *Corsaire Triplex*, ont [eu] leur place dans toutes les bibliothèques.

Cette fois, notre collaborateur devient historien. Par ses relatio[ns] patiemment établies avec les Agents français, anglais, de toutes nationali[tés] sur tous les points du globe, il a obtenu des documents uniques, que s[euls] il est en mesure de présenter à ses lecteurs.

PARAITRA PROCHAINEMENT

La Mission du Général GALLIEN[I]

(PACIFICATION DE MADAGASCAR)

---

60 Centimes le Volume illustré
(80 Centimes franco par la poste)

IL PARAIT UN VOLUME TOUS LES 20 JOURS

Cette intéressante série sera continuée par la relation des explorati[ons] du Capitaine Binger, Lieutenant Mizon, Lieutenant-Colon[el] Monteil, Lieutenant Francis Garnier, Prince Henri d'Orléan[s], Bernard d'Attanoux, Bonvalot, etc.

FAYARD Frères, Éditeurs, 78, Boulevard Saint-Michel, PARI[S]